集刊

集人文社科之思 刊专业学术之声

集 刊 名：北外法学
主办单位：北京外国语大学法学院
主　　编：米　良
副 主 编：王文华　郑　曦（执行）

BFSU LEGAL SCIENCE

总第2期

集刊序列号：PIJ-2018-336
中国集刊网：www.jikan.com.cn
集刊投约稿平台：www.iedol.cn

北京外国语大学法学院　主办

北外法學

2019 年第 2 期　总第 2 期

BFSU LEGAL SCIENCE

米良　主编

社会科学文献出版社
SOCIAL SCIENCES ACADEMIC PRESS (CHINA)

目 录

理论和权利研究

内涵、外延及适用：法律意识研究四十年流变考[*]

赵 谦 田帅杰[**]

摘要： 法律意识即作为主体的人面向法律所生成之一种精神层面的观念形式。依循改革开放以来改革开放初期、稳定发展期、高速增长期以及深化改革期这四个阶段的时间线索，所涉法律意识内涵、外延之本体研究以及法律意识与法律制度关系、法律意识培养之适用研究，不断趋向多维度、多样化与多层次的特征，亦达成了一定的体系化研究共识。社会意识诸说即学界以社会意识为研究基点所形成的法律意识特有属性之不同见解，旨在厘清法律意识的内涵。结构要素诸说即学界对法律意识所涉客观事物的结构要素形成之不同认知，旨在识别法律意识的外延。法律制度关联诸说即学界对法律制度与法律意识之间存在何种关系所形成的不同认知，旨在阐释法律意识的适用载体形式。意识培养途径诸说即学界对个性化公民法律意识培养方式、方法所形成的不同认知，旨在列明法律意识的适用方法类型。

关键词： 法律意识 社会意识 结构要素 法律制度 意识培养

一 引言

法律意识作为一类指向“特定社会的各个方面进行主观识别和选择的

* 本文为2019年度中国博士后科学基金第65批面上资助项目“法治思维引领公共文化服务体系改革研究”（资助编号：2019M653329）、2017年度重庆市社会科学规划“研究阐释党的十九大精神”项目“公共文化服务体系的法律保障研究”的研究成果。

** 赵谦，法学博士，西南大学法学院教授、博士生导师；田帅杰，西南大学法学院硕士研究生。

复杂而综合的社会意识”①，是作为主体的人面向法律所生成之一种精神层面的观念形式。伴随改革开放后我国学者对法律意识研究的逐步深入，所开展的法律意识内涵、外延之本体研究以及法律意识与法律制度关系、法律意识培养之适用研究，不断趋向多维度、多样化与多层次的特征，亦达成了一定的“法律意识的基本理论、法律意识现代化理论和当代中国法律意识研究”② 之体系化法律意识研究共识。基于此，所梳理之法律意识研究命题并非于广义的法与传统、法与道德、法与宗教、法与科学技术等宏大视域下展开，而是仅就推动中国特色社会主义法治建设的关联性更强、指向性更为明确之所涉狭义法律文化话语的具体领域而进行。

改革开放四十年以来，伴随后现代法学③思潮的兴起，基于对法的非理性、实质性以及非整体性等问题的思考，国内学者对狭义法律文化话语的具体领域所涉法律意识的内涵、外延及适用之研究范畴的认识不断加深。改革开放的相关时间线索大致可厘清为以下四个阶段：其一，1978 年至 20 世纪 80 年代的改革开放初期，其间对法律意识的研究多引用借鉴外国法律意识研究，仅从心理、社会意识的角度对其进行界定；其二，20 世纪 90 年代至 2001 年加入 WTO 的稳定发展期，其间相关研究尝试在法律意识中导入政治性要素，并积极探究法律意识与政治意识的内在关联；其三，2001 年至 2013 年的高速增长期，其间相关研究围绕法律意识的广狭义之分逐步确立；其四，2013 年至今的深化改革期，其间伴随公民法律意识的不断提升，相关研究更多地关注在初具规模之中国特色社会主义法律体系实施过程中的认知与评价效应。基于此，可尝试依循该时间线索全景式呈现不同阶段的代表性观点并凸显其间的论争，以完成所涉学术史脉络梳理的类型化。最终明晰不同研究范畴在四个阶段的研究主旨，并厘清其内在变迁规律，以探究所涉法律意识研究重心与问题所在而指引未来的研究发展面向。

---

① 贾应生：《论法律意识》，《人大研究》1997 年第 9 期。

② 刘旺洪：《法律意识论》，中国人民大学法学院博士学位论文，2000。

③ 参见朱景文主编《当代西方后现代法学》，法律出版社，2002；高中《后现代法学思潮》，法律出版社，2005；李栗燕《后现代法学思潮评析》，气象出版社，2010。

二　社会意识诸说：法律意识的内涵研究

法律意识的内涵即法律意识“概念所反映的事物的特有属性”①，社会意识诸说则是学界以“社会生活的精神方面与社会存在的总体反映”②之社会意识为研究基点所形成的法律意识特有属性之不同见解。可尝试依循四个阶段的时间线索，分别从社会意识理性说、社会意识媒介说、社会意识广狭义说与社会意识主客观认知评价说这四个方面来厘清法律意识的内涵。

（一）改革开放初期的“社会意识理性说”

在这一阶段，伴随中国特色社会主义法律体系初具雏形，西方法学思想理论范式逐步引入。学界开始尝试在引用借鉴的基础上，基于社会意识分析的立场，从作为主体的人对法和法现象之客体法律事实的认知和评价角度来界定法律意识的内涵。例如，“法律意识属于社会意识的一部分，是法和法律现象在人们头脑中的反映，是人们关于法和法律现象的思想、观点、知识和心理的总称”③。“所谓法律意识，是人们对于法（特别是现行法）和有关法律现象的观点、态度的总称。”④“法律意识是社会意识的一种特殊形式，是人们对法律和有关法律现象的理解、态度和要求的总称。”⑤也有学者认为法律意识是关于“法律现象”⑥的思想、观点、知识和心理之归属。还有学者认为，法律意识是“对于法律和法律现象”⑦的观点与态度之总称，属于社会文化的内涵范畴。上述观点大体上皆将法律意识的对象限定于“法和法现象”，将范畴限定于“思想（学说）、观点（建

① 金岳霖主编《形式逻辑》，人民出版社，2006，第22页。

② 参见唐昊《当代中国社会意识结构及特点分析》，《兰州学刊》2014年第1期。

③ 董开军：《法律意识对法制协调发展所起的作用》，《法学》1984年第12期。

④ 何为民：《法制宣传教育中的若干心理学问题》，《法学研究》1987年第2期。

⑤ 王勇飞、王常松：《法律意识结构层次浅析》，《现代法学》1987年第2期。

⑥ 张洪凌：《从信息控制的角度看法律意识的一般属性》，《法学评论》1987年第2期。

⑦ 郭建：《当代社会民间法律意识试析》，《复旦学报》（社会科学版）1988年第3期。

议）、心理（情感）与知识”等体现理性的社会意识领域，即形成了一定的共识。

总体而言，相关研究尝试脱离政治意识形态话语，更多地从法律科学纯粹理性的角度来定义法律意识。虽在一定程度上，以阶级分析法为标签之主流法学分析方法的淡化及流变，助推了所涉政治意识形态话语尝试隐于幕后，但仍未彻底舍弃。例如，仍有学者认为“法律意识是一定阶级的法律观点的总和”①，并更进一步从公民意识角度，探究了法律意识的民主政治之社会实践面向。例如，有学者认为“法律意识与公民意识都属于社会现象范畴，二者之间的紧密联系也在很大程度上体现着民主政治之建设与宪法法律之实施间的一致性”②。

基于此，学界在更为注重作为主体的人对法律及法律现象的主观态度、观点看法的前提下，尝试梳理了界定法律意识内涵的关键要素：为探索法现象而产生的各种法律学说；对现行法律的评价和解释；人们的法律动机（法律要求）；对所涉权利、义务的认识；对法、法律制度相关法律知识了解、掌握、运用的程度；对行为是否合法的评价。这些要素更多地认为法律意识作为社会意识的一部分，同人们的道德观念、政治观念和世界观紧密联系；它也是一类独具特色的社会意识，作为人们就法现象的主观感悟方式，是对法的理性、情感、意志和信念等各种心理要素的有机结合。

（二）稳定发展期的“社会意识媒介说”

这一时期相关研究与前一阶段的研究范式大体上是一致的，所涉社会意识的分析广度和深度略有所拓展，仍然认为法律意识当归属于社会意识范畴。“它建立在一定的社会经济基础之上，是人们对法和法律现象的感觉、认识、期待、评价等法律知识、法制观念、法律观点的统称，反映着人们对法律的看法及守法、执法的自觉程度等等。”③ 但也有学者认为法

① 胡开谋、阿木兰：《法律意识与贯彻执行〈经济合同法〉》，《河北师范大学学报》（社会科学版）1987 年第 1 期。

② 谢邦宇：《公民意识·民主意识·法律意识》，《政治与法律》1987 年第 5 期。

③ 刘农：《法律意识淡薄：我国法制现代化进程中亟待攻克的难关》，《江苏社会科学》1998 年第 2 期。

律意识虽属于社会意识范畴，需将这一概念置于“一定的历史条件下”，认为“它包括人们对法的本质和功能的看法、对现行法律的要求和态度、对法律适用的评价、对各种法律行为的理解、对自己权利义务的认识等等，是法律观点和法律观念的合称”[①]。这种观点扩展了所涉社会意识分析的广度与深度，进而基于对社会经济基础的认知，而凸显对法和法律制度本质的探寻。

基于此，就前一阶段略有所回避的相关政治意识形态话语命题，尝试从民族文化认同和政治制度关联性的角度有所涉及。例如，“法律意识就是一个民族或国家的社会成员基于民族文化之上的对国家法律体系的主观认知水平、道德自觉性、价值取向以及对该法律体系的支持态度和心理接受能力”[②]。也有学者在认同“法律意识是一种特殊的社会意识体系”之基础上，认为其“与社会的政治制度直接相关”[③]，而这种相关性在实践中往往表现为法律意识对政治制度建设的理论基石作用。

法作为法律意识的一类客体化、定型化和制度化表征，并非纯粹的法律意识呈现。它往往需依托一定的物质载体，方能更为客观地存续并作用于社会现实。当然法律意识则更多地发挥出社会现实需要与国家立法之间的媒介作用，并体现出一定经济、自然、历史、民族等现实“社会物质生活条件本原”[④] 支撑的阶级属性。例如，有学者认为政治意识关涉“不同的阶级、政党、集团或个人关于社会政治制度、政治生活、国家、阶级或社会集团及其相互关系等问题”[⑤]，政治意识在社会意识中占据核心地位，并对其他形式的社会意识具有一定指导作用，进而认为“法律意识与政治意识在外延上有较多的交叉现象”[⑥]。还有学者认为“法律意识是社会意

① 赵震江、付子堂：《现代法理学》，北京大学出版社，1999，第40页。

② 贾应生：《论法律意识》，《人大研究》1997年第9期。

③ 刘旺洪：《依法治国与公民法律观念》，《法学家》1998年第5期。

④ 朱景文、李正斌：《法律意识的概念与本原辨析》，《中央政法管理干部学院学报》1995年第1期。

⑤ 朱景文、李正斌：《法律意识的概念与本原辨析》，《中央政法管理干部学院学报》1995年第1期。

⑥ 朱景文、李正斌：《法律意识的概念与本原辨析》，《中央政法管理干部学院学报》1995年第1期。

识形态的组成部分，是一定社会经济基础的上层建筑现象，具有鲜明的阶级性"①。此类观点尝试从社会物质生活条件方面实现法律意识与政治意识形态的有机联结。

（三）高速增长期的"社会意识广狭义说"

这一时期相关研究逐步超出了既有社会意识所涉理性及媒介的分析范式，尝试就其本体范畴命题展开广狭义的界分探讨。就广义说所涉法学理论、知识、心理、情感等范畴而言，认为"广义的法律意识是与道德、文化、经济等意识并存的一种意识形态，主要是法律观念、法律理念、法律素养等综合体系，如'提高公民整体法律意识'即是此意"②。也有学者认为其是对"整个法律现象（特别是现行法）的观点、感觉、态度、信念和思想的总称"③。还有学者认为广义的法律意识是法律意识与法律关系在人们头脑中的主观反映，其具有相当的宏观性与抽象性，"它主要包括个人对法律价值的评判机制，个体对自身或他人行为合法与否的评判机制等"④。就狭义说所涉法律意识呈现之法现象的形式而言，认为其更多地由"法的形式如何为法的内容服务，法怎样保护与调整各种社会关系"⑤ 所涉观念表达。此外，狭义的法律意识内含于法律行为全过程，对法律行为的内心机制和主观要件有重大影响，认为其"包括目的、动机、认知能力"⑥。该类法律意识研究在本体范畴上的广狭之分，更多地呈现为宏观性与微观性、抽象性与具体性的差异。

总体而言，无论法律意识的广义界定抑或狭义界定，其作为"社会意识在法律领域中的特殊表现与类型，即是一种独特的社会意识形式"⑦ 是得到广泛认同的。当然在具体范畴上也应涵盖"关于法律和法律现象的思

---

① 李资远：《邓小平民主法制思想与大学生法律意识教育》，《武汉大学学报》（哲学社会科学版）1999 年第 1 期。

② 张正德、付子堂主编《法理学》，重庆大学出版社，2003，第 356 页。

③ 舒国滢主编《法理学导论》，北京大学出版社，2006，第 142 页。

④ 张正德、付子堂主编《法理学》，重庆大学出版社，2003，第 356 ~ 357 页。

⑤ 李步云、刘士平：《论法与法律意识》，《法学研究》2003 年第 4 期。

⑥ 张正德、付子堂主编《法理学》，重庆大学出版社，2003，第 357 页。

⑦ 张昌辉：《法律意识形态的概念分析》，《法制与社会发展》2008 年第 4 期。

想、观点、知识和心理”[①] 等要素，其心理形式亦具体表现为“人们对法律现象的感觉、知觉等直观的感性心理反应以及法律意见、法律观点、法律思想或者法律理论等理性的心理反应”[②]。对这些要素的解析是厘清法律意识本质内涵的必然要求。

（四）深化改革期的“社会意识主观认知评价说”

这一时期相关研究在沿袭前期研究基本观点的基础上，尝试从人们对现行法的主观反映角度来扩张法律意识的内涵面向。例如，有学者认为法律意识是人们对“法或法治的一种主观反映和理性认知，是社会主体在思想意识中对法以及法治所形成的稳定的、长久的和潜在的观念”[③]，具体可分为“较低级的感性认识阶段的法律心理和高级的理性认识阶段的法律思想体系两个层次”[④]。此外，还有学者对法律意识的内涵在此前研究的基础上进行了更为广泛的拓展，认为“法律意识是社会主体对法律规范、法律关系、法律行为以及立法、执法、司法等法律现象的一种主观认识形式，是社会主体关于法律的知识、情感、评价与行为倾向的一种综合反映”[⑤]。这类凸显互动化主观表达的法律意识定义，也在一定程度上彰显出伴随全面依法治国的深入推进，公民法律意识不断提高的同时，公民主动参与法治建设及相应认知评价活动的重大现实意义。

三　结构要素诸说：法律意识的外延研究

法律意识的外延即具有法律意识“概念所反映的特有属性的事物”[⑥]，结构要素诸说则是学界对法律意识所涉客观事物的结构要素形成之不同认

① 庄菁、陈莉：《大学生法律意识现状分析与思考》，《中国青年研究》2007 年第 8 期。

② 孙春伟：《法律意识形态的价值属性分析》，《学习与探索》2011 年第 5 期。

③ 于丽芬、戴艳军：《“规范法律意识”中国话语体系的自觉性建构》，《马克思主义与现实》2015 年第 1 期。

④ 葛敏：《在校大学生法律意识调查研究》，《前沿》2013 年第 2 期。

⑤ 秦强：《转型中国的法律意识变迁》，《黑龙江社会科学》2014 年第 6 期。

⑥ 金岳霖主编《形式逻辑》，人民出版社，2006，第 13 页。

知。可尝试依循四个阶段的时间线索，分别从多层次多要素之丰富外延说、要素界分外延说、内在结构界分外延说与内外结构互动外延说这四个方面来识别法律意识的外延。

（一）改革开放初期的“多层次多要素之丰富外延说”

这一时期的相关研究作为一种开创性研究，尝试从结构、阶段、要素等多个方面来解析法律意识的“多层次属性”① 外延。例如，依循所涉主体将其“分为个体法律意识和作为意识形态的社会法律意识两个部分”②。又如，根据法律意识所涉内容，从心理学角度将其划分为三个方面：“第一，对法律的理解。第二，对法律的态度。第三，对法律的要求。”③ 其中，对法律的理解主要表现为对法律本质的见解；对法律的态度主要表征为人们对法律是否赞成的态度；对法律的要求则往往表现为社会主体在形成对法律的自觉认知后，希望借助法律实现愿望的主观心态。再如，从法律意识的形式和内容这两个方面来进行划分，“形式上，法律意识可以从四个方面进行分类。第一，按法律意识的层次结构，可分为法律心理，法律思想，法律学说。第二，从主体数量看，可分为个人法律意识、群体法律意识和社会法律意识。第三，按法律部门的不同，可分为宪法意识，刑法意识，民法意识，经济法意识等。第四，按法律性质不同，可分为奴隶社会法律意识，封建社会法律意识，资本主义法律意识，社会主义法律意识”④。其中，法律意识的层级结构表征了法律意识从低级到高级的发展历程；法律意识主体数量的不同，造就了个人、群体与社会意识的分化；法律部门的不同，表征为不同部门法的法律意识所体现之法律意识的多元化属性与发展不平衡性；法律性质的划分则是基于历史唯物主义标准，体现了法律意识在不同时代发展水平的差异。

此外，也有学者尝试解析法律意识的多样性结构要素。例如，“概括

---

① 王勇飞、王常松：《法律意识结构层次浅析》，《现代法学》1987 年第 2 期。

② 何为民：《法制宣传教育中的若干心理学问题》，《法学研究》1987 年第 2 期。

③ 王勇飞、王常松：《法律意识结构层次浅析》，《现代法学》1987 年第 2 期。

④ 王勇飞、王常松：《法律意识结构层次浅析》，《现代法学》1987 年第 2 期。

地说，法律意识包括以下四个要素：（1）法律知识，是关于部门法规条例的具体知识；（2）法律概念，即人们对于法律的所有方面得出的完整的概念；（3）对现行法律的评价和要求，如什么法是好的，什么法是不好的，某项规定是否合理，应该怎样规定等等；（4）对遵守法律规定的态度”①。进而探究所涉要素的内在关联，以厘清法律意识的“认知—评价—要求”之互动有机结构。

这一时期学界对法律意识外延的研究较为全面，并在明确所涉多层次、多要素的基础上，实现了对法律意识外延的深入研究。其与改革开放初期社会实践对法制建设的迫切需要存在密切联系，且对此后法治社会建设的推进提供了颇具针对性的理论指引。

（二）稳定发展期的“要素界分外延说”

这一时期的相关研究多基于法律意识的构成要素来进行界分。学界观点主要分为以下三类。

其一，“法律知识和法律评价”② 所表征的二分说。例如，“从人的认识过程分为感性和理性的角度，法律意识可分为法律心理和法律思想体系”③。又如，“法律心理是低级阶段的法律意识，是人们对法律现象认识的感性阶段。它直接与人们的日常生活、法律生活相联系，是人们对法律现象的表面的、直观的、感性的认识和情绪，是对法律现象的自发的、不系统的反映形式。法律思想体系是高水平的法律意识，是人们对法律现象认识的理性阶段；它表现为系统化、理论化了的法律思想观点和学说，是人们对法律现象的自觉的反映形式，在整个法律意识中处于主导地位”④。二分说的观点只是对法律意识外延较为浅层次的界定，伴随社会现实的发展，法律意识的形式日趋丰富，该类观点逐渐难以全部涵括处于法律心理与法律思想体系二者之外的部分内容。

---

① 张洪凌：《从信息控制的角度看法律意识的一般属性》，《法学评论》1987年第2期。

② 朱景文、李正斌：《法律意识的概念与本原辨析》，《中央政法管理干部学院学报》1995年第1期。

③ 赵震江、付子堂：《现代法理学》，北京大学出版社，1999，第41页。

④ 赵震江、付子堂：《现代法理学》，北京大学出版社，1999，第41～42页。

其二，三分说。法律意识三分说则是在二分说的基础上，尝试扩展为“法律心理、法律观念和法律思想体系（或称法律理论）”[①] 三个层次的界分，认为法律意识包含“法律认知、法律情感和法律评价三个要素或者法律知识、法制观念和法律观点三个要素”[②]。“将法律意识的构成分为三个因素：“第一，知识因素；第二，心理因素；第三，行为因素。”[③] 其将所涉知识因素置于法律学习与法律实践场域中，归结为法律认识、客观的法律思想和观点。所涉心理因素被视为一种心理上的体验，归结为法律感、法律情绪、法律感情、法律态度、法律评价等。所涉行为因素则主要包括社会主体的动机、意向、准备、意愿等。这三种因素实现了对法律意识外延的实质概括，最大限度地扩张了所涉外延结构。还有学者基于法律意识的纵深结构层次来进行界分，认为“它们形成由深层到表层的法律意识的结构体，体现了法律意识逐步定型化、稳定化和理论化的过程”[④]，从而实现了对法律意识外延的更深层次剖析。

其三，广延要素说。将法律意识界分为“法律认知、法律评价、法律情感和法律调节或者法律的社会心理、法律的思想理论体系、人们行为模式的设定和行为模式的积淀”[⑤] 等要素。还有学者就法律意识的客体、外延展开了一定的全方位整体梳理。例如，“法律意识所反映的客体内容极其广泛，但就其实际应用的角度而言，大体上可以分为以下两大方面：一是部门法律意识，二是运作法律意识。这是纵向上和整个法制系统的运作环节相一致所反映出来的法律意识，也就是说法制系统的运作包括了立法、执法、司法、守法和监督环节，相应也就有立法意识、执法意识、司法意识、守法意识和监督意识，而每一方面又可以展开许多具体丰富的内

---

① 孙育玮：《对法律意识内容结构的再认识》，《学习与探索》1995 年第 6 期。

② 朱景文、李正斌：《法律意识的概念与本原辨析》，《中央政法管理干部学院学报》1995 年第 1 期。

③ 朱景文、李正斌：《法律意识的概念与本原辨析》，《中央政法管理干部学院学报》1995 年第 1 期。

④ 刘旺洪：《法律意识之结构分析》，《江苏社会科学》2001 年第 6 期。

⑤ 朱景文、李正斌：《法律意识的概念与本原辨析》，《中央政法管理干部学院学报》1995 年第 1 期。

容。以上两大方面纵横交错，构成了法律意识客体的基本内容”[①]。又如，“根据法律意识的社会政治属性的不同，其外延包括占统治地位的法律意识和不占统治地位的法律意识；根据法律意识认识阶段的不同，其外延包括法律心理和法律思想体系；根据法律意识主体的不同，其外延包括个人法律意识，群体法律意识和社会法律意识；根据法律意识的专业化、普及化程度的不同，其外延包括职业法律意识和群众法律意识；根据法律意识所反映的部门法的不同，其外延包括宪法意识、刑法意识、民法意识、行政法意识等等；根据守法动机的不同，其外延包括内在的观点和外在的观点”[②]。该类观点对于实现法律意识外延的系统化、整全化梳理颇有裨益。

（三）高速增长期的“内在结构界分外延说”

这一时期相关研究在沿袭前期要素分类研究的基础上，尝试就法律意识的内在结构来进行界分。例如，“法律意识的构成要素有：法律观点、法律感觉、法律态度、法律信念、法律思想”[③]。又如，“法律意识的内在结构上同样存在着法律心理与法律意识形式两大层次，这是认识论式分析；其中法律意识形式又可再划分为法律意识形态与其他法律意识形式，这是社会学式分析”[④]。此外，亦有部分学者尝试从不同类型主体结构的角度来界分所涉法律意识的外延，并基于“人民法律意识对法律现象的发展、主体范围、心理结构、法律意识主体的不同社会角色规范、法律意识反映的客体内容或者法律实际应用的角度”[⑤] 等不同面向来进行分类。上述观点尝试从主体、客体、内容等方面来更进一步拓展法律意识外延的结构要义，但所涉具体界分标准的科学性是存疑的，有待展开更进一步的深入论证。

---

① 孙育玮：《对法律意识内容结构的再认识》，《学习与探索》1995 年第 6 期。

② 朱景文、李正斌：《法律意识的概念与本原辨析》，《中央政法管理干部学院学报》1995 年第 1 期。

③ 舒国滢主编《法理学导论》，北京大学出版社，2006，第 142～143 页。

④ 张昌辉：《法律意识形态的概念分析》，《法制与社会发展》2008 年第 4 期。

⑤ 张正德、付子堂主编《法理学》，重庆大学出版社，2003，第 357～359 页。

（四）深化改革期的“内外结构互动外延说”

这一时期相关研究尝试对法律意识的内外结构展开综合分析，以厘清法律意识内外结构的互动关系。一方面，就法律意识的外部结构与内部结构进行划分。例如，“第一，法律意识的外部结构理论。第二，法律意识的内部结构理论”①。其将所涉外部结构理论界定为法律意识与外部环境之间的广泛关系问题，将所涉内部结构理论界定为构成要素内部之间的关系问题。另一方面，基于法律意识内外结构的互动性，尝试探究法律意识的纵深结构。例如，有学者通过由表及里、由内而外的方法展开对法律意识内外结构的互动性研究，认为“在内部结构当中主要是从社会法律现象的把握方式的角度出发，纵向结构则是从法律意识的发展阶段角度进行研究。法律意识的纵深结构是由法律心理、法律观念和法律思想体系三部分所构成的”②。该类观点既尝试对法律意识的内部与外部结构进行划分，又试图厘清二者之间的互动性。其推动了对法律意识外延结构更为清晰、动态、过程化的全面解析，并为现实的中国特色社会主义法治社会建设提供了更具针对性的方向指引。

总体而言，法律意识的性质和功能是由其内部要素和外在法律环境所共同决定的。在对传统意义之法律意识内部结构进行解析的基础上，应同步探究法律意识的外部环境。例如，有学者认为“法律意识是人们对于社会存在的客观法律现象的主观反映”③。又如，“在强调市场在资源配置中发挥决定性作用、保障社会自治和个人权利的时代背景下，对当代中国既有的法律意识形态进行创新成为历史必然。某种具有政府、市场、社会三元结构的国家观应该成为未来中国的法律意识形态，公正程序则构成整合的制度基础”④。进而，通过对法律意识纵深结构的分析，推动形成法律意识的有机内外互动秩序。

---

① 赵彦辉：《浅议法律意识》，《人力资源管理》2017 年第 6 期。

② 高其才：《法理学》（第三版），清华大学出版社，2015，第 244 ~ 246 页。

③ 吴建国、王文华、唐敬业主编《思想道德修养与法律基础》，国家行政学院出版社，2015，第 115 页。

④ 季卫东：《论法律意识形态》，《中国社会科学》2015 年第 11 期。

四　法律制度关联诸说：法律意识的适用载体研究

法律制度关联诸说即学界对“体现一个国家民主政治的法律化、制度化”[①] 的法律制度与法律意识之间存在何种关系所形成的不同认知。法律意识主要存续于价值维度，法律制度则主要存续于规范维度，两者之间的适用与检视往往成就法秩序运行过程的核心环节。基于此，可尝试依循四个阶段的时间线索，分别从法律意识基础说、意识与制度之本原性论争、法律意识影响说与法律意识实效说这四个方面来阐释法律意识的适用载体形式。

（一）改革开放初期的“法律意识基础说”

这一时期的相关研究虽然不多，但就法律意识之于法律制度的基础作用乃至重要决定性作用，仍达成了一定的共识。例如，“尽管法律意识决定于社会物质生活条件，决定于经济基础的运动规律，但它同其他形式的社会意识一样对社会经济发展起着不容忽视的反作用。这种反作用主要是通过法制建设这一环节来体现”[②]。基于此，认定社会主义法律意识在实施法律中发挥着重要作用。例如，“社会主义法律意识是正确制定法律的认识论基础，是正确适用法律的重要思想因素，是公民守法的重要思想保证”[③]。该类观点能对当下探究公民法律意识的培养提供必要的基石支撑。

（二）稳定发展期的“意识与制度之本原性论争”

这一时期的相关研究围绕法律意识与法律制度谁为本原这一命题，展开了较为激烈的讨论，并产生了以下三种主要学术观点。

其一，法律意识本原说。该类观点认为法律意识是形成法律制度的本原，由认知社会发展中立法的客观需要所致，法的创制过程不可能脱离法

① 肖扬：《当代法律制度》，《法学家》1999 年第 6 期。

② 董开军：《法律意识对法制协调发展所起的作用》，《法学》1984 年第 12 期。

③ 康英杰：《论社会主义法律意识》，《安徽大学学报》（哲学社会科学版）1986 年第 1 期。

律意识的作用。例如，有学者从哲学角度与法律角度出发，认为“不仅法的形成过程需要法律意识的中介，法的实施过程同样离不开法律意识的中介作用”[①]。又如，“法律意识是立法的精神源头。立法者确认和保护什么利益和需求，限制什么需求与主张，往往根据的是自己的法律经验、知识和情感等法律意识因素。立法者在制定法律时，会自觉不自觉地受其法律意识的左右”[②]。还有学者基于法律意识与法律制度之间的关联关系，认为“法律意识是法律制度产生的主观意识基础，是法律意识的制度凝结”[③]。基于此，立法作为统治阶级进行阶级统治和社会管理的工具，应彰显立法者的明确目的。法律意识的中介作用即在于认知社会发展对立法的客观需要，并推动该类客观需要转化为创制法律的动机。

其二，法律制度本原说。该类观点认为法律制度是法律意识的本原，法律意识的产生其实源自法律制度的实施。例如，“法律意识的本原只能是法律这一特殊的社会现象。法律意识势必受到其他社会意识形式，如政治意识、道德、宗教等等的影响从而丰富自己的内容，但从哲学的一性与二性的原理看，法律意识的本原只能是法现象”[④]。亦有学者认为“‘法律意识是法产生的前提’不等同于‘唯意态论’。强调法律制度是根据法律意识建立的，并不否认法律制度归根结底依赖于经济基础，而是表明包括法律制度在内的上层建筑现象区别于经济基础的重要特征，就在于它是根据人的意识建立的，法律意识仅仅是社会客观需要与国家立法之间的媒介，而不是法的根源”[⑤]。基于此，事实上尝试将法作为一个客观上存在的社会现象来探讨它同法律意识之间的相互关系。就产生而言，法在先法律意识在后，故而法律制度的本原不应是法律意识。

其三，法律意识与法律制度相互作用说。该类观点认为法律意识和法

---

① 朱景文、李正斌：《关于法律意识与法的关系的几个理论问题》，《中外法学》1994 年第 6 期。

② 李蕊、孙玉芝：《公民法律意识——法治之精神力量》，《法学论坛》2000 年第 2 期。

③ 刘旺洪：《法律意识之结构分析》，《江苏社会科学》2001 年第 6 期。

④ 李步云：《法律意识的本原》，《中国法学》1992 年第 6 期。

⑤ 朱景文、李正斌：《关于法律意识与法的关系的几个理论问题》，《中外法学》1994 年第 6 期。

律制度是相互作用的，皆不能互为本原，所涉本原仅为社会物质生活条件。例如，有学者基于社会物质生活条件之物质基础，以及唯物辩证法的发展观理论基础，认为“法和法律意识作为社会意识的部分、方面而存在，法是法律意识的‘物化’、‘制度化’，法律意识和法，不存在谁为本原，谁被派生的问题”[①]。此外，亦有类似观点认为“以法为核心的法律现象不能成为法律意识的本原，法律意识的真正本原是一定的社会物质生活条件，主要是居统治地位的经济关系”[②]。基于此，法律意识与法律制度应是一种形而上维度中思想上层建筑与制度规范上层建筑之间的关系。法律制度在法律意识指引下建立，并同时影响回馈至法律意识的变迁，两者更多地成就法现象运行过程中的不同面向。

（三）高速增长期的“法律意识影响说”

这一时期的相关研究更多地围绕法律意识对法律制度的影响而展开。培育法律意识的目的旨在推动形成相对科学的法学概念，进而在其指引下完成相对良善之法律制度的规范创设，以实现对有序公共生活的可靠规则指引。例如，有学者以法律与法律意识之间的相互作用及其矛盾运动原理为研究基点，认为“法律意识在法的制定中的作用，主要表现为以下四个方面：一是对客观需要的认知。二是对法律价值的判断。三是对行为界限的选择。四是法制模式的确定。法律意识对法的作用和影响，存在正作用与副作用之分”[③]。又如，“要实现法治现代化，公民法律意识现代化作为其重要的内在驱动力，从根本上影响着法治现代化的进程”[④]。基于此，立法者的法律意识水平对良恶法律制度的影响尤为明显。“正确的与进步的法律意识对法的制定与实施起促进与保护作用；错误的与落后的法律意识，则对法的制定与实施起破坏作用。”[⑤] 故而在法律制度的建设过程中，

① 万斌编《法理学》，浙江大学出版社，1988，第 172 页。

② 朱景文、李正斌：《法律意识的概念与本原辨析》，《中央政法管理干部学院学报》1995 年第 1 期。

③ 李步云、刘士平：《论法与法律意识》，《法学研究》2003 年第 4 期。

④ 王爱兰：《试论法律意识现代化的内在与外在标准》，《北方论丛》2007 年第 2 期。

⑤ 李步云、刘士平：《论法与法律意识》，《法学研究》2003 年第 4 期。

要重视对正确法律意识的培养与运用以及对错误法律意识的识别与矫正。

（四）深化改革期的“法律意识实效说”

这一时期的相关研究伴随“全面依法治国”的深入推进，更多地围绕法律意识的具体制度干预实效命题而展开。法律意识作为沟通法律规范和法律实践的纽带，往往通过公众的具体立法要求、评价及行动而助推法律制度的实践进程。例如，有学者认为，伴随依法治国、依宪治国法治观念不断深入人心，人们越来越关注法律制度的内在品质，即合理性、合法性，进而认为“法律意识作为法律制度的灵魂核心，不仅是法律制度产生的前提和基础，同时还是法律制度能否有效运作的重要保证”[①]。又如，也有学者认为“公民法律意识是地方法治建设的观念基础和思想支撑，构成地方法治建设的评价尺度和精神支柱，有助于地方法律制度的良性实施、运行和完善以及形成外在良好法律秩序”[②]。“法律意识作为社会意识的一种特殊形式，是实施依法治国方略的心理基础和主观价值认同。”[③]基于此，公众法律意识的科学化与理性化应成为法律制度实效化进程中的不可或缺的思想保障与路径指引，最终在当下的社会转型期法治建设进程中，推动“确立法律至上的法治理念，形成良善立法、严格执法、普遍守法、认真司法的法律意识”[④]。更多地由关注法律制度的体系性与完备性，逐步转向关注法律制度的良善性与实效性。

五　意识培养途径诸说：法律意识的适用方法研究

意识培养途径诸说是学界对“存在很大的差异和不确定性”[⑤] 之个性

① 秦强：《转型中国的法律意识变迁》，《黑龙江社会科学》2014 年第 6 期。

② 宋慧宇：《公民法律意识在地方法治建设中的功能及提升途径研究》，《理论月刊》2015 年第 1 期。

③ 杨燕：《依法治国方略背景下法律意识的功能论析》，《学校党建与思想教育》2017 年第 17 期。

④ 秦强：《转型中国的法律意识变迁》，《黑龙江社会科学》2014 年第 6 期。

⑤ 李步云、刘士平：《论法与法律意识》，《法学研究》2003 年第 4 期。

化公民法律意识培养方式、方法所形成的不同认知。法律意识的适用在方法论上旨在确保所涉各类主体法律认知、评价及要求的实效，并导向其心态、观念乃至理论的逐步深化与创新。基于此，可尝试依循四个阶段的时间线索，分别从法律意识培养奠基论、法律意识培养改善论、法律意识培养个殊论与法律意识培养系统论这四个方面来阐述法律意识的适用方法类型。

（一）改革开放初期的“法律意识培养奠基论”

首先，凸显了法律意识培养对我国社会主义法制建设的重要性。例如，有学者认为“社会主义法律意识不能自发形成，只能通过外部的马列主义教育才能形成科学的思想体系。要把人们法律意识的培养与改革现行体制的工作统一起来，从而取得最佳效果，使法制建设在改革的历史进程中得到协调发展”[①]。基于此，在推进相应的法律意识教育、提升的长期过程中，重视法学研究及相关宣传教育与完善相关法律制度是并行不悖的。

其次，法律意识培养的现状不容乐观，“法律意识不强，法制观念淡薄在很大程度上影响了法制建设诸环节的协调性”[②]。在加强社会主义法制建设的同时却在一定程度上忽视了法律教育的协调发展，导致社会民间法律意识相对滞后，而掣肘了法律实效的发挥，并在一定程度上成为“有法不依”的重要肇因。例如，有学者认为近年来伴随法制宣传与法治方略的逐步推进，虽然社会主义法律意识培养工作取得了重大成果，“但是因为为长期以来封建法律意识尚未清除，过早、过多地抵制和批判了资本主义法律意识，社会主义法律实践又刚刚走上正轨，因此无可讳言，我国人民的社会主义法律意识还是非常淡薄的”[③]。所涉社会民间法律意识往往呈现出形式化与表面化特征，法治观念并未深入人心，“因此自觉守法还远远未成为社会风气。表现在当前改革、开放、搞活中，不正当的竞争手段层出不穷，屡禁不止。个体经济的经营者违法经营、偷税漏税现象更为

① 董开军：《法律意识对法制协调发展所起的作用》，《法学》1984 年第 12 期。

② 董开军：《法律意识对法制协调发展所起的作用》，《法学》1984 年第 12 期。

③ 尤俊意：《关于社会主义初级阶段的法律思考》，《上海社会科学院学术季刊》1988 年第 3 期。

普遍”[①]。还有学者认为传授法律知识、培养法律意识、训练法律技能是当前社会实践中开展法律教育的三种重要目的，而目前我国理论法学在培养法律意识上仍存在较大的弊端，“目前的现状是：法学基本理论课程体系明显陈旧，描述方法偏于简单；法律史学则偏重于告诉人们历史上有过什么观点或制度，对历史上的人类法律实践活动（思维、立法、司法）缺乏有机的、总体的、规律性的描述”[②]。该类法律意识培养状况，对当下中国特色社会主义法治社会建设的阻滞效应较为明显。基于此，则应重视中国特色社会主义法律意识培养的途径建设，提升法学教育质量，强化法治宣传教育，增强全民法治观念。

最后，法律意识培养的方法有待改善。虽然在法律意识的宏观培养上，“必须学习法律，宣传法制，研究法学”[③]，但在“法制宣传教育中有两种倾向：一是干巴巴讲条文，枯燥、难懂；二是渲染犯罪情节，引起副作用和消极后果”[④]。向全民基本普及法律常识的五年规划指明了“普法”的对象、内容、要求以及方法和步骤。具体而言，应“首先，针对我国历史上缺乏法制的传统特点，全面而完整地理解法律的含义。其次，要结合经济体制改革这一过程培养人们的法律意识”[⑤]。在法律意识培养的相应社会环境方面，“首先要有比较健全的法律法规，做到有法可依，这是培养法律意识的客观条件。其次，培养法律意识需要创造一个严格守法的客观环境和社会风气，使每个公民逐步树立起用法律来指导和约束自己行动的习惯和信念，自觉遵从经济法规的约束和接受法律的惩罚”[⑥]。在法律意识培养的具体措施方面，“落实措施一般分为动员准备、组织落实、总结考核三个阶段”[⑦]。此外，“普法教育不应孤立地进行，应当结合道德教

① 郭建：《当代社会民间法律意识试析》，《复旦学报》（社会科学版）1988 年第 3 期。
② 赵震江、武树臣：《关于“法律文化”研究的几个问题》，《中外法学》1989 年第 1 期。
③ 胡开谋、阿木兰：《法律意识与贯彻执行〈经济合同法〉》，《河北师范大学学报》（社会科学版）1987 年第 1 期。
④ 何为民：《法制宣传教育中的若干心理学问题》，《法学研究》1987 年第 2 期。
⑤ 董开军：《法律意识对法制协调发展所起的作用》，《法学》1984 年第 12 期。
⑥ 胡开谋、阿木兰：《法律意识与贯彻执行〈经济合同法〉》，《河北师范大学学报》（社会科学版）1987 年第 1 期。
⑦ 康英杰：《论社会主义法律意识》，《安徽大学学报》（哲学社会科学版）1986 年第 1 期。

育、人生观教育、政治教育来开展普法教育，从建设精神文明和培养社会主义新人的高度，来认识法制教育的意义，把它看作是社会主义精神文明建设系统工程的有机组成部分”[①]。基于此，必须以科学、合理、体系化的方式来推进法治宣传教育，增强全民法律意识，使每个公民逐步树立起用法律来指导和约束自己的行动的习惯和信念。

（二）稳定发展期的“法律意识培养改善论”

首先，法律意识培养的现状有所改观。自 20 世纪 80 年代以来，法律意识培养工作虽然取得了较为显著的成就，“但我们也注意到，仍有不少公民面对权利的受损不知所措，致使其权益不能得到法律的救济，这一方面给公民个人带来权利的损失，另一方面也使得国家法律权威受到漠视，直接影响到立法目标和法律实效”[②]。具体到公民法律意识的类型而言，“法律权利意识弱于法律实用意识，表现为：宪法意识弱于部门法律意识；民法、经济法意识弱于刑法意识；诉讼法意识弱于实体法意识”[③]。基于此，应凸显公民法律意识的适用导向，让公民能够借此积极参与社会政治、国家事务管理，并依法监督公权力机关规范行权。

此外，在我国，传统法律观念与现代法律意识的冲突也较为突出。例如，“重人治轻法治、重义轻利、轻诉避讼、重刑轻民、重官轻民等观念”[④]。“我国现代的法律体系主要是参照西方近现代的法律体系（尤其是欧洲大陆法系）的传统而建立的，相和型的中国式法律文化很难契入相讼型的西方式法律体系之中。”[⑤] 又如，“当代中国公民法制观念淡漠、法律意识相对滞后的原因有社会方面的，亦有历史方面的，其中儒家思想的消极影响便是其中的一个重要历史原因”[⑥]。“由于中国封建社会法律意识传

① 何为民：《法制宣传教育中的若干心理学问题》，《法学研究》1987 年第 2 期。

② 曾坚：《对我国“普法”目标取向的法理学思考》，《当代法学》2001 年第 7 期。

③ 母文华：《当前我国公民法律意识现状及成因分析》，《内蒙古民族大学学报》（社会科学版）2001 年第 3 期。

④ 郭文才、贺培燕：《传统法律观念与现代法律意识冲突探析》，《阴山学刊》1995 年第 4 期。

⑤ 贾应生：《论法律意识》，《人大研究》1997 年第 9 期。

⑥ 李长喜：《儒家思想与当代中国公民的法律意识》，《社会科学家》1997 年第 6 期。

统的残留以及建国以后‘极左’思潮的影响，当前我国人民的法律意识中还存在着与社会主义市场经济时代大潮相冲突的若干因素，产生了我国法治建设过程中法律制度的快速现代化与滞后的法律意识之间的矛盾。”① 基于此，传统法律观念下既有的社会共识较容易生成对舶来法律体系、理念的心理抵触，则有必要在两者之间探寻平衡、综合之道，而尝试融汇成本土化的中国特色社会主义法律意识与法治观。

其次，法律意识的培养方法有所改善但所涉效益与效率亟待提升。“提高全民族的法律意识是我们实现现代化和走向法治的重大任务与可靠保证，这已是当今全国人民的共识。然而，从目前我们的法学教育和普法情况看，人们对于法律意识内容结构的理性认识还远远跟不上实践的要求。”② 例如，“法制宣传教育内容偏颇。这是我国法律生活失调的一个原因”③。“在我们的普法工作中，很少向公民阐述法律精神，启发一种抽象化的法律权利意识，更鲜见以传统法文化的介入来深层次地唤起公民对于法制的共鸣，这就造成普法总是停留在面上，结果是高投入低产出，也造成了社会资源的浪费，影响了普法效率。绝大多数地方的普法方式仍主要限于生硬的灌输，并不从观念层和概念入手去阐释法律的构成、目标及内在价值，这就使公民积极守法的动机难以真正形成，这主要就在于公民缺乏对法的必要认同。”④ 这种僵化、生硬的法律意识培养方法往往流于形式，浪费有限的社会资源。

最后，在法律意识培养理念方面，进一步凸显了法律意识培养具体化、明确化导向的重要性。例如，“法制建设的根本在于教育人，强化法律意识和法制观念”。邓小平多次强调，“加强法制重要的是要进行教育，根本问题是教育人”⑤。又如，“‘四五’普法行将开始。具体说来，‘四

① 郭艳：《法律价值的冲突与选择——法律意识、道德及现代化》，《宁夏大学学报》（哲学社会科学版）1998 年第 2 期。

② 孙育玮：《对法律意识内容结构的再认识》，《学习与探索》1995 年第 6 期。

③ 母文华：《当前我国公民法律意识现状及成因分析》，《内蒙古民族大学学报》（社会科学版）2001 年第 3 期。

④ 曾坚：《对我国“普法”目标取向的法理学思考》，《当代法学》2001 年第 7 期。

⑤ 邓小平：《邓小平文选》（第 3 卷），人民出版社，1993，第 163 页。

五’普法应该努力使普法对象了解和树立法治观念，要让他们知道法律现代化是四个现代化和社会安定的必要基础和保障”①。基于此，不同个体的内生、自觉法律意识乃至信仰应与外在法治实践共生为一类相对自足的有机循环法治进程，“法律意识随着公民在社会生活中对法律和法律现象的感知感受而逐步养成，植根在人们心中，统率着人们的法律生活和法律行为”②。此外，针对大学生这类特殊群体，应推动其自觉养成遵纪守法的良好习惯，增强其运用法律意识指引自身行为的能力。“加强大学生法律意识教育，是建设社会主义法治国家的需要。社会主义现代化的进程，同时也便是民主化与法制化的进程。”③“要充分认识加强大学生法律意识教育的重要性。社会主义法律意识对社会主义法制建设具有重要的作用。要将法律意识教育纳入大学生素质教育体系之中来作整体规划。”④切实提升大学生的法律意识，对全社会法律意识的提升有着较为明显的标杆和表率作用，应予以重点强化。

（三）高速增长期的“法律意识培养个殊论”

一方面，大学生法律意识的培养对法治社会的形成尤为重要。“第一，当代大学生普遍具有一定的法律意识，能够认同法治观念，并能利用一定的途径维护自身的合法权利；第二，当代大学生的法律意识大多停留在感性认识、直观表面印象的水平上，法律信仰并不坚定；第三，涉及到社会公众利益时法律意识强，但关系到自身利益时，法律意识差；维权意识强，但方式方法手段等却往往不够合理适当，甚至不符合法律程序；第四，部分大学生法律意识淡薄。”⑤但在大学生法律意识培养的方法上，要重视专业实践与理论教学的平衡，科学的培养方法是确保相应培养质量

① 王滨起：《法律意识是法治国家进程的基础——兼论“四五”普法的重心任务》，《中国司法》2001 年第 2 期。

② 李蕊、孙玉芝：《公民法律意识——法治之精神力量》，《法学论坛》2000 年第 2 期。

③ 李资远：《邓小平民主法制思想与大学生法律意识教育》，《武汉大学学报》（哲学社会科学版）1999 年第 1 期。

④ 李资远：《邓小平民主法制思想与大学生法律意识教育》，《武汉大学学报》（哲学社会科学版）1999 年第 1 期。

⑤ 庄菁、陈莉：《大学生法律意识现状分析与思考》，《中国青年研究》2007 年第 8 期。

与效率的关键前提。在实践层面，"要加强法律教育和普法宣传实践环节。比如，建立大学生法律援助中心，以法律专业学生的专业实践探索作为提高大学生法律意识的平台。又如，在多方力量的关注下进行大学生犯罪预防工作，提高非法学专业学生的法律意识"①。在理论层面，"对法律基础课进行教学改革是高校改进在校生法律意识教育和培养的主要途径，要改变法律基础课仅仅是思想教育和法律知识教育的看法"②。"法律意识之养成因此也可以说得上是建构法律秩序的首要环节。"③

另一方面，在法律实施过程中，国家公职人员法律意识培养方面的引领效应尤为凸显。"在司法、执法、守法和护法（即法律监督）中，法律意识的好坏，对法律的正确实施，具有十分重要的作用，有时甚至起关键性作用。"④ "一个国家实行依法治国的一个重要条件是本国绝大多数社会成员以及国家公职人员，尤其是立法、执法和司法部门公职人员具有适当的、较强的法律意识。"⑤ "公民意识的培养、党和政府带头守法、司法公信力的重塑，对于公民法律意识的构建尤为重要。当法律业已成为一种普世性规则并因而约束人们的日常活动时，民众的法律意识水平就会与国家法律的制定和执行产生密切的互动。"⑥ 基于此，在普法宣教实践过程中，应注重强化国家公职人员依法办事的工作习惯，维护政府公信力与司法权威，引领公民养成学法、遵法、守法、用法、护法意识。

（四）深化改革期的"法律意识培养系统论"

当下法律意识培养的广度与深度皆有待更进一步拓展，进而实现从文本到现实的系统化法律意识培养。普法宣教存在"地域之间不平衡性障碍"⑦

---

① 庄菁、陈莉：《大学生法律意识现状分析与思考》，《中国青年研究》2007 年第 8 期。

② 庄菁、陈莉：《大学生法律意识现状分析与思考》，《中国青年研究》2007 年第 8 期。

③ 张春燕、张素风、杨丽姣、张兆兴：《高校大学生法律意识养成之客观因素》，《成都理工大学学报》（社会科学版）2009 年第 4 期。

④ 李步云、刘士平：《论法与法律意识》，《法学研究》2003 年第 4 期。

⑤ 沈宗灵主编《法理学》，北京大学出版社，2003，第 221 页。

⑥ 胡玉鸿：《改革开放与民众法律意识的进化》，《苏州大学学报》（哲学社会科学版）2008 年第 6 期。

⑦ 焦艳芳：《国家法治现代化与公民法治意识的培育》，《人民论坛》2014 年第 14 期。

的同时，还“需进一步提升普法层次，加强对公民的权利义务教育”[①]。应加大中西部地区、老少边穷地区普法宣教的力度，努力确立公民的基础法律意识；在经济相对发达地区，针对必要法律常识基本普及的公民，更进一步加强其权利义务教育，着力提升其法律意识认知的水平，以强化其必要的权义行为能力与自觉守法意识。“每个公民遵守法律的行为并不是自发产生的，而是在一定的法律意识的指导下实现的，法律意识水平决定着他们的守法状况。”[②]“转型时期的法治建设不仅仅是法律制度的建立和法律体系的完善，更重要的还是法律意识的培养和法律权威的确立。前者属于制度建设的范畴，后者属于文化建设的范畴。”[③] 此外，还应更多地在法治实践中逐步形成公民的必要法治思维与认同感，大幅提升公民的法律认知水平与司法行动能力，“由原来的厌法贱讼转变为主动地诉诸法院，寻求司法机关的保护”[④]。

六 结语

改革开放四十年来，法律意识的内涵、外延及适用研究不断深化。本文就所涉社会意识、结构要素、法律制度关联、意识培养途径之核心要义展开历时性研究，初步完成所涉学术史脉络梳理类型化的同时，亦大体诠释了法律意识研究的多维度、多样化与多层次特征。所确立的体系化法律意识研究共识是：应立基于社会意识，在内外双重结构要素表征下，与法律制度实现交互式过程关联，从而达致个性化、多元化的法律意识培养。基于此，法律意识的未来研究重心当更多地置于“观念中的法”维度下，探究其作为“现实中的法”与“文本中的法”之沟通媒介的实证效用；并与部门法体系完成有效对接，以厘清更具现实指引意义之宪法意识、民法意识、刑法意识等部门法律意识。则如何实现公民法律意识的科学化、

① 焦艳芳：《国家法治现代化与公民法治意识的培育》，《人民论坛》2014 年第 14 期。
② 高其才：《法理学》（第三版），清华大学出版社，2015，第 244 ~ 246 页。
③ 秦强：《转型中国的法律意识变迁》，《黑龙江社会科学》2014 年第 6 期。
④ 秦强：《转型中国的法律意识变迁》，《黑龙江社会科学》2014 年第 6 期。

系统化培养是法律意识研究的关键问题所在，当更多地由培养方式、方法之投入规模效应研究，逐步转向基于实证分析的培养内容、结果之产出质量效益研究，进而为完善中国特色社会主义法治理论、深入推进全面依法治国之本土化法治实践，提供更为坚实可靠的法律文化话语保障。

Connotation, Extension and Application: the Study of the Rheology of Legal Consciousness in the Past Forty Years

Zhao Qian　Tian Shuaijie

Abstract: Legal consciousness is a kind of spiritual form of concept generated by the human face law as the subject. Following the time clues of the four stages of reforming the starting period, stable development period, high-speed growth period and deepening the reform period since the reform and opening up, the ontological research on the connotation and extension of legal consciousness, the relationship between legal consciousness and legal system, and the application of legal consciousness training research has continuously turned to multi-dimensional, diversified and multi-level features, and has reached a certain systematic research consensus. The social consciousness is the different views of the unique attributes of legal consciousness formed by the academic circle with the social consciousness as the research basis to clarify the connotation of legal consciousness. The structural elements are the different cognitions of the formation of the structural elements of the objective things involved in legal consciousness to identify the extension of legal consciousness. The related theories of the legal system are the different cognitions formed by the academic circles on the relationship between the legal system and the legal consciousness to explain the applicable carrier form of legal consciousness. The consciousness training approach is the different cognition formed by the academic circles on the training ways and methods of individualized citizen legal consciousness to list the types of methods of law awareness.

Keywords: legal consciousness; social consciousness; structural element; legal system; consciousness training

强迫得利：类型化、界分与体系融合

陶鑫明*

摘要：债法理论研究是我国民法学近年来的研究重点，作为独立债之原因的不当得利与无因管理更是被广为讨论。但对于强迫得利而言，似乎已有默认的共识，实践中亦按照“强迫得利不发生返还请求权”处理。然而，如是见解是否得当，值得探究。《中国民法典草案》设专章规定“不当得利”“无因管理”，个中规范对强迫得利法的规范是否妥适，亦可研究。以类型化归纳审判实践之强迫得利纠纷，逐一检讨，可知传统理论能够适应实践需求。理论上区分强迫得利与无因管理、不当得利情形，对比强迫得利各情形与无因管理、不当得利子类型的异同，可知强迫得利在制度层面并无独立之必要。结合我国民法典草案规范，强迫得利的规范设计有两种方案。

关键词：债法　无因管理　不当得利　强迫得利

十字路口乞讨者擦车、景区人物扮演者强制合影收费屡见不鲜，其中涉及强迫得利问题。强迫得利学界关注甚少。一般认为，强迫得利属不当得利之例外，受损人不享有不当得利返还请求权。[①] 此单一规范需面对实践中错综复杂之强迫得利情形，是否得当？另外，强迫得利在构造、法效上与不真正无因管理相近，二者何处存有差别？《民法典各分编（草案）》不设债法总则，将无因管理与不当得利作为准合同置于合同编，强迫得利规范应否规定？疑问种种，皆待厘清。

故此，本文首先自丰富的审判案例资源入手，兼采学理研究成果，以

---

* 陶鑫明，中南财经政法大学民商法典研究所助理研究员。

① 王泽鉴：《不当得利》，北京大学出版社，2015，第256页。

强迫得利行为作标准对此进行类型化，检验前述规范是否足以处理实践之需。其次，将强迫得利与相近制度进行对比，以展现其不同之处，力争进行准确定义。最后，从立法论的角度审视强迫得利规范的存在必要，及学理解释上其与无因管理与不当得利之融合。

一　强迫得利之类型

强迫得利之类型可归纳为六种。

类型一："以新换旧"型强迫得利。"以新换旧"属损害赔偿责任承担方式之一种，即对于物之损害，以"新物"替代。[①] 最为典型者，即为汽车碰撞后，将受损零部件更换为全新，价值上高于碰撞前已经使用的老部件。"以新换旧"涉及损益相抵的问题，应具体区分再作侵权人有否权利主张折抵的结论。具言之，即受害人是否确实受有利益。[②]"以新换旧"给受害人之物造成了价值增加的后果，此非出自受害人的意思表示，可能构成强迫得利。唯在受害人所受利益非出于自身意思的情况下，成就强迫得利。在一起案件中，侵权人家漏水，损坏了被侵权人家装修，侵权人对此进行重新装修并主张被侵权人从中获得装修利益。法院对此予以否认。[③]此案未直接以强迫得利处理，而是否认了侵权人主张损益相抵规制的适用。内在逻辑上，这种因侵权行为而发生的装修更新非基于被侵权人的意思，属于强迫得利，侵权人对此不能主张相应获利部分的返还。

类型二：添附型强迫得利。此为主要的强迫得利类型，亦是学界关注较多的一种，多发生于房屋装修中。如未经出租人同意，承租人擅自对房屋进行装修，使得房屋的客观价值上升。添附物的存在契合经济价值与社会秩序之维护，不宜强行分离以恢复原状。[④]《合同法》第 223 条确认了租赁物改良的规则，《城镇房屋租赁合同司法解释》第 9 ~ 14 条细化之，

① 王泽鉴：《损害赔偿》，北京大学出版社，2017，第 178 页。

② 程啸：《损益相抵适用的类型化研究》，《环球法律评论》2017 年第 5 期，第 43 ~ 44 页。

③ 北京市第三中级人民法院（2016）京 03 民终 7948 号民事判决书。

④ 谢在全：《民法物权论（上册）》，中国政法大学出版社，1999，第 254 页。

重点规范租赁期间形成的装修归属问题。据此，对于形成附合的装修物，依双方约定处理，或出租人对此享有恢复原状请求权，但应受制于司法解释中关于双方过错分担的问题。在一起案件中，被告对于房屋的装修改善属于因经营而必要的改造，但对于原告而言无价值，且双方对此未进行约定，原告构成强迫得利，无须返还不当得利之债。[①] 实践中还有出现的一种情况是：侵权人强行占有他人房屋并装修之，法院对此认定为强迫得利。[②] 此为典型的强迫得利。对于目前制定法的规范，有学者批评不应因受损人善意与否而差别待遇。[③] 这里涉及对于受损人主观状态的认定，对此后文将有论述。

类型三：强制缔约、违约型强迫得利。由于违约行为而发生的强迫得利，如物业管理公司在物业服务合同到期后未按约定腾退、办理移交手续，而是超期滞留在服务小区并向业主主张超期期间的管理费用，法院对此认定为强迫得利。[④] 超过合同约定的数量、标准履行合同，也可能构成强迫得利。如双方约定一定数量车桩的涂漆服务，进行涂漆工作的一方超过约定数量为更多车桩涂漆。[⑤] 但严格来说，这并不是因违约而导致的强迫得利，因为合同本身所要求的义务已履行完毕，然可以归入强制缔约型强迫得利。除此之外，合同未生效的情况下的行为也可能构成强迫得利。如在一起承揽合同纠纷中，原被告的广告合同未能生效，而原告单方发布了广告，这一单方行为构成强迫得利，由此造成的经济损失由原告自身承担。[⑥] 这样的强迫得利还包括开篇所述的乞讨人员擦车、景区内扮演卡通人物合影收费。总之，这种类型的强迫得利发生于合同的前后两端。

---

① 大连市金州区人民法院（2016）辽 0213 民初 2907 号民事判决书。类似案例见上海市第一中级人民法院（2017）沪 01 民终 4071 号民事判决书。

② 黑龙江省黑河市中级人民法院（2016）黑 11 民终 707 号民事判决书。

③ 徐晓峰：《违法转租与无权处分、不当得利》，《法律科学》2003 年第 1 期，第 102 页；张冬梅：《房屋租赁中的添附法律问题研究——兼评法释〔2009〕11 号中的相关规定》，《河北法学》2010 年第 5 期，第 25 ~ 27 页。

④ 北京市第三中级人民法院（2017）京 03 民终 11936、11948 号民事判决书。

⑤ 海南省海口市中级人民法院（2017）琼 01 民终 3285 号民事判决书。本案中，因被告工作人员在现场检查清单上就多的车桩服务上签名，法院认为被告的强迫得利抗辩不成立。

⑥ 上海市闸北区人民法院（2008）闸民二（商）初字第 304 号民事判决书。

类型四：代偿型强迫得利。此一类强迫得利系由于他人的代偿行为而生。如一起案件中，原告为银行客户经理，被告向原告工作的银行贷款，因贷款到期被告未偿还，原告在知晓该笔贷款存有抵押的情况下为被告还款。一审法院认为其属强迫得利，二审法院认同之。① 此类强迫得利有与其他行为区分的必要。首先，其与误偿他人之债的不当得利不同，后者给付者主观状态系误认为自己负有清偿义务。其次，其与无因管理不同。就本案而言，贷款存有担保，保证银行作为贷款人的利益，原告的给付对被告作为借款人而言，难谓有利管理。最后，其属“明知无给付之义务而为给付”之子类型，不得请求返还，《德国民法典》第 814 条即如此规定。

类型五：帮工型强迫得利。对此类型的强迫得利认定，宜仿效《侵权责任法》中对于用人者责任认定的规则，即被帮工人对于帮工者的帮助行为是否接受。《人身损害赔偿司法解释》第 14 条第 1 款第 2 句后半段规定，被帮工人就帮工人的人身损害在受益范围内进行适当补偿。这一规定系基于公平原则进行风险分担，虽在最终结果上对被帮工人不利，但与强迫得利中受益人无须返还受益并不冲突。需要区分的是其与无因管理的关系，尤其是受益人缺乏当场拒绝的可能时。

类型六：侵权型强迫得利。这一类型不同于“以新换旧”型强迫得利，后者是由于承担侵权责任而产生的强迫得利，而前者则是因为侵权行为本身导致案涉财产价值上升。如侵权人擅自对他人土地进行耕种，属侵权行为，因侵权行为而致耕地效益增加的部分属于强迫得利，侵权人不得主张返还。②

“以新换旧”中，判断强迫得利成就与否的标准在于“新”是否契合受害人主观意愿。添附型强迫得利中，因行为构造的特性，所有人可主张恢复原状，由此所产生的费用由行为人负担，原物之外的材料、物件自然归于行为人。恶意添附除强迫得利外，还可能构成侵权。③ 强制缔约、违约型强迫得利因行为超出当事人合意，相应效果不应强加于相对方，受益

① 安徽省芜湖市中级人民法院（2017）皖 02 民终 2503 号民事判决书。

② 黑龙江省五大连池市人民法院（2018）黑 1182 民初 1006、1007、1011 号民事判决书。

③ 陈本寒：《构建我国添附制度的立法思考》，《法商研究》2018 年第 4 期，第 55 页。

人无须返还。代偿型强迫得利中，考虑受损人主观状态而有不同处理方式。可以明确的是，若受损人明知相应后果（故意、恶意），受益人无须返还相关利益。帮工型强迫得利要求受益人明确拒绝帮工，在此之下所受利益无须返还。侵权型强迫得利易与添附型强迫得利重叠，且与损益相抵规则有关。考察重点仍应集中在受益人对利益的主观契合之上。

实践中，法院对于强迫得利的处理多认为受损人不得主张受益人返还其所受益。但也有法院认为强迫得利受益人应支付相应的款项，认为“基于民法‘强迫得利’原则，被告作为受益人，应当支付该项增加工程项目的工程价款”[①]。通过运用强迫得利受损人不得主张受益返还的规则，大部分案件审理得以获得合乎期待的裁判结果。然值得注意的是，法院在适用这一规则时，未见有对强迫得利之构成展开阐述者，均为直接认定，或排除相近规则，如无因管理、不当得利之适用。笔者认为，对于强迫得利的构成仍需总结，以避免错误认定。

二　强迫得利与无因管理、不当得利的界分

（一）强迫得利本体论

一个可得大概接受的对于强迫得利的描述是：受损人因其行为使受益人获益，但此获益有违受益人的主观意愿。从中可知，强迫得利之发生必基于受损人自身行为，因此行为而使他人获得不符其本人意愿或经济计划之利益。在主体上，得主张强迫得利的仅限于受损人。换言之，因第三人行为、自然事件、受益人自身行为而致受益人无法律上原因获得利益的，不属于强迫得利。[②] 首先，强迫得利之“强迫”要求，排除了受益人自身行为导致强迫得利的情况；其次，自然事件所致强迫得利发生多属不可抗力或意外事件；最后，因第三人行为所致强迫得利不影响受损人和受益人

① 广东省佛山市顺德区人民法院（2017）粤 0606 民初 15226 号民事判决书。

② 杨宏芹、胡威：《论强迫得利法律效力与不当得利体系之融合》，《现代财经》2012 年第 2 期，第 116 ~ 117 页。

之间依据不当得利法规范进行调整，仅第三人向受益人或受损人承担相应的民事责任即可，一般为侵权责任。诚值注意者，“强迫”非同民法其他制度中所使用那般强调“行为人一方以现时的身体强制，使表意人处于无法反抗的境地而作出意思表示的行为”,[①] 而是指不符合自然人之本意，故该“强迫”仅作通常理解。

对受损人的主观状态的分析同样重要。其不但涉及强迫得利构成要件的确定，还与相关制度的区分有一定关系。受损人的主观状态无非故意、过失或无过错三种情况。若受损人故意为某种行为，导致自己受损而他人得利，且此得利不符合受益人的真实意愿或经济计划，这种情况下受损人不能主张相应的利益返还。受损人对于其行为和产生的后果是知晓的，在此之下仍为之，在解释上可理解为受损人对于这一部分利益的放弃或赠与。认可受损人的利益返还，有强行买卖之嫌。受损人的主观状态为过失的情况下，可细分为一般过失和重大过失。重大过失相较于一般过失而言，其过错的可责性更接近故意。以误为他人洗车为例，若受损人的汽车与受益人的汽车并排停放，且车型一致，外观相近，车牌亦相差无几，此时受损人将受益人的汽车清洗一遍，为一般过失下的强迫得利。倘若二车系不同车款，受损人因刚睡醒午觉而未注意，将受益人的汽车清洗一遍，为重大过失下的强迫得利。重大过失之下的强迫得利，宜否认受损人得主张利益的返还。因为一方面，这里的获益本身即非受益人计划范围内，属于强加而来；另一方面，受损人的主观过错较大，理应自己承担，否则对于受益人而言不甚公平。一般过失之下的强迫得利，本文认为原则上应否认受损人主张返还获益的权利，但若如此处理造成双方利益严重失衡时，应酌情调整。受损人的损失仍是自身的过错造成的，应自己负担后果，但受益人若基于此获得显然有失公平的利益，法律应加以纠偏。如上述汽车案例中，若受损人将价值数万的保养套装应用于受益人车上，受益人的车辆恰好需要进行保养。对此，受益人得在其汽车通常情况下所需的保养费用范围内对受损人进行补偿。如受益人之前的汽车保养费用为

① 佟柔主编《中国民法学·民法总则》，中国人民大学出版社，1990，第 239 页。

5000 元，而受损人所用保养套装价值 2 万元，则受损人可向受益人主张 5000 元的利益返还。需注意的是，受益人对受有利益必须是契合主观意愿的，或者至少对此不予排斥，否则无须返还。毕竟本人无利益取得，则无任何债务负担。[①] 最后，若受损人主观无过错，应根据民法的公平原则理念，考察此受益之于受益人的主观感受以确定如何纠正之。对此可归纳如下。

表 1　强迫得利受损人、所受利益与受益人的主观契合及利益安排

受损人主观状态	受益人与所受利益	利益安排
故意	在所不问	受损人不得主张返还
重大过失	在所不问	受损人不得主张返还
一般过失	不契合	受损人不得主张返还
	契合	契合范围内返还以前、通常所得利益水平
无过错	不契合	受损人不得主张返还
	契合	契合范围内返还以前、通常所得利益水平

自此回溯前述类型四之案例，虽然客户经理为客户偿还借款可能出于自己业务考核的考虑，或者基于所在单位利益之考量，不论所虑是否必要，其对于自己为此行为及相应后果都是明确知晓的。此情形下，即使借款人明显受益，且数额可能偏高，但由于受损人明知而为，法律不应给予受损人“反悔”的权利。个案正义固然重要，但切不可因此破坏规范原理与实际适用的统一性。

（二）强迫得利区分论

1. 与无因管理

强迫得利的概念重构需要区分其与相近概念。强迫得利易与不真正无因管理混淆。不真正无因管理与真正无因管理相对，以管理人主观上是否有为本人管理事务之意思作区分标准。前者可进一步分为误信无因管理与

① 〔德〕梅迪库斯：《德国债法分论》，杜景林、卢谌译，法律出版社，2007，第 510 页。

不法无因管理。[①] 误信无因管理即误将他人事务作为自己的事务进行管理，不法无因管理即管理人明知此非自己事务而为自身利益进行管理，故又可称“僭越无因管理”。由此可见，不真正无因管理最终系为自身利益而为管理行为，其中所遭受的不利益亦理应由管理人自担，且由此对本人利益造成侵害的，管理人应对此承担相应的民事责任。误信无因管理与强迫得利中受损人主观状态为过失的情形较为相似，不法无因管理与强迫得利中受损人主观状态为故意的情形较为相似。严格说来，不真正无因管理不属于无因管理之列。无因管理是合法行为，不真正无因管理中，若管理人之行为与效果不能得到本人之认可，则属违法行为，不能产生无因管理的法效。[②] 本文所讨论的，自然是本人对此不予追认的情形。不论是强迫得利还是不真正无因管理，受益人或本人的追认即认可对方所为，在法律上亦即赋予了合法性。但不正当无因管理所侧重的，是否认管理人管理费用的求偿权以及规制管理人之行为对于本人所造成的侵害责任。相较而言，强迫得利偏向于所涉利益的归属问题。自此观之，二者行为架构大体相符，一体两面，理解上可合并理解。有所不同的是，恰如前文所述，在受损人为一般过失或无过错的主观状态下，若利益偏差巨大且受益人所受利益符合自身意愿，在利益纠正上可就契合部分返还给受损人。故，强迫得利与不真正无因管理是对同一行为下的不同观察，前者侧重行为前后的利益归属，后者关注管理人的管理费用请求权及行为责任问题。

2. 与不当得利

不当得利理论精巧，类型复杂。[③] 较为权威的分类系分为给付型不当得利与非给付型不当得利，各自下分多种子类型。给付型不当得利中，“非债清偿”与强迫得利相近。“非债清偿”即履行不存在的债务，包括债务自始不存在及嗣后不存在（债务已消灭）。行为人可能是明知无债务，

---

① Vgl. Wandt, Manfred, Gesetzliche Schuldverhaältnisse, 7. Aufl., Franz Vahlen, München 2015, § 2 Rn. 7 ff.; Looschelders, Dirk, Schuldrecht Besonderer Teil, 10. Aufl., Franz Vahlen, München 2015, Rn. 836f.

② 张民安：《债法总论》，中山大学出版社，2008，第79～80页。

③ 傅广宇：《“中国民法典”与不当得利：回顾与前瞻》，《华东政法大学学报》2019年第1期，第116～132页。

也可能是误认为存有债务。明知无债务而为给付，在我国台湾地区民法上属不当得利之例外，排除不当得利返还请求权（台湾地区“民法”第 180 条第 3 款）。此规范基础在于诚信原则要求、禁止出尔反尔原则（venire contra factum proprium）的维护以及“赠与”的转化理解。[①] 误认为存有债务而为给付，系出于给付行为人的误解，构成不当得利，给付行为人可请求返还不当得利。主观状态为故意下的强迫得利无论在行为还是效果上，与明知无债务而为给付相同。后一情况下，给付行为人负担证明自己存在误解的证明责任，故而对于“误解”的理解至关重要。我国立法上的“误解”内涵并不简单如字面含义，以史考察可知法律继受偏差与学界研究缺乏影响对“误解”的精准理解。[②] 误解之发生，可能出自表意双方或单方的过错，也可能双方均不可责难。[③] 对于需要如此精细区分的规范意旨，立法论宜让步于解释论，为学理吸收并指导适用。过错与责任相伴，虽在不当得利法上可因误解之发生而返还不当得利，但在返还范围与责任承担上因过错之所在而有所区别。即使在强迫得利情形下，受损人亦可能因受益人的意思表示而产生误解，进而为强迫得利行为，此时考虑到过错的责难，应以此变动所涉利益的归属。此外，误解所致不当得利情形的讨论还应关注不当得利之成就。

不当得利的成就要求对方受有利益，如此涉及利益判断的问题，其对于强迫得利问题也至关重要。《欧洲示范民法典草案》之Ⅶ－3：101 条第一款以客观主义得利模式确认利益的认定，[④] 使欧洲持续已久的利益主客观标准判断之争有了一个初步性结论。对此，本文认为“利益主观化”更为妥当。一方面，以客观标准计算利益即将强迫得利制度架空，因为强迫得利行为之发生必定使受益人之财物客观价值上升，受益人得益确定，无保留该利益的正当性，故其回归到不当得利制度中去。另一方面，主观化

① 王泽鉴：《不当得利》，北京大学出版社，2015，第 112 页。

② 王天凡：《民法“重大误解”继受之反思——兼以台湾“民法”第 88 条第 1 款为例》，《华东政法大学学报》2017 年第 2 期，第 95 ~ 105 页。

③ 韩世远：《重大误解解释论纲》，《中外法学》2017 年第 3 期，第 683 页。

④ 克里斯蒂安·冯·巴尔：《欧洲私法的原则、定义与示范规则：欧洲示范民法典草案：第五卷 ~ 第七卷》，王文胜等译，法律出版社，2014，第 974 页。

利益的做法尊重了个人的自主意愿，因为某一事物系“甲之砒霜，乙之蜜糖”，法律不宜鲁莽介入个人偏好，强加评价。诚然，“利益主观化”易诱发道德风险，成为受益人恶意保有这一“飞来利益”的借口。对此，在规范上设置例外条款，或通过学理补充排除此类情形均可防止该行为的发生，如货币的增加推定为该“利益”契合受益人，但这是另一论题，此处不予展开。自此而言，“利益主观化”将不符合不当得利的情形剔除出去，使之可放入强迫得利的网兜中处理。过错则在不当得利和强迫得利的利益返还和责任承担上发挥作用。此中仅为财产利益而无精神利益，当不言自明。①

非给付型不当得利又可再分几种类型。权益侵害型不当得利，是指因侵害他人权益而生不当得利，行为人即为获益人，与前文类型六之强迫得利有明显差别，后者行为人与受损人为同一人。求偿型不当得利，即为他人清偿债务却无法定求偿要件，如为强制执行债务人之财产，债权人替债务人清偿某一所有权保留买卖标的物之余下价款，以使债务人取得该物所有权，进而得强制执行。债权人对清偿部分可向债务人主张不当得利返还请求权。这种强迫得利适用范围较窄，不常见于实践。② 此一类型的不当得利请求权之赋予，系由于行为人并无其他法定求偿要件，而作为一种保护行为人权益的兜底性保障存在。故此，求偿型不当得利请求权的主张适用一般性不当得利构成要件。从另一角度看，这也可以看作强迫得利的例外情形。如前文所述，为防止强迫得利中受益人道德风险的现实化，可通过立法技术设置特定情形推定受益人所受利益符合自身意志与经济计划。在求偿型不当得利中，清偿他人债务即如获取货币一样，属纯粹获益，排除强迫得利之适用。支出费用型不当得利这一类型，则多与无因管理、强迫得利有所重合，界限相对模糊，故不再分析。

3. 小结

由此可见，强迫得利与无因管理、不当得利中的某些子类型在行为架

① 王家福：《民法债权》，中国社会科学出版社，2015，第498页。

② 王泽鉴：《不当得利》，北京大学出版社，2015，第193～194页。

构上大体相近：故意强迫得利可理解为赠与，也可视作不法无因管理或明知无债务而为清偿；过失强迫得利可与误信无因管理重合，也可与“误以为存有债务而清偿”一致。但需注意的是，若受益人对此存有过失，应在过失范围内对受损人的利益损失承担相应的责任。总的来说，强迫得利属于不当得利的除外情形，但传统民法理论只将“明知无债务而清偿”这一种情形加以讨论，且其仅为故意强迫得利之一种。强迫得利与不当得利的区分在于受益人对于所受利益之契合上，若契合则为不当得利，反之即强迫得利。由此，强迫得利的“利”系客观价值角度而言。

综上，强迫得利的行为主体必须是受损人，受损人的主观状态以及受益人所受利益之契合使得受益人返还利益的范围不同。无因管理、不当得利的部分类型与强迫得利的某些类型具有相同行为架构，可分享一样的法效。区别无因管理与强迫得利的关键在于为何人利益管理。区别不当得利与强迫得利的标准在于得利人对利益的主观契合。

三　强迫得利的规范设计

自上文分析来看，在强迫得利的规范设计上，无须在无因管理、不当得利之外单独设立专节以规定。因为不真正无因管理与不当得利的除外情形可在规范效果上覆盖部分强迫得利的功能，只是尚有部分情形未被以往的理论讨论所注意而已。需要说明的是，强迫得利的制度动因在于保障受益人拒绝强迫利益。但若受损人主观状态为轻微过失或无过失，且受益人所受利益契合其主观意图或明显契合时，基于公平的考量，宜在一般情况下受益人的本来需求上返还相关利益。如此处理能最大化维护受损人和受益人的利益平衡：一方面，受损人的过错程度尚不至于使其丧失所有利益；另一方面，受益人所返还的范围亦在其主观意愿或经济计划之内，并无不当加重其负担。

具体的规范设计上，除去不真正无因管理所能包含的强迫得利情形外，其余部分应规定在不当得利部分。民法典合同编草案二审稿第 763 条第 2 款、第 764 条的规定，确认了不真正无因管理的管理人无费用返还请求权，本人对于管理利益的认可即赋予无因管理效果。这就是说，一般情形下不真正无因管理之行为对于本人而言属于强迫得利，但本人若对此予以认可，即代表本人对管理行为的效果进行主观上的确认，也就是这一后果符合本人的利益，故强迫得利消失。第768条确认了不当得利的三种除外情形，第3项与主观状态为故意的强迫得利情形在行为上相符。除此之外，强迫得利所需规范不足以支撑专门规定，司法实践的需要可留待司法解释或学理阐释以指导。

一种方案是，在不当得利的除外条款中直接明确强迫得利为不当得利的除外情形，即第768条下的第3项更改为：得利人所受利益不符合其意志或经济计划，但纯粹金钱利益或可得推之契合得利人主观意愿的除外。

四 结论

强迫得利的一般规则为受益人无须返还所受利益。但基于公平原则的考量，在受损人一般过失或无过错的情况下，若受益人所受利益与得利契合，则受益人应在其以往对此利益的契合范围内返还给受损人。主观状态为故意或重大过失的情况下，受损人无返还利益请求权。强迫得利在立法上的体现，无须以专节规定之。改造不当得利的除外情形或留待司法解释与学理阐释即可实现强迫得利的规范意旨。

Forced Profit: Type, Boundary and System Fusion

Tao Xinming

Abstract: The theoretical study of debt law is the focus of civil law research in recent years. Unjust enrichment and negotiorum gestio management, as the causes of independent debt, are widely discussed by scholars. However, there seems to be a tacit consensus on compulsory gains, which is also handled in practice according to the principle of "no claim for return of compulsory gains". If this opinion is appropriate, it is worth exploring. The Draft Civil Code of China has special chapters stipulating "improper enrichment" and "negotiorum gestio management". Whether the norms in this chapter are appropriate for the norms of compulsory enrichment law can also be studied. It concludes the disputes of compulsory gains in trial practice by typification, and reviews them one by one, which shows that the traditional theory can meet the needs of practice. In theory, we can distinguish forced enrichment from negotiorum gestio and improper enrichment. By comparing the similarities and differences between forced enrichment and negotiorum gestio and improper enrichment, we can see that forced enrichment is not independent at the institutional level. Combining with the norms of the Draft Civil Code of China, there are two schemes for the design of the norms of compulsory enrichment.

Keywords: law of obligation; negotiorum gestio; illegal profit; forced profit

庭审虚化的制度性风险及对抗机制*

林　静**

摘要： 职权主义诉讼模式存在制度性的庭审虚化风险。从事实认定者的角度观察，法院调查取证、案卷移送主义构成了庭外认知（成见）的侵入；从司法运作的角度，检察官与法官的微妙关系形成了他方权力的辐射。故大陆法系国家普遍推行与之对抗的直接言词原则和配套制度。职权主义模式下的直接言辞原则蕴含两个层面，即证据视角的实质层面的内涵以及事实认定者视角的形式层面的内涵。对直接言词原则，我国立法上采取模棱两可的态度，司法实践中难以有效落实，尚未能形成对庭审虚化风险的有效对抗。对此，有必要立足"中国的问题"，以"世界的眼光"，在我国语境下重新解读直接言词原词，关注直接言词原则展开的两个限度，即对实质真实的探知和诉讼经济的考量，并在立法技术层面作出回应。

关键词： 庭审实质化　直接言词原则　庭审虚化　以审判为中心

我国以审判为中心的司法改革，亟须应对庭审虚化的现实问题。所谓"庭审虚化"，是指法官对案件事实的认定和对法律的适用主要不是通过法庭调查和辩论来完成的，而是通过庭审之前或之后对案卷的审查来完成的，或者说，法院的判决主要不是由主持庭审的法官作出的，而是由"法官背后的法官"作出的，即庭审在刑事诉讼过程中没有起到实质性作用，法院不经过庭审程序也照样可以作出判决。① 概言之，庭审虚化系法庭审

* 本文为北京市"高精尖"学科建议项目成果。

** 林静，国家"2011 计划"司法文明协同创新中心研究人员，中国政法大学证据科学教育部重点实验室副教授。

① 熊秋红：《刑事庭审实质化与审判方式的改革》，《比较法研究》2016 年第 5 期，第 36 页。

理对法官裁决的决定力的缺失。根据前几年的一项实证研究，我国刑事庭审在举证、质证、认证和裁判方面都存在较为严重的虚化现象。[①] 该庭审虚化现象至今未有显著改善。根据近期的一项地方法院庭审实质化改革实证研究，庭审实质化在一定程度上得到增强，但仍存在诸多不足，比如在举证方面，证人的出庭率仍不理想，用宣读书面证言替代证人出庭证言的情形依然普遍；在认证方面，对定罪量刑起关键作用的证据依然是被告人庭前供述与书面证人证言。[②] 庭审虚化仅为表象，对该现象尚需深挖其内在根源，才能对症下药，做到有的放矢。

一　职权主义诉讼模式下的制度性风险

英美法系当事人主义的诉讼模式下，法庭审理成为控辩双方对抗的主战场（经由辩诉交易等分流的案件除外）。与之相应的陪审团制度，确保事实裁决者在法庭审理前未接触案卷材料，阻断了裁决者基于案卷及相关证据对案件作出预判，遏制了庭审虚化的风险。此外，成熟的交叉询问制度、精密的证据规则等，使得控辩双方对抗的庭审大戏有的放矢。与之相比，大陆法系的职权主义审判模式则先天蕴含着庭审虚化问题。从事实认定者的角度观察，法院调查取证、案卷移送主义构成了庭外认知（成见）的侵入；从司法运作的角度看，检察官与法官的微妙关系形成了他方权力的辐射。

（一）法院调查取证

在职权探知主义模式下，法院（官）作为积极的事实发现者，通常而言承担了部分调查取证的职能。比如《法国刑事诉讼法典》第 310 条规定，在庭审中，审判长可以传唤任何人出庭提供证言，如有必要也可以发出传票。审判长也可依据庭审的进展情况，提出任何其认为有助于查明真

① 何家弘：《刑事庭审虚化的实证研究》，《法学家》2011 年第 6 期，第 124～136 页。

② 左卫民：《地方法院庭审实质化改革实证研究》，《中国社会科学》2018 年第 6 期，第 115～123 页。

相的新证据。我国立法作了类似的规定。根据《刑事诉讼法》第196条规定，在法庭审理规程中，合议庭对证据有疑问的，可以宣布休庭，对证据进行调查核实。对此，法院可以采取勘验、检查、查封、扣押、鉴定和查询、冻结等措施。法院调查的职能并不仅仅限于庭审中，在部分国家，为了确定被告人是否有必要接受审判，法官在庭前承担了部分调查取证的职能。比如，德国《刑事诉讼法》第173条规定，为了准备裁决，法院可以命令调查，并且嘱托一名受托法官[①]（beauftragter Richter）或者受命法官（ersuchter Richter）进行调查。在受托法官进行调查取证的情形下，鉴于其同时是合议庭的法官，其承担了在英美法系当事人主义评价下完全冲突的双重职能，即对证据的收集和证据在庭审框架下的评价。鉴于职权主义模式下，对实质真实（materielle Wahrheit）的探知作为诉讼的核心目标，因此这种看似相悖，但共同指向同一目的的做法，契合了该模式的基本精神。在此精神支配下，法院负有依职权查明义务（Aufklärungspflicht），该义务独立于检察官和被告人的查证申请。换言之，在没有控辩方的查证申请情形下，法院仍然可以自发地依职权调查事实。在个别情形下，甚至可以违背其意愿，而展开事实调查（比如已经存在被告人的主动认罪）。[②] 值得注意的是，西班牙、意大利等国家逐渐从传统的职权主义模式中分离，采取了较为弱化的探知主义模式。比如西班牙宪法法院通过1988年7月12日第145号裁决，禁止作为事实调查者的预审法官同时担任审判法官，[③] 旨在分离法官的证据收集者与证据评价者的双重角色。

即便如此，职权主义模式下法院的调查取证职能，导致其作为事实认定者，对庭审过程中出示的证据的证据能力（可采性）及证明的分量（证明力）有了法庭审理之外信息认知的初步判断（成见）。由此，支持最终裁决的法官内心确信不仅仅基于庭审中的法庭调查和辩论，而往往受

① 受托法官（beauftragter Richter）一般系合议庭中的被委任调查的法官，受命法官（ersuchter Richter）系依据《法院组织法》第157条，通过司法协助（Rechtshilfe）的途径而被任命调查的初级法院（Amtsgerciht）的法官。参见 Karlsruher Kommentar zur StPO，§173StPO，7. Aufl. 2013，Rn. 3。

② BGHNJW 66 1524.

③ 史蒂芬·沙曼：《比较刑事诉讼案例教科书》，施鹏鹏译，中国政法大学出版社，2018。

庭前或者庭外自主调查的结果的影响。作为裁决形成的关键性阶段，法庭庭审在诉讼过程中的核心地位实质上被虚化。

（二）案卷移送制度

起诉机关何时移送以及多大范围内移送案卷，将直接关系审理案件的法官在庭前对案件的了解程度。英美法系当事人模式下，多采用“起诉状一本主义”，即起诉机关在起诉时，仅向审判机关提交起诉状，而不提交导致事实认定者在庭前形成预判的证据以及其他文书。尽管存在个别国家的例外操作，比如日本更倾向于“起诉状一本主义”移送方式，大多数职权主义模式的国家，倾向于“卷宗移送主义”，即起诉机关在起诉时，一并提交起诉状以及支持该起诉状的证据以及其他文书。究其背后的原因，“卷宗移送主义”与法院依职权探知事实的使命存在高度的制度性契合。我国立法上对“卷宗移送主义”的否定尝试及最终回归[①]，亦佐证了该移送方式更加契合我国现行体制下的诉讼模式。

作为传统职权主义国家的典范，德国采取了极为全面的卷宗移送方式。根据德国《刑事诉讼法》第 199 条第 2 款规定，检察院在起诉时，公诉书和案卷一并提交法院。就移送案卷的范围，采用全案移送方式，即包含所有对裁决结果有影响的证据。甚至有观点认为，对线索性的文件（Spurenakte），也应当一并移送法院。该线索性文件指的是，未基于此取得相关证据的侦查案卷信息，比如犯罪嫌疑人曾经到过案发地的证言，但是后来目击证人承认其可能误认。实践中侦查机关内部会作为办案备注予以留存。有部分观点认为，尽管该线索性文件未能有实质的证据取得，但该信息是否完全无用的裁决权，应当归属法官，因此应当一并提交。[②] 德国的全面移送模式，契合前述对实质真实全面探知的基本精神。

应当说，两种移送方式各有利弊：“起诉状一本主义”的移送方式能够抑制法官的庭前预判，确保法庭审理对裁决的决定力，但不利于法官对

① 对此的立法演进及分析，参见熊秋红《刑事庭审实质化与审判方式的改革》，《比较法研究》2016 年第 5 期，第 36 页。

② vgl. BeckOK StPO mit RiStBV und MiStra, 30. Aufl. 2018, StPO § 199, Rn. 5 – 7.

案情的全面了解，存在庭审拖沓的风险；“卷宗移送主义”能够确保法官对案情有较为全面的了解，有利于推进庭审的效率，但和法院调查一样，使得法院在庭前获知了相关的证据信息，容易形成内心预判。此外，从程序的顺承角度观察，案卷承载了侦查取证获得的基本信息，而其传递和应用对公诉乃至审判通常发挥着决定性影响，案卷的形成和流转促成了从侦查到审判的紧密联结，导致法庭审判的直接性与实质性明显不足。[①]

（三）参审员制度

从事实认定者的角度看，法院调查取证和卷宗移送制度，潜藏着庭外成见侵入的风险。那么，大陆法系国家的非职业法官对庭审的参与，是否能阻断该风险呢？

多数大陆法系下的法庭审理，亦纳入了非职业法官，即参审员。[②] 一般而言，对非职业法官，实行了案情的庭前了解的立法上或者事实上的阻断。比如在德国，区别于职业法官，非职业法官原则上没有庭前的阅卷权。[③] 德国这种区分的基本逻辑是：职业法官基于法学教育及职责训练，能够区分案前获取的信息和庭审信息，从而弱化庭前阅卷对庭审的影响，较客观地作出裁决。与之相比，非职业法官总体上难以区分二者，因此立法上并未赋予其庭前阅卷权。[④] 在中国，虽然法律未明确禁止陪审员的庭前阅卷，但事实上除了部分利用开庭前的间隙翻阅案卷的，陪审员几乎没

① 龙宗智：《庭审实质化的路径和方法》，《法学研究》2015 年第 5 期。

② 随着两大法系的碰撞、融合，某些大陆法系国家，亦引入了英美法系的陪审团制度，即由非职业法官组成的陪审团独立进行事实问题的裁决。比如，根据西班牙的《宪法》第 125 条，人民可以参与公共行为，并在刑事审判中，通过陪审团的形式参与司法。区别于传统的大陆法系的参审员和职业法官混合审理的模式，西班牙的陪审团类似于英美法系的陪审团制度，对事实问题作出独立的裁决。参见 Mar Jimeno – Bulnes, Jury Selection and Jury Trial in Spain: Between Theory and Practice, 86 the Chicago – Kent Law Review 585 (2011)。

③ vgl. Münchener Kommentar zur StPO, § 30 GVG, 1. Aufl. 2018, Rn. 5 – 8.

④ vgl. Adrian Dumitrescu, Das Unmittelbarkeitsprinzip im deutschen und schweizerischen Strafprozessrecht, Zeitschrift für die gesamte Strafrechtswissenschaft, 2018, 130 (1), S. 106 – 155.

有专程到法院进行庭前阅卷的。[1]

尽管如此，相较英美法系，大陆法系下的参审员对庭审裁决的影响甚微。在英美法系下，陪审团独立于职业法官作出有关事实部分的裁决，即就“罪与非罪”问题职业法官仅作出裁决指示，不参与陪审团的裁决，针对更为精细的量刑及法律适用问题，则由职业法官负责。而多数大陆法系下，审判不严格区分定罪和量刑，相应地，参审员与职业法官一起组成合议庭对所有问题进行裁决。基于法律适用的生疏和相较职业法官对案情了解的滞后，实践中参审员制度存在参而不审的风险。法庭合议的过程往往演变为职业法官对参审员的案情讲解辅以普法教育。个别地方参审员仅在裁决书上签名，但实际上根本不出席庭后合议。根据一项近期的实证调研，在我国某地区有近三成的人民陪审员存在不出席合议的情形，其中有23.1%的受访人民陪审员时而不出席，甚至有5%的受访者从未出席合议，而采取补签的形式。[2] 由此，参审员参与庭审，看似在某种程度上有利于阻断事实认定者庭外认知的侵入，但在实践中，鉴于其自身对法庭审理的影响相对微弱，其对抗庭审虚化风险的能力非常有限。

（四）检察官与法官的“盟友效应”

检察官与法官的“盟友效应”（Schulterschluss effekt），指的是在司法实践中，法官与检察官的合作超出了其应有的独立裁决者的定位，特别是在案件事实较为不清晰的情况下，法官对检察官作出的判断的高度依赖。检察官与法官的“盟友效应”大大侵害了被审判人员获得公正司法审判的权利，也损伤了庭审的中心地位，德国许乃曼（Schuenemann）教授甚至将法官比作检察官的执行机构，来讽刺批判这种“合作”关系。[3] 在我国，法院作为检察院的“执行机构”的现象并不罕见。比如在胡某某强奸

---

① 刘方勇、廖永安：《我国人民陪审员制度运行实证研究——以中部某县级市为分析样本》，《法学家》2016年第4期，第58页。

② 刘方勇、廖永安：《我国人民陪审员制度运行实证研究——以中部某县级市为分析样本》，《法学家》2016年第4期，第59页。

③ Bernd Schünemann, Wohin treibt der deutsche Strafprozess?, Zeitschrift für die gesamte Strafrechtswissenschaft, 2002, 114 (1), S. 1 –62.

中止案中，吉林高院在审理该案件时，先后被最高院（根据函告指示，遂作出无罪判决）和省高检函告（函告指出，判处强奸罪，在当时是合法的，遂撤销无罪判决，恢复有罪判决），裁决摇摆不定。[①]“盟友效应”的形成基于多个层次的原因。从表面观察，法律职业人员的流动性促成了二者的职业认同和默契。比如在德国，在统一的国家司法考试模式下，职业人员存在流动的可能性。特别是拜仁等部分联邦州，检察官向法官流动的情形较为常见。这种情形下，职业共情和老同事的情谊酝酿了“盟友效应”的风险。从制度层面，检察官和法官之间的制约权衡模式，也在某种程度上促成了“盟友效应”。比如在中国，法官的裁决对检察官的业绩形成了事实上的制衡；相应地，检察官的法律监督职能和抗诉制度的设计，形成了对法官的反向制衡。双向制衡模式设计的初衷在于防止一方权力膨胀，而司法实践中极易促成双方之间的“共赢合作”。

追根溯源，“盟友效应”的出现源于职权主义模式下法官的定位，即区别于英美法系下被动型中立的纯粹裁决者，其为积极型中立的探究型裁决者。从实质真实探知角度，在职权主义模式下，法官和检察官存在同向的目标。这一同向使命感，在司法实践中自觉或不自觉地演化出两者的“盟友效应”。

二　直接言词原则作为对抗性制度

基于大陆法系国家对庭审虚化的担忧，相应的对抗性制度应运而生。直接言词原则被绝大多数大陆法系国家，比如德国、西班牙、意大利等，或明文或意旨性地予以确立。其对庭审虚化的对抗，主要从两个维度展开：其一，通过确立法庭上询问本人原则，来对抗庭外形成的预判的偏见；其二，确立了由且仅由在场法官/非职业法官作出事实认定，来对抗他方权力的辐射。前者强调证据的第一手特性，原则上杜绝宣读笔录和书面证言予以替代，德国学界将其界定为实质的直接言词原则（materielle

---

① 胡云腾主编《宣告无罪：实务指南与案例精析》，法律出版社，2014，第8页。

Unmittelbarkeit）；后者强调法官的直接认知，要求法官对证据的认知是直接来源于法庭的言词审理，规定了法官的在场义务，不在场的审理者无权作出事实认定，德国学界将其界定为形式的直接言词原则（formelle Unmittelbarkeit）。[①]

（一）形式层面的直接言词原则

形式层面的直接言词原则，从事实认定者的视角回应了庭审虚化的风险，要求作出裁决的法官必须不间断地出席庭审。根据该原则，没有在场，包括没有持续在场的法官不能参与裁决的作出。德国《法院组织法》第 192 条规定的候补法官制度就是回应了法官不间断在场义务的需求。[②]此外，此处的在场，不局限于物理上的在场，也包含精神上的在场义务，即法官对法庭审理的注意义务。就此注意义务，德国联邦最高法院曾经有个判例：多特蒙德州法院审理案件中，主审法官在辩护律师最后陈述期间，和同事讨论与案件无关的其他事项长达 15 分钟，联邦最高法院判决依据德国《刑事诉讼法》第 226 条规定的不间断在场义务，其违反了直接言辞原则，构成德国《刑事诉讼法》第 338 条规定的程序瑕疵。[③]

形式的直接原则回应了法官保留原则（Richtervorbehalt）。根据德国《基本法》第 92 条第 1 款的规定，审判权由且仅由法官享有（法官保留原则）。据此，法官独立地对定罪、量刑等情节作出裁决。法官必须亲自、

---

① Vgl. Ulrich Eisenberg, Beweisrecht der StPO, 6. Aufl. 2008, S. 22 – 28.

② 根据此规则，如果有法官因为疾病或者死亡等原因不能继续出席庭审，不能简单地由其他法官继续接替审理，而应当自始重新审理。司法实践中，为了避免耗费司法资源，针对耗时较长的案件，主审法官往往会额外邀请一名或者多名（非）职业法官作为候补法官（Ergänzungsrichter）。除了评议和投票环节，候补法官参与其他的所有庭审环节，并享有法官的发问权。如果出现正式法官无法出席庭审的情形，则由候补法官作为正式法官替补审理。参见 Claus Roxin, Bernd Schünemann, Strafverfahrensrecht, 29. Aufl. 2017, S. 360。

③ 判决原文："Es muss grundsätzlich als ein Verfahrensfehler angesehen werden, dass sich einer der mitwirkenden Richter während eines so wichtigen Verhandlungsabschnitts wie den Schlussausführungen des Verteidigers durch eine mit der Verhandlung der Sache nicht in Zusammenhang stehende Tätigkeit selbst ablenkt und dadurch in seiner Aufmerksamkeit beeinträchtigt".（译文：参与审理的法官在如此重要的审理节点，即辩护律师最后陈述阶段，被与此案无关的事物干扰其注意力，这种行为原则上必须被认定为程序瑕疵）参见 BGH, 07. 09. 1962 – 4 StR 229/62。

独立地作出全面的审查，确保依据庭审程序中的核心内容形成心证，而非依据庭审外、当事人无从了解也无力施加影响的证据。[①] 不可否认的是，形式层面的直接言词原则回应了非在场法官对裁决作出权力辐射的风险，但是未能有效回应审判机关之外权力的辐射，比如检察官和法官的“盟友效应”。追根溯源，大陆法系职权主义模式下，法院与检察院对实质真实探知的同一使命，使得该“盟友效应”成为必然，也构筑了该模式的标签化特征。对此，仅仅是形式层面的回应尚有不足，立法上尚需跟进实质层面的回应。

（二）实质层面的直接言词原则

实质层面的直接言词原则，从证据的可直接对质角度，回应了庭审虚化的风险。实质层面的直接原则所立足的考虑是以较少的阶段尽可能对事实与证据之间进行最佳的建构以重构事实。因此，实质的直接原则限制了法庭对证据的选择，其有义务援引第一手的证据，而不得仅是以第二手证据取而代之，[②] 比如询问笔录不得代替证人的庭审证言。如果说法院调查和庭前阅卷铸就了庭前预判（成见）的风险，那么实质层面的直接言词原则，通过询问本人的规定，实现了对预判信息的检验。“盟友效应”也将在庭审中在某种程度上予以突破。换言之，法官通过对本人的直接询问，实现了对公诉方提起的证据的重新核验，在辩方的参与下，形成应有的紧张关系。

以德国《刑事诉讼法》第 250 条确立的询问本人原则为例，法律不允许以宣读以前的询问笔录或者书面证言而替代当庭的证言。此处的本人，包含犯罪嫌疑人、证人和鉴定人。基于询问本人原则，原则上如果被告人没有出席庭审，则法官不得开庭审理。但可能存在下列例外情形。①罪行轻微，且预期将处以罚金等较轻的刑法，一般不涉及自由刑。比如德国

---

① Vgl. Sebastian Bürger, Unmittelbarkeitsgrundsatz und kontradiktorische Beweisaufnahme, ZStW 2016, 128 (2), S. 519 – 520.

② Vgl. Sebastian Bürger, Unmittelbarkeitsgrundsatz und kontradiktorische Beweisaufnahme, ZStW 2016, 128 (2), S. 520.

《刑事诉讼法》第 232 条规定，经合法传唤，被告人未出庭的，可以缺席审理，单处或者并处 180 日以下的日额罚金、禁驾、收缴或没收等刑罚。②技术上无法传唤的，比如犯罪嫌疑人居所不明、居住在国外等情形的，此类案件，各国对庭审的范围规定有所不同。比如德国对此类缺席的被告人一般不做实体的案件审理，庭审主要进行证据保全。而我们国家现行的《刑事诉讼法》允许对贪污贿赂犯罪案件，以及需要及时进行审判，经最高人民检察院核准的严重危害国家安全犯罪、恐怖活动犯罪案件，在事实清楚的情况下，进行缺席审理。③鉴于被告人不出庭，法庭审理程序转为书面程序。比如德国《刑事诉讼法》第 408 条 a 规定的，庭审已经开始，但被告人未出席的，在初级法院层面，针对轻罪，可以由检察院在法庭审理中，口头提出处罚令申请，从而结束审判程序。此类案件在司法实践中，占据了一定的比例。根据德国联邦统计局的数据，2016 年初级法院共结案 662412 件，其中 29252 件（约 4.4%）以庭审转化处罚令的方式结案。[①]

实质层面的另一项重要内容是，证人、鉴定人必须出庭作证，以确保质证的顺利进行。除了立法明确规定的情形，证人、鉴定人不出庭作证的，其书面证言或询问笔录面临丧失证据资格（可采性）的风险。以德国《刑事诉讼法》第 251 条的规定为例，此例外情形一般包含以下几种情形：①相关人的合意，即具有辩护人，且辩护人、被告人和检察官三方一致同意；②出庭不能，即证人、鉴定人死亡或者其他原因导致在可预见的期间内无法出庭；③出庭必要性微弱，即笔录或者书面证言涉及财产损害存在及额度；④出庭不便，即证人、鉴定人路途远遥且出庭重要性不大，或者因身体疾病、虚弱等其他无法排除的障碍，不便出庭的。

借由茨威格特主张的功能比较[②]的路径，德国的询问本人原则与美国的传闻证据规则有异曲同工之处。两者皆对庭外的陈述采取了原则上否定的态度，以确保对方对证言的对质权/交叉询问的权利。但是，区别于传闻证据规则，询问本人原则之下，对传闻的态度不是全然否定，即不绝对

① Statistisches Bundesamt, Fachserie 10, Reihe 2.3, 2017.

② Vgl. K. Zweigert/H. Kötz, Einführung in die Rechtsvergleichung auf dem Gebiete des Privatrechts, Mohr, 1996, S. 31 – 47.

性地剥夺其证据能力（可采性）。比如德国联邦最高法院曾对匿名线人的作证形式采取了宽容的态度。在该案中，匿名线人提供了被告人曾向其作出有罪供述的信息。对此，检察院和侦查机关对该线人进行了相关询问。鉴于保护匿名线人的需要，公诉方申请以该询问人员（检察官和侦查人员）出庭的方式，予以作证。州高等法院依据询问本人原则，驳回了该请求，并排除了不出庭匿名线人的询问笔录的可采性。其给出的进一步理由是：鉴于匿名线人不出庭，法庭无法获得匿名证人的任何直接印象；对申请出庭的询问人员的可信性法庭亦无从判断。随后，公诉方向联邦最高法院提出了上诉，其依据是法院违背了实质真实查证的义务。[①] 联邦最高法院支持了公诉方的异议申请。其依据理由有四。其一，即便公诉方拒绝披露匿名线人并发布了禁止声明，但该禁止声明法院并不必须遵守。该禁止声明应当由州高级司法行政部门作出，检察院单方的声明不对法院形成实质障碍，更不能以此免除其积极查证的义务。其二，匿名线人获得的被告人庭外认罪是极为重要的证据，对此法院应当积极取证。其三，拟出庭作证的询问者系检察官和警察，熟悉刑侦案件，并根据恰当的询问做了相应的笔录。其四，匿名线人的陈述并非唯一的指控被告人的证据，尚有其他的证据予以补强。综上，联邦最高法院认为侦查机关对匿名证人进行询问所获得的陈述具备证据能力，不应当被排除使用。[②] 通过该则案例，联邦最高法院确认了特殊情形下，传闻作为补强证据（Ergänzung）的可采性。对传闻证据的评价，可以从证明分量（证明力）的角度介入，即法庭不排除该证据的使用，但对证明力进行适当评估。

对于出庭作证的证人，其庭前书面证言与庭审中口头证言不一致的，以哪个证言为准的问题，关系到证人出庭的内在动力以及其出庭的实际效用。根据传闻证据规则，在美国，庭前证言属于传闻证据的范畴，除了联邦证据规则 801（d）（1）的例外规定，原则上不具有可采性。在庭前证

① 《德国刑事诉讼法典》第 244 条第 2 款规定，为了调查事实真相，法院应当依职权将证据调查延伸到所有的对裁判具有意义的事实、证据上。

② BGHSt 36，159，160－61，164－66. 参见蒂芬·沙曼《比较刑事诉讼案例教科书》，施鹏鹏译，中国政法大学出版社，2018，第 140～142 页。

言与庭上证言不一致的情形下，该庭前证言，仅就证人的可信性具有可采信，庭前证言所阐述的内容本身并不具有可采信。区别于美国的庭前证言的原则性不可采，德国《刑事诉讼法》第 250 条规定的询问本人原则，并未禁止庭前书面证言作为对庭审证言的补强（Ergänzung），而是禁止以其代替（Ersetzung）出庭作证的证言。[①] 特别是该法第 253 条规定，针对证人、鉴定人与先前庭外所做的陈述不一致时，可以宣读笔录。就不一致的证言，主流观点认为，原则上庭上的口头证言优先于庭外书面证言（Vorrang des Personalbeweises）。[②]

根据上述分析，可以发现，以德国为代表的职权主义模式下的直接言词承载了多重职能：其一，通过对庭外认知的尽可能直接地检验和对质权的确保，来对抗该模式先天潜藏的庭审虚化的结构性风险；其二，直接言词原则在“探知实质真实”这一根本目的下展开，表现为询问笔录和书面证言并不必然排除使用，允许作为补强证据的形式存在；其三，从证据评价的角度，直接言词原则是自由心证原则（Grundsatz der freien richtlichen Beweiswürdigung）的应有之义，表现为认识主体和认识客体的紧密对接，从而确保形成接近实质真实的内心的确信评价。

三　我国的直接言词原则对抗庭审虚化的效用：实然层面的检视

（一）形式层面的直接言词原则

形式层面的直接言词原则主要体现为事实认定者的在场义务，从而确保其裁决的依据，来源于法庭上的信息的直接获知，以对抗他方权力的辐射。对此，我国现行的立法采取了截然不同的做法。《刑事诉讼法》第 185 条规定，“对于疑难、复杂、重大的案件，合议庭认为难以作出决定

① vgl. Karlsruher Kommentar zur Strafprozessordnung, 7. Aufl. 2013, StPO § 250, Rn. 2.

② vgl. Dölling/Duttge/König/Rössner, Gesamtes Strafrecht, 4. Aufl. 2017, StPO §250, Rn. 2.

的，由合议庭提请院长决定提交审判委员会讨论决定，审判委员会的决定，合议庭应当执行”。此立法规定遭诟病已久，但屡屡被载入法典。对此，多做理想化的批判无任何助益，而应当挖掘其深层原因。

“审者不判，判者不审”的深层次根源在于目前的较为严格的司法责任制度。“让审理者裁判”“让裁判者负责”的司法责任的本意在于确保审判者的独立的裁判权，强化审判人员的责任意识，使其谨慎对待案件，避免审理中的不公正。但是该制度隐含的责任倒查和终身问责的司法责任制，导致司法实践中对于敏感或者疑难案件，为避免职业风险，承办法官往往主动放弃独立的审判权，而通过提交审委会或者请示上级的方式处理。[①] 现行的法官的裁决义务（命案必破）和错案追究（不枉不漏）形成了无法回避的悖论，有悖“证据之镜”原理。在审判活动中，法官对过去在法庭之外发生的事实，没有任何直接知识，只能通过证据推论进行认识。在这种情况下，证据便成为“折射”事实的“镜子”，即“证据之镜”。根据“证据之镜”原理，证据推论存在先天的局限性，即法官通过证据所查明的事实真相，在某种程度上像是“镜中花”，乃是证据推论的“思想产品”。证据是认识案件事实的唯一桥梁，但又不可避免地存在不完全性、非结论性、模糊性等，由此决定事实认定的盖然性或可错性。[②]“有错必纠”“终身追责”的司法责任制神化了法官通过“证据之镜”认定事实的能力。“不枉”要求法官不错罚无罪之人，“不漏”要求法官不错放有罪之人，两者结合则意味着所有的法官必须通过“证据之镜”，百分百地准确认定案件事实。为规避责任，疑难敏感案件先请示后裁决，则是法官在司法实践中摸索出的自我保护的职业习惯。

如果说审委会的介入尚在法院系统内体现他方权力的辐射，检察长列席人民法院审委会的做法则使他方权力蔓延到法院系统之外。自 1949 年以来，首部《法院组织法》（1954）第 10 条就规定了同级人民检察院检察长可以列席法院审判委员会。该条规定尽管一直存在争议，但被历次修

① 陈瑞华：《法官员额制改革的理论反思》，《法学家》2018 年第 3 期，第 11～12 页。

② 张保生：《事实、证据与事实认定》，《中国社会科学》2017 年第 8 期，第 110～130 页。

订，写入法律中。2010 年最高检和最高院甚至联合发布《关于人民检察院检察长列席人民法院审委会会议的实施意见》为检察长列席人民法院审委会提供了实施细则。尽管该"实施意见"自 2010 年发布以来少有相应案例，但近期随着权力机构的重组，各地检察长列席审委会的现象明显增多。[①] 从理论上讲，我国的检察机关承担了双重职能，即公诉职能和法律监督职能。但是两者的职能运行，在具体实践中应当有所区分。检察长列席审委会是从法律监督职能的角度介入，根据程序分离理论，其应当局限于监督职能，而不能延伸至公诉职能。否则，有违公正审判的基本原理，并潜藏了在被告人缺席的情形下，控审双方秘密对案件作出审理的风险。对此，法律监督职能下，检察长列席审委会应当在下列限度内展开：其一，为防止对个案裁决施加影响，出现控辩失衡的现象，具体的办案检察官不得列席该审委会；其二，法律监督应该重程序，轻实体，即对个案中办案程序是否合法作出监督意见，而将个体证据的证明力、量刑是否合理等实体问题的自由裁量，留给具体的办案法官。

如果以更严格的标准衡量法官的在场义务，即精神层面的在场义务，则实践中虚化的情形更为普遍。我国司法实践中，法官在庭审过程中的接听手机谈论与本案无关的行为并不少见。该行为往往容易忽略庭审中的有效信息，实质上违背了法官的精神在场义务。但是目前法律对此种行为未作出有效的规制。当该现象成为常态，"破窗效应"下，很难一步到位将此种行为纳入《刑事诉讼法》，作为程序瑕疵提起上诉。但是可以考虑在《法官法》中作出回应。该法第 7 条第 3 款规定，法官具有依法保障诉讼参与人的诉讼权利的义务。法官在庭审时接听手机等行为，一方面有违法官的职业规范和职业道德，影响了司法的严肃性，另一方面侵害了诉讼当事人获得公正听审的权利。现行的《法官法》第 32 条列明了被禁止的行为，其中第 8 款规定了法官玩忽职守，造成错案或者给当事人造成严重损失的，应当承担相应的处分或者刑事责任。此条的规定以结果为导向，即

---

① 关于检察长列席审判委员会的相关报道，参见 http://www.xinhuanet.com/legal/2018-08/15/c_1123274990.htm。

根据错案进行倒推追责。其结果是，一方面，对于没有被发现错案的，即使当事人认为被不公正、不严肃对待，也很难得到相应的维权，比如上述的庭审期间法官接听手机等行为；另一方面，即使可能存在错案，基于结果倒推责任的追责模式，法官的本能反应不是主动纠错，而是想方设法掩盖其错误，以逃避被追责。因此，建议对法官的追责方式摈弃“结果倒推”方式，而采用“行为出发”模式，即如果法官在程序上无瑕疵，不能因简单存在错案而追责；相应地，不能因为没有发现错案，而纵容法官在裁决过程中的不当甚至违法行为。特别是对错案中的错放行为，如果法官基于刑事案件的严格证明标准，对犯罪嫌疑人作出无罪释放的裁决，如法官在执法过程中无收受贿赂等程序瑕疵，不能基于“命案必破”或者“群众影响”等，对其追责。此种追责模式的改革，也将在一定程度上激励法官的独立审判，减少请示审判委员会、上级领导等行为。

（二）实质层面的直接言词原则

从证据的第一手性质观察，我国现行的立法对询问本人原则采取了模棱两可的态度，体现为语词上的矛盾存在、实践中的虚化处理。《刑事诉讼法》第 61 条规定，“证人证言必须在法庭上经过公诉人、被害人和被告人、辩护人双方质证并且查实以后，才能作为定案的根据”，据此证人出庭为应然，体现了实质层面的言词原则。但是《刑事诉讼法》第 192 条又规定，“公诉人、当事人或者辩护人、诉讼代理人对证人证言有异议，且该证人证言对案件定罪量刑有重大影响，人民法院认为证人有必要出庭作证的，证人应当出庭作证”，则为证人出庭设置了多个前提条件。《刑事诉讼法》第 192 条后部分对鉴定人不出庭的法律效果作了明确规定，即经人民法院通知，鉴定人拒不出庭作证的，鉴定意见不得作为定案的根据。而该条未对证人不出庭的法律后果进行排除规定。从语义角度解释，似乎默认了不出庭的证人证言的不必然丧失证据资格（可采性）。

这种解释在《人民法院办理刑事案件第一审普通程序法庭调查规程（试行）》中得到了进一步的回应。该规程第 51 条规定，证人没有出庭作证，其庭前证言真实性无法确认的，不得作为定案的根据。此项规定旨在从证据的证据资格（可采性）角度鼓励证人出庭。但实质上未出庭作证的庭前证言，仅在其真实性无法确认的情形下，才不具有可采性。但关于真实性是否能够确认的自由裁量权，仍然归属于法院。据此可知，证人出庭作证不是作为一项基本规则进行确立，而是归属于法院的自由裁量的范畴。

一方面，证人是否出庭在实践中多由法官进行个案决定，而不是作为一般原则进行规范；另一方面，鉴于部分法官对法庭的驾驭能力及控辩双方交叉询问技术尚不够成熟，即便证人出庭，效果也不甚佳。司法实践中，为避免争议证言的提供者在庭审中出现与庭前书面证言不一致的情形，控诉方一般也不愿意其出庭，接受质证。根据我国学者的一项调查，实践中控方申请证人出庭的情形极少。如2015年在温州市三家试点法院通知出庭的157件案件中，检察机关仅在4件案件中申请4人出庭作证，控方申请出庭的占比为2.5%。[①] 在繁重的案件压力下，法院为了快速结案，往往也不太愿意证人出庭作证，甚至出现拒绝证人出庭的理由系该申请出庭作证的证人证言与检察官已有的笔录矛盾，故没有出庭的必要的情况。[②] 上述多重因素综合作用下，我国的证人出庭率长期极低。官方层面，尚未有证人出庭率的相关统计数据。但根据一项实证试点研究（2014年10月启动，2016年6月完成，在试点工作开始以前，各个试点法院包括浙江省温州市、北京市西城区、黑龙江及广西等地），证人实际出庭率非常低，一审法院有证人证言的案件中证人出庭率最高不超过2.3%，最低仅为0.33%；二审法院有证人证言案件中证人出庭率最高也仅为7.38%，最低仅为1.35%，绝大部分案件是书面证人证言代替证人出庭。[③] 尽管试点工作开始后，证人出庭率有了显著的提高，比如2015年全年，温州市

---

① 陈光中、郑曦、谢丽珍：《完善证人出庭制度的若干问题探析——基于实证试点和调研的研究》，《政法论坛》2017年第4期，第42页。

② 在张某某受贿一案中，辩护人申请池某、沈某出庭作证拟证实吴某甲与其商谈过程中否认向张某某行贿。但是法院予以拒绝，理由是其与吴某甲所做的笔录相矛盾，故二人出庭作证没有必要。参见（2013）浙台刑二终字第413号。

③ 陈光中、郑曦、谢丽珍：《完善证人出庭制度的若干问题探析——基于实证试点和调研的研究》，《政法论坛》2017年第4期，第41页。

的三家试点法院共在157起刑事案件中通知333人出庭，占全部非简易程序开庭案件的11.92%；实际有72起案件107人出庭作证，实际到庭率为32.13%[①]，但试点工作中的数据不能代表当地的普遍做法。数据显示，三家试点法院通知出庭的案件与人数分别为未进行改革试点的该市其他九家法院的4.02倍和4.44倍，实际出庭的证人数是其2.27倍。[②] 据此，可以推知，近年来该地乃至全国其他地区，总体上证人的出庭率依然不容乐观。

对于出庭作证的证人，其庭前书面证言与庭审中口头证言不一致的，以哪个证言为准？对此问题，现行立法又一次采用了较为模糊的态度。《人民法院办理刑事案件第一审普通程序法庭调查规程（试行）》第48条规定："证人当庭作出的证言与其庭前证言矛盾，证人能够作出合理解释，并与相关证据印证的，应当采信其庭审证言；不能作出合理解释，而其庭前证言与相关证据印证的，可以采信其庭前证言。"严格意义上，证据的"采"属于"可采信"范畴，是对证据资格的认定，证据的"信"属于"证明力"范畴，属于证据分量的评价。正常的逻辑为，解决了证据的可采信问题，才会讨论证据的证明力，即先"采"后"信"。但是，我国立法未严格区分两者，导致司法实践中，往往遵循"先信后采、因信而采、不信不采"的基本逻辑，即由证据的"证明力"倒推"可采信"。因此司法实践中，检察官在起诉时移送的案卷中，往往已经做到庭前书面证言与其他相关证据的印证，而证人在庭上的即兴证言往往尚未关注其他证据，在两者不一致时，法官也多采用案卷中记载的书面证言[③]，以求白纸黑字，有据可循。立法上模棱两可、司法实践中书面优先的做法，导致证人出不出庭一个样，证人出庭的内在动力大受影响，出庭的实际效用大打折扣。

证人证言作为常见的证据形式，与实物证据的区别在于其必须依赖证人这一载体传达信息。为人者，在传达信息时难免存在有意的偏见或者无

---

① 陈光中、郑曦、谢丽珍：《完善证人出庭制度的若干问题探析——基于实证试点和调研的研究》，《政法论坛》2017年第4期，第42页。

② 陈光中、郑曦、谢丽珍：《完善证人出庭制度的若干问题探析——基于实证试点和调研的研究》，《政法论坛》2017年第4期，第42页。

③ 龙宗智：《庭审实质化的路径和方法》，《法学研究》2015年第5期，第114页。

意的误差。法庭质证的一项重要意义在于，在控辩双方及裁决者在场的情况下，对“证人”这一载体所传达的信息的真伪进行审核，这也是庭审实质化的应有之义。通过实然层面的检视，可以发现我国的证人出庭并未成为一项原则性的规范，而是设置了一定的前提条件，并归属法官的自由裁量范畴；其次，对未出席庭审的证人证言的证据能力（可采性），我国立法上采取了较为宽容的态度，尚需“其庭前证言真实性无法确定”，这一归属于法院自由裁量范畴的前提条件，而不是原则上杜绝其可采性；再次，对庭审笔录中与庭审中证人的不一致证言，我国的司法实践偏向采纳庭审笔录中记载的证言，使证人出庭的实际效用大打折扣。

从证人到庭角度观察，询问本人原则在我国现行立法和实践中存在虚化的风险。但从被告人到庭角度观察，我国对此的担忧相对较少。究其背后的原因，在很大程度上受审前羁押率的影响。数据显示，2015 年全球的审前羁押率大约为 33（即每 10 万人口中，被审前羁押的人数），德国为 18，中国大约为 65。[①]

四　中国语境下直接言词原则的重新解读

自格鲁瓦尔德（Grünwald）的作品《直接听取证人证言原则的衰落》[②] 发表后，法庭审理程序中的取证规则便一直被频繁讨论。其中不乏对直接言辞的激烈批判，甚至刑法学者联盟（Arbeitskreis AE）[③] 提出了取证替代立法草案（Der Alternativ - Entwurf Beweisaufnahme）[④]，旨在实现对

① 中国数据引自《中国法律年鉴》《国家统计局年度统计报告》，其他数据引自 Walmsley, World Pre - trial/Remand Imprisonment List, third edition。

② Vgl. Grünwald, Der Niedergang des Prinzips der unmittelbaren Zeugenvernehmung, in FestschriftfürDünnebier, 1982, S. 347 - 364.

③ 刑法学者联盟可溯源于 1963，其通过对现行立法提出建议改革稿的方式，从理论层面推动立法的发展。目前的成员包括著名刑法学者，德国的 Roxin、Eser、Weigend、Deiters、Schöch，瑞士的 Gless，奥地利的 Schmoller 等。参见 https://www2.hhu.de/alternativentwurf/。

④ Vgl. Arbeitskreis deutscher, österreichischer und schweizerischer Strafrechtslehrer (Arbeitskreis AE), Alternative - Entwurf Beweisaufnahme, in GA 2014, S. 1 - 72。

直接言辞原则的限制使用。[①] 概而言之，直接言辞原则的展开并不是毫无边界的。在中国语境下，对直接言辞的展开和限制，应当考虑两个层面的界限，即对真相的探知以及诉讼经济的考量。

（一）直接言词原则的界限

1. 直接言词原则与实质真实的探知

职权主义模式下的直接言词原则并不自带目的属性，其旨在探求实质真实的最佳实现。[②] 因此，区别于英美法系下对传闻证据的原则性排除使用，直接言词原则允许此类证据作为补强证据存在。

回归中国证人普遍难以到庭的现状，绝对排除不出庭的证人证言的证据能力（可采性），显然不现实，且有悖于实质真实的探知。对此，可以考虑两种进路予以规范。其一，从证明力角度入手，将不出庭的证人证言纳入补强证据的范畴。由此，书面证言或者询问笔录不绝对排除使用，但是应当考虑是否能与其他证据相互印证；其二，在程序上作出一定的规范。比如允许提交书面的证言或者询问笔录，但是应当遵循特定的程序限制。比如在听取侦查人员宣读询问笔录前，应当提交带有影像、声音记录的视频。前者是我国目前的做法，该模式将主导权交付法官的自由裁量，其顺利运行有赖法官的职业素养和司法技能；后者被刑法学者联盟提出的取证替代立法草案所倡导。[③] 后种模式的好处在于，一方面回应了证人普遍不出庭与实质真实探知的紧张关系，并采用了较理性的做法，不否定书面证言和询问笔录的证据能力；另一方面，在程序上作出了一定的限制，不完全依赖法官的自由裁量。

2. 直接言词原则与诉讼经济的考量

直接言辞原则排斥了侦查阶段收集的证据直接在庭审上予以使用，而要求该证据在法庭上进行再次收集，比如警察的询问笔录不能代替庭审中

---

① 2014 GA Arbeitskreis AE.

② Vgl. Adrian Dumitrescu, Das Unmittelbarkeitsprinzip im deutschen und schweizerischen Strafprozessrecht, in ZStW 2018, 130 (1), S. 154.

③ Vgl. Arbeitskreis deutscher, österreichischer und schweizerischer Strafrechtslehrer (Arbeitskreis AE), Alternative – Entwurf Beweisaufnahme, inGA 2014, S. 1 – 72.

的证人证言。因此，从个案角度，直接言辞原则的展开是以牺牲诉讼经济为代价的。

在程序运行中，诉讼经济的理念从多个层面实现：其一，在刑事诉讼过程中，将案件分流，从而使其不进入审判阶段，多体现为公诉机关的不起诉决定或者法院的不予进入审判程序的裁定；其二，对进入审判程序的案件，采取书面审理的方式予以结案，比如仅涉及法律适用问题的二审，德国的处罚令程序（Strafbefehlsverfahren）等；其三，对进入言辞庭审程序的部分简单轻微案件，采取简易审理的方式，允许在限定的范围内背离直接言词原则，比如允许宣读证人笔录代替其出庭作证。

诉讼经济价值导向的程序展开看似偏离直接言词原则，但是如果从司法资源的紧张关系观察，诉讼经济的理念恰恰能确保重大疑难案件获得更充分的司法资源。因此，以直接言辞原则为制度支持的庭审实质化是整体性评价，不代表每个案件都能做到庭审实质化。恰恰相反，庭审实质化要求相当一部分的案件从庭审中剥离出来，或通过替代性纠纷解决机制在司法领域外解决纠纷，或在司法领域内背离直接言词原则实现案件的终结。回归到中国目前案多人少的现实困境，[①] 直接言辞原则的展开应当辅以诉讼经济导向的相关制度。现行的立法采取了该做法，比如《刑事诉讼法》第 224 条规定了适用速裁程序审理案件，一般不进行法庭调查、法庭辩论，即允许背离直接言辞原则。

---

① 根据《2018 年最高人民法院工作报告》，2013 ~ 2017 年，地方各级人民法院受理案件 8896.7 万件，审结、执结 8598.4 万件。平均下来，年均审结、执结约 1719.7 万件。根据该年的报告，全国法院从 211990 名法官中遴选产生 120138 名员额法官。鉴于我国法官编制的相对稳定，此数据可以推定适用于各年度。以员额法官人员进行统计，假设全部入额法官 100% 配备到办案一线，则地方各级法院的法官，人均年审结、执结案件为 143.6 件。去除周末及法定节假日，按有效工作日 250 天计（尚未计入年假），则每位地方员额法官日均应当审结、执结 0.57 件案件，即至少每两天应当处理完成一件案件。此外，员额法官除了自己负责的案件之外，还需出席其他法官主持的相当一部分的合议案件。尽管此类案件大多不需要庭前、庭后投入大多时间，可以称为“打酱油”案件，但至少也挤占了一部分出庭时间。此外，相当一部分的（员额）法官，承担了法院的行政管理职能，这类人员的相当一部分的办案数量将由其他法官分担。

（二）技术层面的回应

笔者无意在此提出一套全面的替代草案。仅从立法技术层面，作出些许回应。其一，遵循直接言词的原则性确立和例外规定的基本立法途径，特别需要注意例外情形的明晰化问题，以防止例外情形的泛化。温特（Winter）通过对西班牙直接言词原则的立法和适用情形的观察，提出了技术层面明晰化要求的确立。他认为区别于其他立法规定，证据规则的明晰化尤为重要。其不仅仅在于实现对被告人的权利的保障，也旨在被害人和证人的权利保护。① 该明晰化的立法倡议，亦适宜在中国语境下展开。通过上述实然层面的检视，立法上对直接言辞原则模糊化的规定，使司法实践中难以有效落实，进而导致我国的直接言辞原则难以形成对庭审虚化的有效对抗。其二，对抗文本的法律（law in word），使其能落实到实践中的法律（law in action），最有效的做法是，在立法技术上跟进规定相应的法律效果。比如“不得以书面证言代替法庭上的询问本人”的规定，存在“文本的法律”之风险；但是如果跟进规定“不得以书面证言代替法庭上的询问本人，仅有书面证言的，该书面证言不得作为证据使用”，则能促使该法律落实到实践中。

Institutional Risk of Substantiation of Court Hearings and Its Address

Lin Jing

Abstract: Substantiation of court hearings in China face challenges and obstacles in different dimensions. As inquisitorial system developed with its nature

① Vgl. Lorena Bachmaier Winter, Das Unmittelbarkeitsprinzip im spanischen Strafverfahren, in-ZStW 2014, 126 (1), S. 194 - 213. f.

of high risk of nominalization of court hearings, the principle of directness and verbalism and related instruments is accepted and developed in the majority of continental countries. A vague approach toward the principle of directness and verbalism is found in current China, i. e. insufficient legislation leads to non-compliance of this principle in judicial practice. Thus, a comparative and deepened study on the concept of substantiation of court hearings is beneficial as a reaction to abovementioned dilemmas.

Keywords: substantiation of court hearings; the principle of directness and verbalism; nominalization of court hearings; trial-centered system

性骚扰法律规制省思

——以高校性骚扰规制为侧重

戴瑞君*

摘要： 高校性骚扰事件广受关注，但对性骚扰的处置却存在对事件性质认识不清、不知（或难以）追究加害人法律责任的问题。这一局面反映出，全社会欠缺对性骚扰的产生根源的深刻反思，致使性骚扰概念并未深入人心，而有限的性骚扰立法因为缺乏支持性的制度环境也难以落地落实、发挥效用。《消除对妇女一切形式歧视公约》构建了防治性骚扰的国际法律框架，中国作为该公约的缔约国，承担在国内采取措施、预防和制止性骚扰的法律义务。经过自上而下的立法进程，中国形成了"一法、一条例、多地方性法规"的性骚扰法律规制体系。为使性骚扰立法落地生根、发挥应有作用，揭示产生性骚扰的社会根源、培育男女平等的社会氛围是基本前提，以此为基础构建各领域性骚扰预防机制，从宏观和微观两个层面完善反性骚扰法律制度，令规制有据，令加害人罚当其责。

关键词： 性骚扰　性别平等　消除对妇女一切形式歧视公约　法律规制

2018年以来，中国媒体相继披露多起发生在高校的性骚扰事件。[①] 事

* 戴瑞君，法学博士，中国社会科学院国际法研究所副研究员，中国社会科学院法学研究所性别与法律研究中心秘书长。

① 例如，《女博士实名举报北航博导性骚扰，称有7女生受害》，《成都商报》2018年1月1日；陈龙：《北大教授性侵女生致其自杀：最新进展及事件相关人士采访》，《凤凰周刊》2018年4月8日；《人大校友举报长江学者张康之性骚扰校方表态》，凤凰网资讯，2018年4月16日，http://news.ifeng.com/c/7fZltbXrQ6M。

件爆出后，相关责任人大多受到了相应的行政、纪律处分。[①] 一般认为，至此事件已经处理完结。但从法律角度分析，高校处理性骚扰事件存在两方面问题。第一，回避使用“性骚扰”字样。例如，2018 年 7 月 10 日，中山大学对针对该校教师张某的举报作出了情况通报和处理决定。这份通报和决定确认张某存在“违反党员生活纪律的不当行为”和违反教师职业道德的事实，并给予其党内警告、停课停职、取消称号等处分。[②] 处理结果通篇没有出现、没有使用“性骚扰”的概念或字样。第二，即便明确按性骚扰处理的事件，受害人受到侵犯的权益也没有得到任何救济。这两方面的问题反映出一个共同事实：社会普遍存在对“性骚扰”性质的认识不清，没有认清性骚扰的违法本质，没有将性骚扰作为一个违反法律的问题来看待，而是将其等同于或矮化为道德问题、作风问题进行处理。这也是高校性骚扰事件多数止步于纪律处分而没有进一步追究加害人法律责任的一个重要原因。

一　性骚扰具有明确的违法性

（一）国际人权法禁止实施性骚扰

国际人权法的多项公约均禁止基于性别的歧视，但都没有明确讨论或规定性骚扰问题。《消除对妇女一切形式歧视公约》（下称《消歧公约》）的条约机构——消除对妇女歧视委员会（下称“消歧委员会”）首次明确将“性骚扰”纳入人权公约范畴，使预防和制止性骚扰成为公约缔约国的一项法律义务。[③]

---

① 例如，一位当事人被所在学校给予“撤销研究生院常务副院长职务、取消其研究生导师资格、撤销其教师职务、取消教师资格”的处理决定。参见《北航性骚扰学生教授陈小武长江学者称号被撤追回奖金》，《北京青年报》2018 年 1 月 15 日；《北航确认陈小武性骚扰学生取消其教师资格》，中国新闻网，http://www.chinadaily.com.cn/interface/yidian/1120781/2018-01-12/cd_35491566.html。

② 《情况通报》，中山大学网站：http://www.sysu.edu.cn/2012/cn/sysunotice/32717.htm。

③ 消歧委员会发表的第 19 号一般性建议将包括性骚扰在内的暴力侵害妇女行为明确纳入国际人权法的范畴内。See Christine Chinkin, “Violence Agaisnt Women”, in Freeman, Chinkin, Rudolf (eds.), *CEDAW Commentary*, Oxford University Press, 2012, p. 444.

《消歧公约》本身没有明确提到“性骚扰”这个概念，但是消歧委员会1992年发表的第19号一般性建议确认性骚扰是对妇女的暴力，属于公约第1条“对妇女的歧视”定义所涵盖的对妇女的一种歧视，侵犯了妇女的一系列人权和基本自由，缔约国因此承担相应的预防惩治性骚扰的法律义务。[①]

1. 性骚扰是一种基于性别的暴力，构成对妇女的歧视

鉴于《消歧公约》是时代的产物，它对一些关键性术语没有界定，对一些对妇女全面享有人权至关重要的问题没有提及或用语过于笼统。为此，消歧委员会与“国家和国际层面的其他行动者一道”，为澄清缔约国在公约之下的法律义务提供着权威的解释和界定。[②] 在第19号一般性建议中，消歧委员会将性骚扰界定为“不受欢迎的具有性动机的行为，如身体接触和求爱动作，带黄色的字眼，出示淫秽书画和提出性要求，不论其是以言辞还是行动来表达”。[③]

根据消歧委员会的解释，性骚扰是基于性别的暴力，[④] 而基于性别的暴力构成《消歧公约》第1条所定义的对妇女的歧视。这是因为包括性骚扰在内的性暴力是仅仅因为女性的性别，即仅仅因为受害人为女性而向其施加的暴力；或者是不成比例地影响女性的暴力。虽然男性也可能成为性

① 消歧委员会：《第19号一般性建议：对妇女的暴力行为》，载UN Doc HRI/GEN/1/Rev. 9（Vol. Ⅱ），《各人权条约机构通过的一般性意见和一般性建议汇编》（第二卷），2008年5月27日，第328~334页。消歧委员会发表的一般性建议为缔约国及其他人理解公约义务提供了指南。一般性建议形式上并不具有法律拘束力，然而考虑到消歧委员会是专为“监督和适用公约而建立”，它的意见可以被认为提供了“解释公约的权威声明”。这一点在国际法院关于几内亚共和国诉刚果民主共和国案中得到确认。［*Case Concerning Ahmadou Sadio Diallo*（Republic of Guinea v Democratic Republic of the Congo）（2010）ICJ Rep（Judgment of 30 Nov. 2010），para 66.］而根据《维也纳条约法公约》第31条第3款（b）项，缔约国的反应也可以成为解释公约的嗣后国家实践。See Christine Chinkin，Marsha A. Freeman，“Introduction”，in Freeman，Chinkin，Rudolf（eds），*CEDAW Commentary*，Oxford University Press，2012，pp. 23 – 24. 消歧委员会在第19号一般性建议中要求缔约国采取适当而有效的措施，消除一切形式基于性别的暴力。对此，各缔约国都在国家履约报告中载列有关预防和制止暴力侵害妇女的信息，“消除对妇女的暴力”已经成为国家履约报告中的一个常规内容。缔约国的实践是对第19号一般性建议的法律约束力的确认。

② 参见UN Doc CEDAW/C/GC/28，消歧委员会：《关于缔约国在消歧公约第二条之下的核心义务的第28号一般性建议》，第2段。

③ 消歧委员会第19号一般性建议，第18段。

④ 消歧委员会第19号一般性建议，第17段。

骚扰的受害者，但女性受害者的比例是压倒性的。基于性别的暴力损害或阻碍妇女依照一般的国际法或具体的人权公约享受人权和基本自由，也因此，性骚扰等性暴力符合《消歧公约》第1条关于“对妇女的歧视”的定义，构成对妇女的歧视，属于《消歧公约》的调整范围。为进一步明确暴力侵害妇女的性别因素，消歧委员会在第35号一般性建议中使用了更为确切的“基于性别的暴力侵害妇女行为”的表述。[①]

2. 性骚扰是对妇女人权的侵犯

消歧委员会在第35号一般性建议中进一步揭示了包括性骚扰在内的暴力侵害妇女行为的社会根源，认为这是一种固化女性从属于男性的地位及其陈规定型的角色的根本性社会、政治和经济手段。因此，这种暴力对实现男女平等、对妇女享有《公约》所规定的人权和基本自由构成严重阻碍。[②]

歧视妇女本身就是最基本的侵犯人权行为。具体到性骚扰等性暴力，则是通过向受害者施加身体的、心理的或性的伤害或痛苦、威胁施加这类行为、压制和其他剥夺自由的行为，对受害者的人权和基本自由造成损害。受到侵犯的权利包括但不限于生命权，不受酷刑、不人道或有辱人格的待遇或处罚的权利，自由和人身安全权，法律之前的平等保护权，家庭平等权、可达到的最高身心健康权、工作条件公平有利的权利等。

3. 缔约国承担防止和惩治性骚扰的法律义务

既然性骚扰构成对妇女的歧视，那么《消歧公约》规定的缔约国消除对妇女歧视的全面义务同样适用于对性骚扰的防治。《消歧公约》第2条规定缔约各国“协议立即用一切适当办法，推行政策，消除对妇女的歧视”，包括消除对妇女基于性别的暴力行为。为此缔约国应采取包括法律措施在内的一切适当措施。这是一项必须立即履行的义务，不得以任何经济、文化或宗教理由拖延执行。消歧委员会通过第19号和第35号一般性建议，从多个方面为缔约国防止和惩治包括性骚扰在内的性暴力提出了若干具体建议，包括一般性立法措施、预防措施、保护措施、起诉和惩罚措

① UN Doc CEDAW/C/GC/35，消歧委员会：《关于基于性别的暴力侵害妇女行为的第35号一般性建议，更新第19号一般性建议》，2017年7月26日，第9段。

② 参见消除对妇女歧视委员会第35号一般性建议，第10段。

施、赔偿措施以及国际合作。

按照《消歧公约》的规定，缔约国的义务面向两个层面。一方面，国家要为国家机关及其工作人员歧视妇女的作为或不作为承担义务。根据公约第 2 条（d）项，缔约国有义务保证国家机关及其工作人员不参与直接或间接歧视妇女的行为或做法；同时应建立有效可得的法律框架，以解决国家机关及其人员实施的暴力侵害妇女的行为。另一方面，国家须为非国家行为体的行为承担相应义务。根据《消歧公约》第 2 条（e）项，缔约国有义务消除任何个人、组织或企业对妇女的歧视，即对来自第三方的侵害，缔约国承担恪尽职守（due diligence）的义务。如果缔约国未能采取措施防范性骚扰等暴力行为，或未能调查、起诉和惩罚施暴者并为遭受此类行为的受害者提供赔偿，则其实质是为实施基于性别的暴力侵害妇女行为提供了默许或鼓励。[①]“这种不尽职或不作为构成对人权的侵犯。”[②]

正如《消歧公约》和消歧委员会的实践所揭示的，性骚扰是男女两性性别关系不平等的一种体现，因此，包括性骚扰在内的暴力侵害妇女行为是社会问题而不仅是个人问题，这就要求缔约国不能局限于处理具体事件，而应采取全面的应对措施。消歧委员会认为，妇女长期处于从属地位以及对妇女传统角色、定型任务的态度助长了色情文化的传播；将妇女形容为性玩物而不是完整的人、消费女性的社会观念助长了基于性别的暴力。[③] 为此，《消歧公约》第 5 条要求缔约国采取一切适当措施，改变男女的社会和文化行为模式，以消除基于性别而分尊卑观念或基于男女任务定型所产生的偏见、习俗和一切其他做法。

中国于 1980 年 11 月 4 日批准《消歧公约》，是最早批准该公约的国家之一。该公约除第 29 条第 1 款，[④] 即中国作出保留的条款外，其他实质

① 消歧委员会第 19 号一般性建议，第 9 段。

② 消歧委员会第 35 号一般性建议，第 24 段。

③ 消歧委员会第 19 号一般性建议，第 11、12 段。

④ 《消歧公约》第 29 条第 1 款规定，“两个或两个以上的缔约国之间关于本公约的解释或适用方面的任何争端，如不能谈判解决，经缔约国一方要求，应交付仲裁。如果自要求仲裁之日起六个月内，当事各方不能就仲裁的组成达成协议，任何一方得依照《国际法院规约》提出请求，将争端提交国际法院审理”。中国于签署公约时发表声明并于批准公约时确认，“中华人民共和国不受公约第 29 条第 1 款的约束”。

性条款对中国都具有法律拘束力，包括规制性骚扰问题的有关规定。因此，上述针对缔约国实施公约义务的要求对中国完全适用。

（二）中国现行法律体系下，“性骚扰”具有明确的违法性

从有限的检索资料来看，中国法律中首次出现“性骚扰”的概念是在 1994 年。1994 年，湖北省人大通过了《湖北省实施〈中华人民共和国妇女权益保障法〉办法》的地方性法规，其中人身权利一章明确规定了“禁止对妇女进行性骚扰”。[①] 而当时的《妇女权益保障法》中还没有性骚扰这一概念。

经过二十多年的发展，中国对性骚扰的法律规制已经形成了一法、一条例、多地方性法规的立法现状。

1. 一“法”：《妇女法》的原则性规定

2005 年修正后的《妇女法》写入了性骚扰的内容。其中，第 40 条规定“禁止对妇女实施性骚扰。受害妇女有权向单位和有关机关投诉”。第 58 条进一步规定了对妇女实施性骚扰的法律责任，即“构成违反治安管理行为的，受害人可以提请公安机关对违法行为人依法给予行政处罚，也可以依法向人民法院提起民事诉讼”。据此规定，实施性骚扰的违法行为人应受行政处罚或承担相应的民事责任，但须以受害人的报案或起诉为前提。

修正案的起草历史显示，这两个条款在起草过程中受到了广泛讨论。《妇女法修正案（草案）》曾在第 26 条规定，“任何人不得对妇女进行性骚扰”，“用人单位应当采取措施防止工作场所的性骚扰”。对此，全国人大一些常委委员、地方和专家提出，性骚扰问题受到广泛关注，本法规定禁止性骚扰是必要的，但考虑到性骚扰是否限于工作场所，用人单位应采取什么防范措施，情况都比较复杂，还需要进一步研究；认为《妇女法》需要规定的是受害人的救济渠道和实施性骚扰具体行为的法律责任。因

---

① 《湖北省实施〈中华人民共和国妇女权益保障法〉办法》（已被修正），1994 年 5 月 14 日颁布，第 32 条第 2 款。

此，全国人大法律委员会经同有关部门研究，建议删去这一条的第 2 款，将这一条修改为："禁止对妇女实施性骚扰。受害妇女有权向单位和有关机关投诉。"同时，将修正案草案第 41 条修改为："违反本法规定，对妇女实施性骚扰或者家庭暴力，构成违反治安管理行为的，受害人可以提请公安机关对违法行为人依法给予行政处罚。受害人也可以依法向人民法院提起民事诉讼。"①

正如修法说明所反映的，修法当时，对于何谓"性骚扰"、性骚扰是否仅限于工作场所、如何防范性骚扰等问题均无定论，"情况比较复杂，还需要进一步研究"，所以在《妇女法》中仅作了一条原则性规定，即"禁止性骚扰"，并规定了一定的救济渠道。这样的处理虽然原则，却具有足够的弹性和解释空间，为其含纳各种形式、各种场合发生的性骚扰奠定了基础。

不过"禁止性骚扰"的条款规定在《妇女法》的"人身权利"一章。这可能促使司法实践认定性骚扰仅是对妇女人身权利的侵犯，从而大大限制了受害人的请求范围。立法过程也反映出立法者对性骚扰本质的认识局限，并未充分认识到该行为是一种对妇女的歧视，侵犯了受害人的一系列权利和自由，而不限于人身权利。

2. 一"条例"：《女职工劳动保护特别规定》

2012 年 4 月 18 日国务院颁布了《女职工劳动保护特别规定》，其中第 11 条规定，"在劳动场所，用人单位应当预防和制止对女职工的性骚扰"。根据该条例，用人单位有义务采取措施，预防和制止发生在工作场所的性骚扰。

条例的出台明确了职场性骚扰的违法性，增加了防治职场性骚扰的义务主体，为规制职场性骚扰提供了相对具体的法律依据。但条例的缺憾在于仅规定了用人单位的义务，却没有规定相应的责任形式，发生性骚扰后，受害人无法要求用人单位承担责任。这一点在消歧委员会审议中国第

---

① 第十届全国人大常委会第 17 次会议《在全国人大常委会关于〈妇女权益保障法修正案草案〉审议结果的报告》，2005 年 8 月 23 日。

七次、第八次合并报告时已被指出。[①]

这一缺憾在司法实践中也已有所体现。在黄某与浙江中控公司经济补偿金纠纷案中，[②] 黄某遭受中控公司员工董某的性骚扰，加害人随后受到行政拘留处罚并被公司辞退。受害人黄某后因性骚扰造成的心理伤害，与公司解除劳动合同，并要求公司支付经济补偿，但未获法院支持。法院认为，“并非在用人单位工作场所发生的一切违法事项均属于用人单位未提供劳动保护、劳动条件或有违背预防和制止对女职工性骚扰的义务”。法院指出，加害人的违法行为“系其个人行为”，被告作为公司“无法预料及控制”，且在加害人的行为被确定及受到处罚后，公司及时作出将其辞退的决定。因此，法院认为，本案被告中控公司不存在违反法律法规的情形，原告黄某的主张于法无据，不予支持。

本案主审法院对“劳动保护”和“劳动条件”作了狭义解释，认为劳动保护仅指为防止劳动过程中事故的发生、减少职业危害而采取的措施，而将劳动条件解释为用人单位为使劳动者顺利完成工作任务而提供的必要的物质和技术条件。显然，法院并未考虑到性骚扰给安全的工作环境带来的负面影响，不认为性骚扰会对员工造成职业危害。本案用人单位所举证据中，也未涉及为履行预防和制止性骚扰义务而采取措施的内容。可以推定，在本案中，法院没有考察用人单位是否履行了《女职工劳动保护特别规定》第 11 条的义务，从而也不可能对其违反义务的行为作出认定。可以说，第 11 条在本案中并未发挥作用。

3. 多部地方性法规、规章

目前共有 44 部现行有效的地方性法规、规章不同程度地规定了性骚扰。[③] 这些地方性法规、规章主要是对《妇女法》及《女职工劳动保护特别规定》中相关条款在本地实施的具体化。

实施《女职工劳动保护特别规定》的地方性规章中，比较有代表性的

① UN Doc CEDAW/C/CHN/7 - 8，《缔约国第七次和第八次合并定期报告：中国》。

② 参见（2014）杭槟民初字第 1173 号，杭州市滨江区人民法院民事判决书，黄玉娇与浙江中控技术股份有限公司经济补偿金纠纷案，2014 年 11 月 20 日。

③ 此结果是以全国人大网“中国法律法规信息库”的数据为基础统计所得，统计截至 2018 年 7 月 20 日。

是广东省的“实施办法”和安徽省的“特别规定”，二者均将单位的法律义务作了进一步的细化和延伸。例如，安徽省的特别规定要求用人单位不仅要“预防”和“制止”性骚扰，而且要“及时调查处理性骚扰投诉”。[①] 广东省的“规定”进一步要求用人单位在处理投诉的过程中“依法保护女职工的个人隐私”。[②]

实施《妇女法》的地方性法规主要从以下几个方面深化和发展了《妇女法》的原则性规定。

第一，界定“性骚扰”。不少地方性法规尝试对性骚扰作出界定。代表性规定是“违背妇女意志，以具有性内容或与性有关的语言、文字、肢体行为、图像、电子信息以及其他方式对女性实施性骚扰”。[③] 有些地方，如包头市以列举式尽力包含各领域的性骚扰，具体包括：“（一）在生产劳动地点、办公场所、公共场所用肢体动作挑逗和戏弄女性；（二）故意撕脱女性的衣服，明显暴露女性身体隐秘部位；（三）故意触摸女性的身体；（四）用带有性内容或者与性有关的语言、文字、图片、声像、电子信息骚扰女性；（五）利用其它方式对女性进行性骚扰。”[④] 上述这两种规定揭示了性骚扰的具体表现。还有地方专门界定了工作场所的性骚扰，即“违背他人意愿，利用职务、雇佣或者其他便利条件，明示或者暗示使用具有性内容或者与性有关的行为、语言、文字、图像、电子信息等形式，作为录用、晋升、报酬、奖励等利益交换条件实施性骚扰”。[⑤] 该条所规定的性骚扰实质是以权力强迫工作人员在屈服于性要求和获得或保持某种工作好处之间进行选择，学理上将其概括为“交易性”性骚扰。除此之外，职场性骚扰还包括“敌意工作环境性骚扰”，即破坏工作气氛，妨碍雇员工作表现的性骚扰行为。[⑥]

---

① 《安徽省女职工劳动保护特别规定》第 17 条。

② 《广东省实施〈女职动劳动保护特别规定〉办法》第 21 条。

③ 例如，《广州市妇女权益保障规定》第 25 条。

④ 《包头市妇女权益保障条例》第 37 条。

⑤ 《深圳经济特区性别平等促进条例》第 23 条第 2 款。

⑥ 南莲·哈斯贝尔、猜吞·穆罕默德·卡西姆、康斯坦斯·托马斯、戴尔德·麦卡恩：《拒绝骚扰——亚太地区反对工作场所性骚扰行动》，唐灿、黄觉等译，湖南大学出版社，2003，第 15 ~16 页。

第二，明确防治性骚扰的责任主体。《妇女法》仅规定了加害人的责任，并未明确国家或单位的预防、制止义务。《女职工劳动保护特别规定》也只明确了用人单位的责任。而对性骚扰多发的公共场所以及不存在雇佣关系情形下发生的性骚扰，应由谁来承担责任并不明确。对此，一些地方性法规作了扩展性规定，将责任主体从用人单位扩展到公共场所管理单位，让受害人投诉有门。还有些法规列举了“公共场所管理单位”的具体所指，包括公交、地铁、公园、医院、商场、超市、影剧院等管理或经营单位。[①]《包头市妇女权益保障条例》规定国家机关、社会团体、企业事业单位及其他组织都有义务预防和制止性骚扰。

第三，防治性骚扰的措施。对如何防治性骚扰，地方性法规给出了许多具体举措。预防措施主要包括在集体合同中订立有关内容以及进行宣传教育。例如，有地方规定“职工方有权要求在集体合同中规定用人单位预防和制止性骚扰的内容。协商、签订集体合同时，应当有女职工委员会的代表或者女职工代表参加”。[②] 有些地方规定了国家机关、用人单位、妇女组织及其他社会组织开展反性骚扰教育的责任。[③] 还有些地方对医疗机构、公安机关、人民法院、人民检察院如何处置性骚扰事件作出了规定。[④]

第四，加害人的法律责任。《妇女法》规定性骚扰受害人可以通过向公安机关报案或向法院起诉来追究加害人的行政或民事责任。部分地方性法规对加害人应当承担的法律责任进行了细化和扩展，规定：对妇女实施性骚扰，由行为人所在单位、公共场所管理单位给予批评教育；违反《治安管理处罚法》的，由公安机关依法给予行政处罚；造成财产损失或者精神损害的，依法承担民事责任；构成犯罪的，依法追究刑事责任。[⑤]

第五，对性骚扰受害人的保护。性骚扰问题涉及与性有关的言行因此具有隐私性。而在与性有关的违法事件中苛责女性、责备受害人的社会观

---

① 《沈阳市妇女权益保障条例》第 15 条。

② 《广州市妇女权益保障规定》第 26 条第 2 款。

③ 例如《深圳经济特区性别平等促进条例》第 22 条；《陕西省实施〈中华人民共和国妇女权益保障法〉办法（修订）》第 33 条第 3 款。

④ 例如《青岛市实施〈妇女权益保障法〉办法》第 41、43、45、47 条。

⑤ 例如《包头市妇女权益保障条例》第 56 条。

念致使大多数受害人选择隐忍从而令加害人逍遥法外。因此在性骚扰事件中加强对受害人的保护非常重要。对此，一些地方性法规规定，在处理性骚扰案件时“涉及个人隐私的，应当予以保密”。[①]

综上可见，针对性骚扰的地方立法较全国性法律的原则规定已经有了较大幅度的突破，丰富了规则内涵，使之更具操作性和执行力。但必须指出，各地方性法规并不是整齐划一的，不少地方的规定仍然相对原则；再者，地方性法规囿于其适用的地域限制，即便是一些较为先进的规则也仅在当地有法律效力，并不在全国范围内具有普遍适用性。不过成功的地方实践可能产生先行先试的示范效应，从而可能被推而广之，加速国家规则的形成。

（三）处置高校性骚扰的法律依据

说到对高校性骚扰的规制，人们可能最先想到的是 2014 年教育部发布的《关于建立健全高校师德建设长效机制的意见》，它为高教教师划定了“不得为”的七条红线，其中包括不得“对学生实施性骚扰或与学生发生不正当关系”。2018 年 11 月，教育部发布《新时代高校教师职业行为十项准则》，再次强调“不得与学生发生任何不正当关系，严禁任何形式的猥亵、性骚扰行为”。教育部的意见是目前唯一明确对高校性骚扰问题作出规定的全国性政策，但它在性质上属于政策性文件，不属于法律规范，受害人难以据此要求追究加害人的法律责任。近些年先后曝光的多起高校性骚扰事件，鲜有诉诸法律救济的。个中原因自然很多，但欠缺法律依据似乎是一个普遍印象。

难道高校真的是性骚扰法外之地？答案显然是否定的。

如上所论，性骚扰本质上是一种歧视妇女的行为，作为一种对妇女基于性别的暴力，可发生于任何场合，而不限于工作场所。教育机构、公共场所亦是性骚扰的高发地。正如《消除对妇女的暴力行为宣言》所言明的，“工作场所、教育机构和其他场所”都可能发生性骚扰和恫吓，这些

① 例如《沈阳市妇女权益保障条例》第 15 条第 2 款。

都属于对妇女的暴力。[①]

事实上，消歧委员会在给各缔约国的结论性意见中对教育领域频频发生针对女学生的性骚扰同样表示关切。[②] 委员会指出某些缔约国“缺乏对教师应如何处理这类骚扰的适当培训”。[③] 有的缔约国虽然制定法律禁止性骚扰，但委员会关切地注意到实际上在学校里性骚扰仍然频繁发生，[④] 因此促请缔约国采取有效的应对措施。

具体到中国法律，《妇女法》第40条规定的“禁止对妇女实施性骚扰”并没有限定适用领域和地点，应理解为禁止发生在任何领域和地点的性骚扰，当然也适用于发生在校园中的教师对学生的性骚扰。各地方性法规大多也并未对性骚扰的适用范围作出限定，自然也适用于学校。[⑤] 尽管现行法律体系中没有针对校园性骚扰的专门立法，但依据《妇女法》的一般性规定也足以认定校园性骚扰行为的违法性，并要求加害人承担法律责任。因此公允地说，规制校园性骚扰并非无法可依。不幸的是这些法律规定长期被束之高阁、未曾激活。诚如有学者坦言，中小学校园发生的师源型性侵犯往往被定性为违法犯罪行为，而高校教师性骚扰事件却常常被“矮化”为师德问题而不是违法犯罪行为。这样造成的结果就是对性骚扰事件中教师的惩罚只能停留在行政层面，导致他们逃过了法律的制裁。[⑥]

当然，《妇女法》的原则性规定还存在概念尚未界定、实施规范缺位、法律责任主体不全面、责任方式不完善等多重问题，还有很大的细化和构建空间。

---

① 参见《消除对妇女的暴力行为宣言》第2条。

② 例如UN Doc. A/58/38，2003年第28届会议，《对刚果共和国的结论性意见》，第166段；CEDAW/C/ECU/CO/7（1998），《对厄瓜多尔的结论性意见》，第120段。

③ UN Doc. A/63/38，2008年第41届会议，《对芬兰的结论性意见》，第181段。

④ 参见CEDAW/C/AUT/CO/6（2007），《对澳大利亚的结论性意见》，第30段。

⑤ 值得一提的是，《包头市义务教育条例》专门规定了禁止“教师在教育活动中对学生实施性骚扰”。但该条例限于义务教育阶段，即小学、初中阶段，并没有涵盖性骚扰频发的高中、大学阶段。见《包头市义务教育条例》第37条第4项。

⑥ 林思涵：《基于多学科视角的高校教师性骚扰现象探析》，《集美大学学报》2015年第4期，第10页。

二　高校性骚扰隔膜于法律的主要原因

（一）自上而下的立法进程导致性骚扰概念尚未深入人心

虽然性骚扰这一现象普遍存在于包括中国在内的世界各地，[①] 但“性骚扰”这一概念却是舶来品。[②] 中国性骚扰规制立法进程总体呈现出的自外而内、自上而下的特点，也使这一概念难以深入人心。

中国性骚扰立法进程中，消歧委员会的意见和建议起到了一定的推动作用。中国自加入《消歧公约》后，已经递交了8份定期履约报告，与消歧委员会举行了多轮建设性对话，也收到了委员会作出的多份结论性意见。在与委员会的互动过程中，中国不断修正、完善保障妇女权利的法律制度，包括对性骚扰的法律规制。

1992年消歧委员会发布了第19号一般性建议，全面深入地描述了各种针对妇女的暴力行为，包括性骚扰，同时为国家打击这些暴力行为列举了数十条具体建议。

同一年，委员会审议了中国的第二次定期履约报告。审议时，委员会问到性骚扰问题，中国代表团认为，“性骚扰在中国不是一个主要问题”。[③] 当时就有委员指出，缔约国之所以没有意识到问题的严重性，可能是因为缺少适当的机制来揭示此类问题。[④] 对此判断，中国没有作出回应。

---

① 唐灿：《性骚扰在中国的存在——169名女性的个例研究》，《妇女研究论丛》1995年第2期，第31~34页。

② 1974年美国的卡米塔·伍德（Carmita Wood）案中，女性主义组织首次提出“性骚扰”这个名词。而性骚扰在法律上被定义为一种性别歧视，则是由美国女性主义学者凯瑟琳·麦金农（C. A. MacKinnon）于1979年提出的。参见C. A. MacKinnon，*Sexual Harassment of Working Women：A Case of Sex Discrimination*. Yale University Press，1979。在中国，性骚扰这个概念大约是20世纪90年代后才被传入和被公众认知。参见唐灿、黄觉、薛宁兰《走向法治——工作场所性骚扰的调查与研究》，中国人民公安大学出版社，2012，第1页。

③ UN Doc. A/47/38，消除对妇女歧视委员会的报告，第186段。

④ 参见UN Doc. A/47/38，消除对妇女歧视委员会的报告，第211段。

这一年，中国《妇女权益保障法》（简称《妇女法》）出台，该法出台的背景之一是履行我国在《消歧公约》下的条约义务。[①] 但是《妇女法》并未提及性骚扰问题。

1999 年，虽然中国向消歧委员会提交的第三次、第四次合并定期报告没有提及性骚扰问题，但委员会在结论性意见中再次对中国妇女“在工作单位受到性骚扰”表示关注，并促请中国政府治理性骚扰问题，向在工作单位遭受性骚扰的妇女提供法律补救措施。[②]

这次审议几年后，中国对《妇女法》作了全面修订。在修法说明中，时任国务院法制办主任曹康泰指出，随着经济社会的发展，妇女权益保障方面出现了一些新情况、新问题，包括“对妇女的性骚扰现象时有发生”。[③] 因此，2005 年修订后的《妇女法》不仅规定了“禁止对妇女实施性骚扰；受害妇女有权向单位和有关机关投诉”的原则，而且规定了对实施性骚扰的违法行为人的处罚途径。

2006 年消歧委员会审议了中国的第五次、第六次合并报告。委员会继续对工作场所的性骚扰表示关注，并鼓励中国制定适当的制裁办法，防止妇女在公、私部门的就业领域遭受性骚扰。[④] 修订后的《妇女法》虽然规定了遭受性骚扰后的救济途径，但是对于如何防止性骚扰没有作出规定。这一次，委员会着重提出了防止性骚扰的制度要求。

这一建议在几年后的中国立法中得到了回应。2012 年，国务院制定新的行政法规《女职工劳工保护特别规定》，其第 11 条明确规定，“在劳动场所，用人单位应当预防和制止对女职工的性骚扰”。

---

① 全国人大关于《妇女法》制定的必要性的说明中明确指出“制定妇女权益保障法，是我国作为社会主义国家应该履行的国际条约义务”，因为《消歧公约》要求“各缔约国根据本国情况，制定法律，保证妇女得到充分的发展与进步”。参见邹瑜《关于〈中华人民共和国妇女权益保障法（草案）〉的说明》，1992 年 3 月 27 日，载中国人大网，http://www.npc.gov.cn/wxzl/gongbao/2000-12/14/content_5002707.htm。

② UN Doc A/54/38/Rev. 1，消除对妇女歧视委员会第 20、21 届会议报告，第 285、286 段。

③ 曹康泰：《关于〈中华人民共和国妇女权益保障法修正案（草案）〉的说明》，2005 年 6 月 26 日，载中国法律法规信息库：http://law.npc.gov.cn:8081/FLFG/flfgByID.action?flfgID=137108&showDetailType=QW&zlsxid=23。

④ UN Doc. CEDAW/C/CHN/CO/6，《消除对妇女歧视委员会的结论性意见：中国》，第 29、30 段。

2014 年，中国接受消歧委员会对第七次、第八次定期报告的审议。在国家报告中，中国政府提供了修订《妇女法》及多部地方性实施细则的情况。[①] 这些立法进展得到了消歧委员会的肯定，然而，离一个完整的法律制度还有相当差距。在审议第七次、第八次报告的结论性意见中，消歧委员会指出，中国治理性骚扰的法律，还“欠缺要求雇主就性骚扰承担责任的规定”，因此建议中国制定相应的法律。[②]

纵观中国对性骚扰的立法进程，在消歧委员会持续关注的同时，国内立法也在不断向前推进。虽然早在 1994 年湖北省的地方性法规中就出现了“禁止性骚扰”的规定，但也仅限于此。这一地方立法并未产生示范效应，为其他地方所借鉴。直到 2005 年《妇女法》修订后，各地方才纷纷在实施细则中写入了禁止性骚扰的规定。性骚扰立法推进过程中，并没有得到同步的、较为广泛的普法宣传。对于“性骚扰”还没有一个较为明确和统一的法律界定。在认识普遍模糊的情况之下，难以形成反性骚扰的社会氛围和社会条件，缺失土壤的法律规定，自然成为空中楼阁，无法发挥其应有作用。

（二）全社会缺乏对性骚扰产生根源的严肃反思致使性骚扰立法难以落地生根

根据国际人权法，性骚扰是基于性别的暴力，是妇女仅仅因为是女性就会面临的暴力。而对妇女的暴力既体现了男权社会下男性对女性的控制，又是维持这种控制关系的一种手段。这种男女两性结构性的不平等是产生性骚扰及其他性暴力的根源。男权社会、男权文化主导下的社会认知对男女两性的性要求采取双重标准，从而助长了侵害者的嚣张气焰。性骚扰事件的侵害者不以为耻反以为荣；受害人非但得不到同情，反而遭到谴责，感到自责。妇女长期处于从属地位和将女性作为性玩物、消费女性的社会观念助长了色情文化的传播，助长了性骚扰等基于性别的暴力。

---

① UN Doc CEDAW/C/CHN/7 –8，《缔约国第七次和第八次合并定期报告：中国》，第 159 段。

② UN Doc. CEDAW/C/CHN/CO/7 –8，消除对妇女歧视委员会《关于中国第七和第八次合并定期报告的结论性意见》，第 36、37 段。

《消歧公约》认识到对妇女的歧视源于基于性别而分尊卑观念或基于男女任务定型所产生的偏见、习俗和做法，因此要求缔约国采取一切适当办法，改变歧视和贬低妇女的性别刻板印象，消除有害的文化与做法。第一步就是要揭示产生歧视的社会根源，让对妇女的结构性和制度性歧视浮出水面。①

时至今日，男女不平等的局面仍无实质性改变，滋生性骚扰的社会根源普遍存在。如果不敢或不愿正视产生性骚扰的社会根源，进而采取全面的变革性措施，则任何碎片化的、治标不治本的政策规定都难以有效发挥作用。高校性骚扰处置之所以给人隔靴搔痒之感，被披露或未被披露的加害人之所以有恃无恐，各高校之所以迟迟不予推进防治校园性骚扰的制度建设，其中的重要原因恐怕是作为决策者的既得利益一方因为身在其中而难以识别隐藏在师生关系背后的不平等的权力关系，也无法从平等、非歧视的人权视角分析和看待性骚扰问题，从而难以提出治本的变革性措施。

（三）男女平等基本国策没有落地落实，致使性骚扰立法欠缺支持性制度环境

作为一种自上而下推动的产物，中国性骚扰立法只有在支持性的社会环境和土壤中才能有效发挥作用。这种环境就是男女平等的社会认知与氛围。

1995 年，以第四次世界妇女大会的召开为契机，中国提出将男女平等作为促进社会进步的一项基本国策。2005 年修订后的《妇女法》首次将男女平等基本国策以法律条文形式固定下来，明确了其基本国策的法律地位。“基本国策”应当是一个国家为解决带有普遍性、全局性、长远性问题而确定的总政策，在整个政策体系中处于最高层次，规定、制约和引导着一般的具体法律政策的制定和实施，并为相关领域的政策

① Freeman, Chinkin, Rudolf (eds.), *CEDAW Commentary*, Oxford University Press, 2012, p. 163.

协调提供依据。[①] 男女平等作为一项基本国策，当然也应发挥同样的全局性统领作用，这不仅要求在任何法规、政策出台前进行性别影响评估，防止产生歧视性法律后果；而且要求不断完善实现男女平等的法律、政策与制度，修正问题、填补空白；再者，要采取措施消除既存的阻碍实现男女平等的因素。男女平等的基本国策，“不仅要求决策者，还可以发动全社会为这个目标共同行动”。[②]

然而，20 多年过去了，与同为基本国策的计划生育政策相比，男女平等基本国策的政策目标远没有达到，男女平等远没有落到实处。在人们已经习以为常、浑然不觉的男权文化下，面对性骚扰，普罗大众是麻木的，加害人是享受的，只有受害人是痛苦的。即便法律站在受害人一边，等待受害人的仍然是来自周围人的猎奇、责备和污名化。因此，在没有男女平等文化的社会环境下，法律也难以带来真正的救济。

除上述带有全局性、制度性的因素外，性骚扰法律规制本身的虚弱，包括立法过于原则，关键概念界定不清，防治性骚扰的义务内涵、义务主体、履行方式不明，司法救济途径不畅等也增加了不确定性，阻却了受害人诉诸法律的脚步。

三　法律规制性骚扰问题之省思

中国规制性骚扰问题的立法和司法状况表明，尽管性骚扰已被写入法律，明确了其违法性，但反性骚扰的社会氛围和社会条件远没有形成。这背后隐藏的是对产生性骚扰的观念、文化根源的认识不到位、揭示不充分，进而掣肘性骚扰法律制度的完善。为此，可以尝试从以下方面努力。

（一）培育男女平等的社会氛围，让性骚扰立法落地

培育男女平等的社会氛围，以勇敢揭示性骚扰产生的社会根源为基本

① 中华全国妇女联合会：《贯彻男女平等基本国策，促进妇女全面发展——纪念北京世妇会 20 周年》，中国妇女网，http://www.women.org.cn/col/col230/index.html。

② 中华全国妇女联合会：《贯彻男女平等基本国策，促进妇女全面发展——纪念北京世妇会 20 周年》，中国妇女网，http://www.women.org.cn/col/col230/index.html。

前提。消除对妇女的结构性和制度性歧视，扭转男尊女卑的性别刻板印象，大众传媒和教育是两个重要的领域。二者在宣传男女平等、营造尊重女性的社会氛围方面，既可以发挥积极作用，也可能助纣为虐、适得其反。因此，不论是履行国际条约义务的需要，还是贯彻男女平等基本国策的要求，国家不仅应作积极正面的宣传教育，同时也有义务采取措施改变教材、广告、媒体中存在的妨害男女平等的观念和表达。

具体而言，一方面，国家有义务发现并纠正教学教材、课程设置中固化男女性别角色的内容；针对广大教育工作者开展性别敏感的师资培训，防止教育领域对性别偏见的代际传播。另一方面，国家负有对传媒进行监测的责任，对其中蕴含的性别刻板印象有进行干预的义务。国家应采取措施、主动作为，增强传媒行业的性别意识，消除媒体制作和传播中的性别歧视。

（二）构建性骚扰预防机制，防患于未然

用人单位预防职场性骚扰的义务已为法律明确规定。预防义务是一项积极义务，要求用人单位必须有所作为，倘若未采取任何措施，显然违背了该义务；至于所采取的措施能否起到预防效果，可以由法院在司法实践中具体裁量。

公共场所、教育机构是否负有预防性骚扰的法律义务？对此似乎存有疑问。这些机构作为用人单位，负有预防与其存在雇佣关系的职工之间发生性骚扰的义务，这一点受《女职工劳动保护特别规定》的调整，因而相对明确。但这些机构是否对第三人也负有预防义务，例如，医院是否有义务预防医生对患者的性骚扰？高校是否有义务预防教师对学生的性骚扰？对此立法存在空白。

以高校为例，性骚扰预防措施缺位对安全平等的受教育环境造成了极大威胁，侵犯了受害者（绝大多数情况下是女学生）平等接受教育的权利，已经构成对女性的歧视。就此而言，国家有义务要求学校采取措施，防止和制止性骚扰行为的发生。面对屡屡爆出的高校性骚扰事件，教育主管部门不仅有义务出台“红七条”“十不准”等禁止性规定，还应要求各

高校建立性骚扰防治机制。事件发生后的调查处理自然能起到一定的警示作用，但高校预防性骚扰的关键还在于对全校师生普及、深化性别平等教育和法制教育，破除将性骚扰淡化为作风、师德问题、责备受害人等成见，认清性骚扰歧视女性、违规违法、应受惩罚的本质，从而遏制违法行为的发生。

（三）完善反性骚扰法律制度，做到有法可依，罚当其责

第一，既有的原则性规定亟须具体化，需要对性骚扰的定义、适用范围作出界定，明确预防和制止性骚扰的义务内涵、义务主体及履行义务的具体方式，明确违反义务的法律责任以及受害人可以采用的救济途径。

第二，完善规制性骚扰的法律体系。在《妇女法》的一般性规定基础上，有必要在性骚扰高发、法律依据欠缺的领域专门立法，比如制定高校反性骚扰法，从预防、调查、处理等方面建立教育领域防治性骚扰的法律框架。我国台湾地区 2004 年制定的“性别平等教育法”值得借鉴。该法从性别平等教育和校园性别案件调查处置方面对校园性侵害、性骚扰、性霸凌的预防和制止作出规范，对改变性别案件发生后“师师相护”的校园文化、明确学校的调查处理义务、对肇事者和“校园帮凶”有效究责发挥了积极作用。[①]

第三，除法律依据不足，法律规制性骚扰的另一难点在于司法认定与救济。涉性案件中根深蒂固的纵容加害人、苛责受害人的传统观念让大多数性骚扰案件隐匿于司法程序之外。而在屈指可数的由受害人直接提起诉讼的案件中，普遍存在立案难、举证难、追责/赔偿难的问题。性骚扰案件的隐蔽性、隐私性令其有别于一般的侵权案件，审理性骚扰案件的证据规则、归责原则必须结合此类案件的特性予以确定。[②] 面对性骚扰司法救

① 吴志光：《台湾性别平等教育法实施之经验——以处理涉及校园性侵害性骚扰及性霸凌事件之教师为核心》，“两岸性别平等权保障理论研讨会会议材料”（未出版），2018 年 6 月 29～30 日。

② 对此学界已有不少讨论，例如江伟、苏文卿：《性骚扰民事诉讼特别规制研究》，《河北法学》2009 年第 5 期；曹艳春、刘秀芬：《职场性骚扰案件的证明责任研究——兼从推定角度谈举证责任分担》，《法学杂志》2009 年第 6 期。

济普遍举步维艰的状况，有必要出台一部全面的司法解释，为法院审理性骚扰案件提供指南。其实早在 2008 年就有学者提出《人民法院审理性骚扰案件的若干规定（专家建议稿）》，这一学术探索对司法机关出台相应的司法解释具有重要的参考价值。[①]

第四，推出指导性案例，激活性骚扰司法救济的阀门。案例指导制度已经成为中国法治建设的一项重要制度，它对于统一法律适用、保证法制统一、加强对公众的法律教育意义重大。[②] 一般而言，以下情况适于确立指导性案例：社会广泛关注、法律规定比较原则、具有典型性、疑难复杂或类型较新。[③] 性骚扰作为一个广受社会关注但法律规定较为原则的问题，具有不同于一般侵权案件的显著特征，司法实践少、适用法律差异大。在全国范围内，就职场性骚扰而言，已经出现了几例受害人胜诉的案件，但是这些案件均未产生应有的示范效应。对高校性骚扰来说，尚无一例案件进入司法程序。[④] 2018 年 12 月 12 日，最高人民法院发布《关于增加民事案件案由的通知》，明确将“性骚扰损害责任纠纷”作为侵权责任纠纷下的一个独立三级案由，自 2019 年 1 月 1 日起施行。[⑤] 这一举措，必将极大带动司法实践，相信很快会有不少案件进入司法程序。届时将有条件也有必要择选一些性骚扰典型案例，指导审判实践，为广大受害人提供切实的司法救济。

---

① 唐灿、黄觉、薛宁兰：《走向法治——工作场所性骚扰的调查与研究》，中国人民公安大学出版社，2012，第 168 ~ 172 页。

② 刘作翔：《我国为什么要实行案例指导制度》，《法律适用》2006 年第 8 期，第 5 ~ 8 页。

③ 《最高人民法院关于案例指导工作的规定》，法发〔2010〕51 号（2010 年 11 月 26 日），第 2 条。

④ 截至 2018 年 7 月 20 日，全国首例拟诉诸司法的高校性骚扰案件“女生诉南昌大学教授性侵案”很有可能成为中国第一起高校性骚扰诉诸司法的案件，但最终因原告撤诉而终止。徐巧丽：《南昌大学被性侵女生撤销民事诉讼，律师：案子不管输赢都是输》，《每日人物》2018 年 10 月 9 日。

⑤ 《最高人民法院关于增加民事案件案由的通知》，法〔2018〕344 号，2018 年 12 月 12 日。

Reflection on Legal Regulation of Sexual Harassment: With a Focus on Sexual Harassment in University

Dai Ruijun

Abstract: Sexual harassment in colleges and universities is a widely concerned issue, but disposal of sexual harassment reflects the problem of unclear understanding of the nature of the incident and ignorance or difficulty in pursuing the legal liability of the perpetrators. It is attributed to lack of deep reflection on the root causes of sexual harassment in the whole society, as well as lack of supportive institutional environment for implementing relevant legislation. CEDAW has established an international legal framework for preventing and repressing sexual harassment. As a state party to CEDAW, China undertakes the legal obligation to deal with this issue domestically. After a top-down legislative process, a sexual harassment regulating system composed of "one law, one ordinance and several local regulations" has been formed in China. However, there are still several inherent challenges, such as poor implementing capacity of current law, ambiguity in law, and shelved judicial remedies. To make the legal system taking root in Chinese society and playing effective role, revealing the root causes of sexual harassment and cultivating supportive atmosphere of gender equality is necessary. Based on these prerequisite, prevention mechanism in various fields as well as improved legal system from macro and micro level of anti-sexual harassment should be established, to make the rule well-founded, and the perpetrators be published accordingly.

Keywords: Sexual Harassment; gender equality; CEDAW; legal regulation

刑事法研究

论刑事被害人保护的系统性建构

刘　坤*

摘要： 在中国的刑事诉讼流程中，长期存在重视被告人权利而忽略被害人的倾向，进而导致后者的诉讼权利形同虚设。其中最为突出的现象，即为被告人享有的许多权利不为被害人所享有，譬如阅卷权等。由此可见，我国尚缺乏一部专门保护被害人权利的法律，亦缺失被害人的补偿制度，而这与国际通例相悖。随着我国法治化进程不断推进，加大对被害人的保护力度已成为一项重要课题。通过对域外被害人保护机制的挖掘，可以探索赋予中国的被害人更多诉讼权利并建立起相对完善的补偿制度，以保护被害人的合法权利，提高其诉讼地位。

关键词： 犯罪被害人　诉讼权利　被害人补偿

一　域内程序的缺失

犯罪被害人是刑事诉讼中重要的当事人，其不仅承担着刑事诉讼控告和揭发的职能，更承担了证人的职能，其存在不仅是指控犯罪的一种需要，也能更好地帮助司法机关查清犯罪事实。保障被害人的司法权利能更好地帮助被害人表达诉求，同时，被害人因犯罪行为合法权益受到侵害，帮助修复被害人受损权益，也是法律伸张正义的一个方面。因此，保护犯罪被害人的合法权利，既是国家法律保障人权的基本要求，也是维护社会公平正义的客观需要。

---

* 刘坤，天津市人民检察院一级检察官。

（一）相关的定义、地位与范畴

这里所说的被害人专指犯罪被害人，是指其人身、财产或其他权益遭受犯罪行为侵害的人。[①] 有些国家将犯罪被害人的亲属也纳入被害人的范畴，例如，韩国《犯罪被害人保护法》中的“犯罪被害人”，是指因他人的犯罪行为遭受被害的人及其配偶（包括事实上的婚姻关系）以及直系亲属与兄弟姐妹，[②] 笔者对此观点并不赞同。被害人的近亲属只有在被害人缺位的情况下才代为行使被害人的部分权利，其中主要是在附带民事诉讼中，担任诉讼原告人并索要赔偿的行为，而被害人的诉讼地位是近亲属不能取代的，因此在诉讼权利的保护中被害人更倾向于直接受害者。

被害人在刑事诉讼中承担着部分控诉的职能，虽然随着国家追诉原则的产生，被害人不再担任原告人的角色，在英美法系国家其主要处于证人的地位，协助公权力部门完成定罪处罚的任务，但是被害人毕竟不同于证人，证人应当是独立于案件利害关系、具有一定中立性的，被害人与案件息息相关，因此其诉讼参与作用也应增强，尤其是在自诉案件中，被害人拥有独立的起诉权，其应当作为诉讼当事人参与到刑事诉讼中，而不仅仅是诉讼参与人。

被害人的范畴不应当仅仅通过刑法所保护的客体范围来确定，例如，扰乱公共秩序的犯罪，其保护的主要法益是公共秩序，但是实施此类犯罪行为也会对一些个人造成伤害，因为此犯罪受到侵害的个人也应当纳入被害人的范畴。据此，笔者认为被害人的范畴应当以实际损失为限，因犯罪遭受实际损失的人均应纳入被害人的范畴。因为我国刑事诉讼不支持精神损害赔偿，所以该损失应当以物质损失为限，且应当在诉讼中提供相应的证据予以佐证，证据要求不必过高，可以证实其因犯罪遭受损失即可。同时，该损失应当为直接损失，间接的无形的损失不应列入被害人损失的范畴。

---

① 陈光中主编《刑事诉讼法》（第二版），北京大学出版社、高等教育出版社，2005，第 77 页。

② 金昌俊：《韩国新的犯罪被害人保护制度及其启示——以实质性保护犯罪被害人为视角》，《河北法学》2011 年第 11 期。

（二）保护内容的缺陷

1. 被害人诉讼地位下降。随着我国刑事诉讼的发展，国家专断刑罚权不断深化，被害人逐渐丧失了在诉讼中的主体地位，实际控制权转移到公权力机构手中，被害人无法更多地控制诉讼进程，被害人仅保留了告发权和参与权，在诉讼过程中更多的是以证人的身份出现。因此，适时增强被害人在诉讼中的地位，使其更多地参与到诉讼中，保障诉讼程序，保护被害人被侵害的利益。

2. 被害人损害救济途径缺失。目前我国对被害人损害的救济更多地局限在司法救济方面，在制度设计方面，对被害人缺乏有力的保护机构和救助体系。司法救济的途径单一，力量有限，应当建立被害人补偿制度，调动国家和社会的力量，成立专门的保护机构，建立救助体系，实现对被害人全方位的保护。

3. 被害人诉讼权利缺失。我国《刑事诉讼法》尚存在重被告人权利轻被害人权利的现象，现行《刑事诉讼法》对被害人的权利规定明显不足。在侦查阶段，被害人只有告发的权利，司法机关不会将案件进展情况通报给被害人，被害人基本没有侦查介入权。案件到审查起诉阶段，检察机关才会听取被害人的意见，庭审中也只能在法庭允许的情况下，发表对案件的意见。被害人连最基本的阅卷权都不享有。在诉讼中提升被害人地位、赋予被害人更多的诉讼权利，也是一项十分重要的课题。

二　域外体系的可借鉴性

随着保护人权思想的广泛推广，世界各国陆续通过立法，建立被害人保护制度。有的是采取综合性立法的方式，有的是采用修订部门法的方式，世界各国越来越重视对犯罪被害人的保护，不仅强调被害人的诉讼权利，也制定了各种救济制度。我国无论是在诉讼权利方面还是在补偿制度方面，对被害人的保护都比较薄弱，应当学习他国经验，借鉴他国的立法成果，从而完善和构建我国的被害人保护制度。

（一）德国经验

20 世纪 80 年代，被害人保护理念在德国出现了深刻变革。在 1984 年秋季召开的德国第 55 届法律人大会上，人们围绕“犯罪被害人之法律地位”的主题进行了探讨。[①] 这次会议的召开成为 1986 年《被害人保护法》的立法基础。此外，2001 年 3 月 15 日，欧盟理事会在框架决议中提出了改善刑事诉讼程序中被害人地位的详细建议。[②] 这些立法建议推动了许多强化被害人保护的法律的出台。据此，德国形成了一套完善的被害人保护制度体系。

相较于其他国家的被害人保护制度，德国的《被害人保护法》主要规定对被害人诉讼程序权利的保障，而其他社会救济手段较少，其主要内容如下。①对被害人知情权和获得律师帮助权的保护。通过《被害人保护法》明确规定了被害人享有对程序终局性裁决的知情权、阅卷权、对自己程序性权利的知情权和获得律师帮助的权利。②该法明确了被害人在法庭作为证人出庭，并通过证人权利的保护来实现被害人保护，包括发问权的限制（“可能给证人带来耻辱”的问题禁止发问[③]）、证人出庭时被告人退庭、同步录音录像等。③冲突和解与损害修复。德国的刑事制裁体系突出了被害人的利益，只要犯罪人能全部或者部分地补偿其行为所造成的损失，则可以对其减免刑罚，并且在确定罚金和缓刑条件时也可以从轻。④取回救济。取回救济是指刑事追诉机关可以通过查封、扣押的方式来保全犯罪行为所得财产，并将该财产用于对被害人的补偿，从而保护被害人的利益。[④] ⑤控告和自诉的权利。⑥诉讼费用援助的权利。⑦强制起诉的权利。强制起诉的程序是指，当检察院认为犯罪行为并不存在而终止侦查程序时，被害人不同意检察官的决定，又不符合提起自诉的条件，可以通

① 参见第 55 届德国法律人大会材料《第 55 届德国法律人大会专家报告 C》，第 1 卷。

② 《框架决议 2001/220/JI》，《欧洲共同体公报》，L82，第 1 页，2001 年 3 月 22 日。

③ 〔德〕约阿希姆·赫尔曼：《被害人保护在德国刑法和刑事诉讼法中的发展》，黄河译，《国际刑法教义学》2010 年第 3 期。

④ 德国的《刑事诉讼法》第 111b 条第 5 款，《刑法》第 73 条第 1 款第 2 句。

过强制起诉程序来请求审查检察官的该项决定。[①] 被害人可以先向总检察长提出抗告，抗告被驳回时，被害人可以通过律师向州高等法院申请裁判。如果法院作出应当提起公诉的裁定，则检察院必须执行。通过强制起诉制度对被害人进行保护，是德国特有的。许多国家和地区认为，起诉权是检察官所享有的权利，检察官本身就享有对起诉的自由裁量权，而法官的强制起诉制度，系对检察官起诉裁量权的干预，各国基于检察院起诉的自由裁量权和法院审判的中立性原则，一般不设立强制起诉制度，而德国虽然设立这一制度，在实践中也很少被应用，更多起到预防作用，一方面限制检察官的起诉裁量权，另一方面是对被害人起诉的保护。

德国的被害人保护措施是制定了一部综合性的《被害人保护法》并通过一系列部门法律的实施形成完整的保护体系，这点值得我国借鉴。同时，德国在被害人诉讼权利方面的保护比较完善，我国应当加以学习，完善被害人在诉讼方面的权利地位，但是德国在被害人权利救济以及社会援助方面保护明显不足，我国在完善被害人保护时应当在这方面加以弥补。

（二）美国立场

美国自 1965 年至 1985 年出台了一系列被害人保护方面的法律法规，成立了多家专门的被害人援助机构。美国建立了包括被害人调查、被害人诉讼权利保护、被害人补偿、被害人援助等在内的较为完备的被害人保护制度。在美国的刑事诉讼中，被害人不是当事人，主要扮演的是证人的角色，[②] 这一点与我国《刑事诉讼法》规定不同，我国赋予被害人诉讼当事人的地位。虽然美国没有确定被害人的当事人地位，但赋予了被害人诉讼参与权、知情权、求偿权、受保护权等各项权利，在刑事诉讼过程中加强了对被害人的保护。美国的被害人补偿制度也比较完备，对补偿的对象、范围、金额、程序以及经费都作出了详细规定。

美国被害人保护的特色在于其被害人调查制度和完善的被害人援助制

---

① 德国《刑事诉讼法》第 172 条以下。

② 王丽华：《美国被害人保护制度及借鉴》，《社会科学家》2012 年第 7 期（总第 183 期）。

度。美国于 1972 年开始，每年开展全国范围内的被害人调查工作，这项制度在其他国家是比较罕见的。每年美国司法部都会在美国人口调查局的协助下，耗费大量精力去调查被害人遭受犯罪侵害的情况，并将调查数据公布于众，方便被害人援助机构、司法机关、社会公众查询和了解被害群体的信息和特点，进而有针对性地采取被害人保护和被害预防等各项措施。这一点值得我国借鉴和学习。

美国的被害人援助制度，是指被害人的合法权益受到了犯罪行为的侵害，应得到全社会的理解、支持和帮助。美国是最早对被害人实施援助的国家，于 1975 年成立了第一个被害人援助机构即全国被害人援助组织。[①] 目前，美国有数千家被害人援助机构为被害人提供各类服务，范围也逐渐扩展到所有犯罪被害人，并且美国的社会机构也参与到被害人保护的工作中。调动社会力量参与被害人保护，而不仅仅是依靠国家救济，这是美国不同于其他国家的地方，这一点也值得我国借鉴和学习。

（三）我国台湾地区的实践

1993 年 2 月，我国台湾地区法务相关部门起草了“犯罪被害人补偿法草案”，并提交行政当局审议。之后，在长达五年多的时间里，台湾有关部门又对该草案进行了多次修改和审议，于 1998 年 5 月 5 日审议通过，同时将名称修改为“犯罪被害人保护法”。此后，台湾于 2002 年 7 月、2009 年 5 月先后两次对其进行修改。[②] 台湾地区的“犯罪被害人保护法”出台时间相对较晚，颇有博采众家之长的意味，但其缺陷是被害人在诉讼中的权利保护没有规定，这也是台湾地区被害人保护制度的一大特色。其主要是针对被害人补偿，对被害人补偿的对象、范围、程序、经费来源等作了翔实的规定，并对各个机关在被害人保护中发挥的作用作了详细规定，操作性很强。

台湾地区被害人保护制度的主要特点如下。①明确了保护对象。相较

① 王丽华：《美国被害人保护制度及借鉴》，《社会科学家》2012 年第 7 期（总第 183 期）。

② 庄建南、朱世洪：《台湾犯罪被害人保护法律制度及其借鉴》，《台湾研究・法律》2013 年第 3 期。

于美国的被害人保护适用于全部被害人，台湾地区将被害人保护的对象适用于三类：一是因犯罪行为被害而死亡的被害人及其遗属；二是因犯罪行为被害而受重伤的被害人；三是性侵害犯罪行为的被害人。②多种多样的保护方式：台湾地区被害人保护主要方式有给予经济补偿和提供其他措施保护两类，其他措施主要包括安置收容、医疗服务、法律援助、社会救助、调查协助、安全保护、心理辅导、生活重建、信托管理、访视慰问等。③明确了经费来源。④检察机关的求偿权：在支付了犯罪被害补偿金后，在补偿金额范围内，由支付补偿金的地方法院或其分院检察署对犯罪行为人或依法应负赔偿责任的人行使求偿权，时效为两年（在支付补偿金时，犯罪行为人或者应负赔偿责任之人不明的，自得知犯罪行为人或者应负赔偿责任之人时起算）。[①] ⑤专门的被害人保护机构：为了协助重建被害人或其遗属的生活，台湾“犯罪被害人保护法”规定，法务相关部门应会同内政相关部门成立犯罪被害人保护协会。

三　未来的完善路径

随着刑事诉讼的发展，被害人的诉讼地位发生了重大变化。最早，被害人是诉讼程序的发动者和程序进展的推动者，但是随着公权力的介入，国家司法部门掌握了刑事诉讼的主动权，被害人逐渐丧失了主体地位，失去了对刑事部分的掌控力。虽然我国在《刑事诉讼法》中赋予了被害人当事人的地位，但是其诉讼权利也受到了限制，主要表现在：知情权受到限制；对刑事部分没有上诉权和发言权；民事赔偿的范围较窄；缺乏救济措施。因此，我们应当提高被害人在刑事诉讼中的地位，完善被害人的诉讼权利。

（一）被害人及其诉讼代理人的诉讼参与权

我国《刑事诉讼法》明显更侧重于被告人权利的保护，而忽视了被害

---

① 庄建南、朱世洪：《台湾犯罪被害人保护法律制度及其借鉴》，《台湾研究·法律》2013年第3期。

人的权利。由于我国实行公诉制度，检察机关代位行使了公诉权，被害人在某种程度上失去了控方的地位，但是，也应当修改立法，保障被害人在诉讼中的权利，使其更多地参与到诉讼中。对被害人及其诉讼代理人的权利保护主要应当在以下几方面进行完善。

一是案件知情权。被害人应当对案件基本事实、自己享有的诉讼权利、案件的进展情况及终局性的裁决结果享有知情权。目前，我国《刑事诉讼法》对被告人的知情权保障比较充分，像案件移送审查起诉、提起公诉、开庭审理等均须告知被告人，但对于告知被害人没有法律强制性规定，这点属于被害人知情权的欠缺，建议立法上应当将案件重大节点（侦查终结、移送审查起诉、提起公诉、开庭审理等）及进展告知被害人，终局性的裁决决定（判决、裁定）应当告知被害人，毕竟这与其利益息息相关。除此之外，对于被害人在诉讼中享有的权利，司法机关也应当承担告知义务。目前，我国《刑事诉讼法》规定案件移送审查起诉之日起 3 日内，人民检察院应当告知被害人有权委托诉讼代理人，对于其他权利的告知没有规定，司法机关应当承担告知被害人诉讼权利的责任，让被害人更多地了解和行使自己的权利。

二是阅卷权。《刑事诉讼法》第 38 条规定，辩护律师自人民检察院对案件审查起诉之提起，可以查阅、摘抄、复制本案的案件材料，这是法律对被告人及其辩护人的保护。但是《刑事诉讼法》对被害人及其诉讼代理人的阅卷权没有规定，这点不利于被害人了解案件。但是对于被害人及其诉讼代理人的阅卷权也不能完全等同于被告人，因为在一定程度上，被害人也充当着证人的角色，被害人过早地查阅案卷，容易形成、加大串供、伪证的风险，不利于案件的侦查与审查，因此，建议立法赋予被害人适当的阅卷权，应当在案件证据固定之后，且经相关司法部门允许的情况下，被害人及其诉讼代理人可以查阅案卷，但查阅案卷后，被害人作出与以前不一致的证言，且没有合理解释的，法庭审理不应当采纳。

（二）刑事附带民事中被害人的诉讼权利

我国《刑事诉讼法》第 99 条规定，被害人由于被告人的犯罪行为而遭受物质损失的，在刑事诉讼过程中，有权提起附带民事诉讼。按照这一条的规定，只要是因为被告人犯罪行为而造成直接物质损失的，均可以提起附带民事诉讼，这样就既包括人身伤害带来的物质损失，也包括侵财类犯罪带来的物质损失。但是最高人民法院《关于刑事附带民事诉讼范围问题的规定》第 5 条规定，“犯罪分子非法占有、处置被害人财产而使其遭受物质损失的，人民法院应当依法予以追缴或者责令退赔。被追缴、退赔的情况，人民法院可作为量刑情节予以考虑”。因为这一司法解释的出台，对于侵财类犯罪造成物质损失的，不再纳入刑事附带民事诉讼的范畴，实践中，人民法院不再受理此类案件的附带民事诉讼请求，如果被害人坚持要求赔偿，人民法院将主持调解，调解不成，法院将在判决书中予以追缴或退赔。现实中，如果已经销赃，没有在案扣押，是无法予以追缴的，而法院的责令退赔，是在法院宣判后，犯罪分子看不到退赔对自己量刑的帮助，执行时存在困难，这样就造成了因犯罪分子非法处置财物而遭受物质损失的被害人很难拿到经济补偿。因此，笔者认为，最高人民法院的司法解释与立法精神是相违背的，应当严格按照《刑事诉讼法》的规定，只要是因犯罪分子遭受直接、实际物质损失的均应该纳入刑事附带民事的诉讼范畴，这样更有利于保护被害人的利益。

四　补偿模式的设计

所谓被害人补偿制度，是指被害人因犯罪行遭受侵害，通过法律程序没有得到损害赔偿，由国家和社会对其物质损失进行补偿的制度。这里所说的补偿，不仅仅包括经济补偿，也包括提供其他保护措施，例如提供安置收容、医疗服务、法律协助等。

最高人民法院于 2018 年 5 月对 2015 ~ 2017 年各级人民法院审结生效的 100 件暴力犯罪刑事案件进行了抽样调查，这些案件在一定程度上也能反映我国受暴力犯罪侵害被害人现状（见图 1、图 2）。

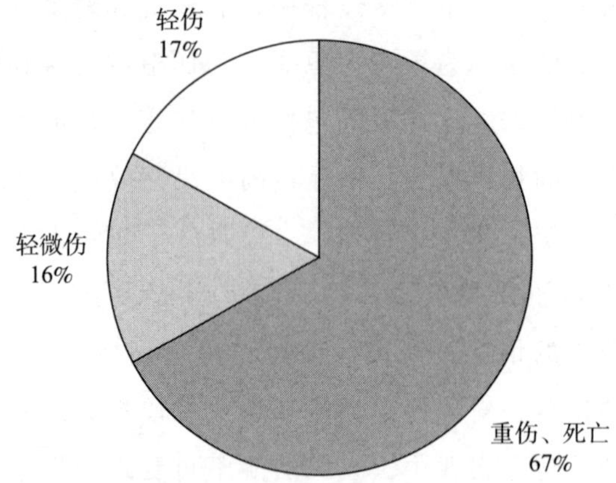

图 1　2015～2017 年百件暴力犯罪造成后果

资料来源：《最高人民法院关于暴力案件的调研报告》，《人民法院报》2018 年 6 月 2 日，第 8 版。

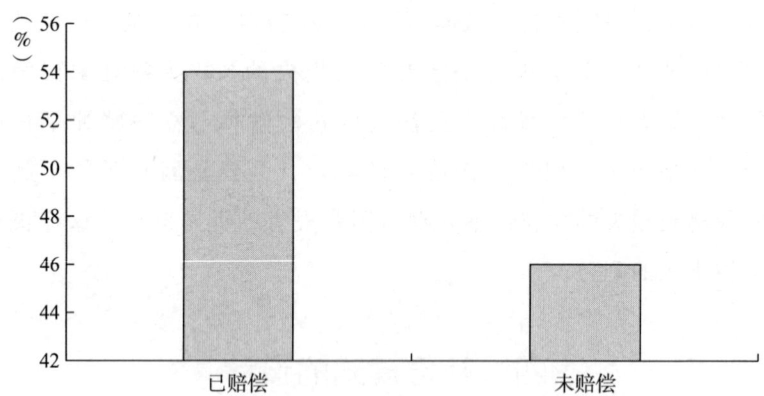

图 2　2015～2017 年百件暴力犯罪赔偿情况

资料来源：《最高人民法院关于暴力案件的调研报告》，《人民法院报》2018 年 6 月 2 日，第 8 版。

图 1、图 2 中数据来自最高人民法院对全国各级法院审理完成的暴力犯罪的抽样调查，不难看出，暴力犯罪造成的后果严重——重伤、死亡的超过 2/3，却仅有 54% 的被害人通过诉讼程序得到赔偿。过半的犯罪被害人无法在诉讼程序内获得相应补偿，而被害人死亡、重伤率又居高不下，被害人的悲惨现状可见一斑。建立被害人补偿制度，由国家和社会参与到对被害人的救助中，已成为众望所归、大势所趋。

我国目前尚未形成体系完整的被害人补偿制度，也没有相关立法。部分地区已经意识到被害人补偿制度的重要性，为救助刑事案件中因犯罪行为而经济困难的被害人，例如，上海开始试点建立刑事被害人补偿金制度，最高补偿金额可达5万元。福建省也开始在一些县市试点被害人补偿金制度。作为第一批试点单位，福建省建阳市人民法院在全省率先建立刑事被害人全程保护机制，加大被害人保护力度。2016年至2017年，建阳市人民法院共审结刑事案件367件，跟踪回访刑事被害人127人，帮助18名刑事被害人解决就业、就学问题。[①] 湖北省武汉市江夏区人民法院也开始尝试为被害人发放补偿金。为了拓宽资金来源，该法院首先积极向政府争取司法救济金并使政府拨款制度化；其次，尝试从罚金和没收财产、没收犯罪人违法所得到位的款项中争取一定比例的资金提成注入司法救助金；最后，积极争取慈善机构捐款和社会救助，从而尝试建立社会共同救助犯罪被害人的制度。[②] 这些举措都是对我国被害人补偿制度的初探，为我国建立完整的救助体系发挥了先锋作用。根据目前被害人保护的形势，我国亟须制定一部专门的《被害人保护法》并且形成一套完整的被害人保护体系。

（一）制定综合性法律

相较于西方各国采用专门性立法的方式，并辅以政策性文件的方式，我国台湾地区采取综合性立“法”的方式，更值得我们借鉴和学习。将被害人保护的制度、补偿机制、保护机构等以一部综合性法律的形式呈现给社会，有利于法律的实施和执行，避免了因为制定多部部门法导致的立法、表决时间过长的问题，也避免了多部法律导致的立法交叉和立法空白问题。我国应当制定一部综合性法律，将被害人保护制度的各个环节细化、确定下来，避免出现犯罪被害人保护“无法可依”的情况。主要应当包含以下方面。①完善刑事诉讼程序、加强被害人保护。与其修改现行

① 《建阳法院建立刑事被害人全程保护机制》，《福建日报》2018年8月14日。

② 《江夏法院保护刑事案件被害人合法权益措施硬》，湖北法院网，http://hubeigy.chinacourt.gov.cn/article/detail/2017/09/id/2996772.shtml。

《刑事诉讼法》，不如在被害人保护法律中，对被害人的诉讼权利细化，从而达到完善被害人诉讼权利的目的。②制定国家补偿制度及实施细则，明确补偿范围、受领程序及救济方式。③建立专门的保护机构为被害人提供经济补偿和其他帮助。被害人的救济不应当仅仅局限在经济补偿上，应当涵盖更多内容，包括对被害人及其家属的安置收容、社会救助、心理辅导、安全保护、访视慰问等。

（二）兼采社会保险理论及保护生活理论

犯罪被害人补偿制度存在多种理论基础，概括起来，大概分为损害赔偿理论、社会福利理论、社会保险理论和保护生活理论。简言之，损害赔偿理论认为，国家应当承担防止犯罪发生的义务，犯罪的发生是国家未尽应有的义务，理应承担所有被害人所受的损失。社会福利理论是将被害补偿作为社会福利的一种。社会保险理论认为，犯罪不可避免，社会所有成员都存在遭受犯罪的风险，因此社会全体应承担对被害人的补偿。保护生活理论旨在解决因犯罪被害而陷入生活困境的被害人的经济问题。损害赔偿理论范围太过广泛，多数国家的财力无法实现。而我国的社会福利制度并不发达，采取此种学说会使犯罪被害人保护无法实施。社会保险理论要求补偿被害人的损失，且已受有社会保险、损害赔偿及其他补偿的应当减除，这种学说更契合我国实际。且采用这种学说将被害人补偿限定在遭受损失的限度内，防止因被害人补偿制度而带来收益和得利。同时，考虑到我国人口众多，犯罪被害人人数多，应当兼采保护生活理论，对被害人的范围加以限定，限定在那些因犯罪行为而生活困难的人群上。这样将有限的财力解决因犯罪而生活困难的人群，而不是所有犯罪被害人都能得到补偿，更有利于被害人保护制度的实施。

（三）合理界定被害补偿的对象和范围

从保护范围来说，根据我国经济现有的发展水平，尚不足以承担对所有犯罪导致的侵害的补偿，仅能局限在部分被害后果严重的犯罪，综合考量，应当分为以下三种：一是犯罪行为导致被害人死亡的；二是犯罪行为导致被害人重伤的；三是性侵害犯罪行为的被害人。当然这三类补偿的前提都是犯罪行为导致生活困难，自身或者家庭不足以承担损害后果带来的困难。例如，因被害人死亡但是对其亲属的生活并没有带来生活困难等影响的，也不应当申请被害人补偿。从犯罪种类来说，不仅应当包括故意犯罪导致严重后果的被害人补偿，也应当包括过失犯罪造成严重后果的被害人补偿。例如，因交通肇事罪导致被害人死亡的也应纳入被害人补偿。从补偿对象来说，并不是所有的被害人或者被害人亲属均应享受补偿。对于被害人死亡，亲属受偿的情形，应当按照《继承法》规定的顺位进行，且仅在第一顺位的亲属不存在或者丧失权利的情形下，第二顺位的亲属才能享受补偿。被害人补偿应当更多地关注受被害人扶养维持生活者。这种规定源于被害人补偿制度系对困难被害人的补偿，而不应当是一种惠及所有被害人的制度。

（四）建立专门的保护机构、明确经费来源

多数国家均有专门的保护机构，负责被害人的保护，以及补偿金申领等事宜。我国也应当仿效国外，成立专门的被害人保护机构，由司法人员和社会工作者共同组成，专门负责补偿金的申领、审核、发放、救济工作，同时，履行被害人保护的其他义务，帮助被害人走出困境。这个机构可以由国家倡导成立，组织社会力量融入，从而不仅倚靠国家财力也调动社会资源，共同完成对被害人的保护。

这个机构的经费来源尤其是补偿金的来源，大致可以分为以下几个方面：一是从国家财政上单独列出被害人补偿的预算；二是设立被害人保护基金专用账户，用于接受社会捐赠及重大案件的专项保护资金收集；三是加大犯罪嫌疑人、被告人赔偿的调查力度，对于犯罪嫌疑人、被告人应付的赔偿责任尤其是判决中载明的赔偿数额，加大执行力度；四是从监管场所（例如看守所、监狱）在押人员的生产利润中提拨一定比例的金额作为被害人的补偿资金，纳入专项资金管理；五是当犯罪嫌疑人、被告人被处以财产刑时优先提取部分作为被害人保护资金，例如没收财产、罚金刑等，甚至可以将财产刑的一定比例的金额纳入被害人保护资金；六是在被

害人不明的情况下，犯罪嫌疑人、被告人的赔偿数额可以暂时列入保护补偿金范畴。例如，交通肇事或者杀人案件中被害人身份不明，暂无亲属申请补偿，而犯罪嫌疑人又愿意赔偿的情况，可以将赔偿金暂时纳入保护补偿金的专门账户。

（五）检察机关在被害人补偿制度中发挥的作用

在被害人补偿制度中，检察机关应当发挥其应有的职能和作用，推进被害人保护制度的实施。检察机关的作用主要应当体现在两个方面。①求偿权：在我国台湾地区，检察机关拥有求偿权。被害人保护机构在支付了犯罪被害补偿金后，在补偿金范围内有权对犯罪行为人行使求偿权，时效为两年。[①] 我们也可以设置类似的规定，目的是促使犯罪人负担其自己应当承担的赔偿责任，并且通过求偿减轻国家财政负担。②监督权：我国检察机关是法定的法律监督机关，对于被害人补偿制度的制定和实施，均有监督权，检察机关应当充分发挥其法律监督的作用，促进被害人保护制度发挥积极的作用。

五　结语

刑事被害人是诉讼法中比较特殊的群体，长期的轻被害人保护的观念已经影响我国的法治进程。越是法治发达的国家/地区，被害人受到的保护越完善。被害人保护制度在一定程度上代表着一个国家/地区法律完善程度和法治发达程度。通过系统性构建刑事被害人的保护体系，一方面赋予被害人更多的诉讼权利，让被害人可以深度参与诉讼，在诉讼过程中保护自己的利益，同时重塑刑事附带民事诉讼被害人的地位，赋予被害人更多的附带民事诉讼的权利，让被害人可以通过诉讼解决自己的问题；另一方面，通过建立被害人的补偿制度，使因犯罪行为而家庭困难的被害人及时得到救济。检察机关也应在被害人补偿制度中发挥更为积极的作用，从

① 参见我国台湾地区“犯罪被害人保护法”第 12 条。

而使被害人的权利得到充分的保障，将犯罪带来的社会危害降到最低。通过对被告人和被害人同时加强保护，推动我国法制的健全和完善。

On the Systematic Construction of Criminal Victim Protection

Liu Kun

Abstract: in Chinese criminal procedure, the tendency of focusing on the rights of the defendant and ignoring the victims has long existed, which leads to the virtual existence of the litigation rights of the latter. Among them, the most prominent phenomenon is that many rights enjoyed by the defendant are not enjoyed by the victims, such as the right to read the papers. It can be seen that our country still lacks a law that specifically protects the rights of victims, and also lacks a compensation system for victims, which is contrary to the international general rule. With the continuous progress of China's rule of law, it has become an important proposition to increase the protection of victims. Through the excavation of the protection mechanism for victims outside China, we can explore how to grant more litigation rights to victims in China and establish a relatively complete compensation system to protect the legal rights of victims and improve their litigation status.

Keywords: victim of crime; procedural rights; victim compensation

有组织犯罪防治视野下“扫黑除恶”专项斗争的展开路径*

侯跃伟　于　冲**

摘要：“扫黑除恶”专项斗争在吸收借鉴国内外经验的基础上，从横向的防治面、纵向的时间点、多元的治理模式等方面展现出中央全面制裁各种组织形态、各种发展阶段的黑恶势力违法犯罪的坚定决心。新时期的“扫黑除恶”专项斗争，应当科学把握“扫黑除恶”专项斗争的刑事政策，实现专项治理与综合治理的有机协同，实现“扫黑除恶”由相对单一制裁黑恶势力犯罪向全面防治黑恶势力违法、犯罪的转变，实现由打击某类犯罪向打击整个“犯罪链”“犯罪群”的转变，进而实现有组织违法犯罪的一体化制裁，将“扫黑除恶”斗争纳入系统化、规范化、法治化轨道，确保对黑恶势力犯罪防治的严密化、协同化、长期化。

关键词：扫黑除恶　有组织犯罪防治　刑事政策　综合治理

自中共中央、国务院发布《关于开展扫黑除恶专项斗争的通知》（以下简称《通知》）决定在全国范围内开展为期三年的“扫黑除恶”专项斗争以来，立法、司法与理论界对于“恶势力团伙”“黑社会性质组织”，以及与之横向、纵向伴生的“附属性犯罪”开展了体系化的治理与研究。同过去的“严打”“打黑除恶”等专项行动不同，新时期“扫黑除恶”专项斗争在打击力度、深度和广度上全面升格，在继续从严制裁黑社会性质

* 本文研究得到中国政法大学青年教师学术创新团队支持计划资助、中国政法大学优秀中青年教师培养支持计划资助。

** 侯跃伟，中国政法大学刑事司法学院 2018 级刑法学研究生；于冲，中国政法大学副教授、硕士生导师。

组织犯罪的同时，重点关注与基层黑恶势力、腐败共生的黑恶势力；在发挥刑事制裁手段的同时，重点强调专项治理和系统治理、综合治理、依法治理、源头治理相结合，重点强调打防结合、打防兼备，展现了新时期"扫黑除恶"专项行动的新思路、新定位、新路径。

一　鉴往知来："扫黑除恶"的既往实践与辩证反思

近四十年来，全国先后 9 次针对黑恶势力犯罪的进行严厉打击，取得了积极的成效和实践经验，但也存在诸多短板和后遗效应。[①] 针对新一轮扫黑除恶斗争的新形势、新要求，有必要在客观全面反思既往经验教训的基础上，探索完善新阶段"扫黑除恶"工作的新理念、新思路。

（一）传统"打黑除恶"专项斗争的阶段性缺憾

"严打"并非针对黑社会性质组织与恶势力团伙，而是更多地集中在打击杀人、抢劫、强奸等严重暴力犯罪、流氓犯罪、涉枪犯罪、毒品犯罪、流氓恶势力犯罪等各种具体的严重刑事犯罪上。1997 年刑法明确规定了黑社会性质组织犯罪，自此之后，依靠"严打"打击黑恶势力逐渐转向针对黑社会性质组织犯罪的"打黑除恶"专项斗争的形式。但是，由于缺乏对有组织犯罪一体化惩治的思维，"打黑除恶"的司法效果往往具有短期效应，在未能实现有组织违法犯罪一体化制裁的情况下，对于黑社会性质组织犯罪与恶势力团伙的防治产生了较为明显的"后遗效应"。[②]

---

① 历次反黑运动包括：1983 年 8 月至 1986 年底的"严打"斗争、1994 年 7 月至 1995 年 2 月的"严打"整治斗争、1996 年 4 月至 8 月的"严打"斗争、1996 年 12 月至 1997 年 2 月的"冬季行动"、2000 年 12 月至 2001 年 10 月的"打黑除恶"专项斗争、2001 年 4 月至 2002 年 12 月全国"严打"整治斗争、2002 年 3 月至 2003 年 4 月的继续深化"严打"整治斗争、2006 年 2 月至 2009 年 7 月的"打黑除恶"专项斗争、2009 年 7 月至 2011 年的深入推进"打黑除恶"专项斗争。

② 蔡军：《我国惩治有组织犯罪的实践困境与立法对策》，《华东政法大学学报》2013 年第 4 期。

1.“周期化”打击模式下政策连贯性的纵向受限

历史地看，我国针对黑恶势力的防控打击主要经历了1983年“严打”“打击强奸、盗窃、流氓等犯罪团伙”、1996年“严打”“坚决打击带有黑社会性质的犯罪团伙和流氓恶势力”、2002年以来“打黑除恶”专项斗争，阶段化、周期化、运动化特征明显，这也极大地制约了“打黑除恶”斗争的长期效果。[①] 客观来讲，阶段化的专项治理，可以集中国家司法资源进而在短期内针对重大恶性犯罪进行严厉打击和制裁，但从长远看却无法取得长期化、常态化的“严打”效果，无法形成有效、有制、有力的“打黑”环境、“打黑”氛围和“打黑”力度，往往是打灭一茬又生一茬，甚至在阶段性的“打黑”运动结束之后，相应的黑恶势力犯罪反而呈现增长态势，甚至向黑社会性质组织等有组织犯罪的高级形态转化。

2.“专项打击”模式下“防治面”的横向受限

以往的“打黑除恶”专项斗争集中在特定时期对特定犯罪类型进行有针对性的专项治理，颇具“救火式”特征，对于重点领域、重点行业、典型犯罪类型具有迅速压制、遏制犯罪态势的短期性、显著性效果，但往往只能是“定点灭火”，无法从面上解决“火源”问题，无法解决“火灾预防”问题。因此，过度强调“打黑除恶”斗争的“专项性”“定点性”而忽视黑恶势力犯罪的链条化、集团化特征，过度强调专项斗争的“救火”功能而忽视“防火”功能，是以往“打黑除恶”专项斗争的一大短板。

3.专项斗争模式下政策性偏强而规范保障偏弱

传统的“打黑除恶”专项斗争受“严打”刑事政策的影响过于明显，因而呈现较强的政策性，而对于相应的配套性立法、司法解释重视不足，对于相应的规范保障重视不足。例如，司法实践中对于黑社会性质组织的特征认定仍然存在认识的困境，对于“恶势力”这一非规范性概念缺乏明确的法律依据和规范特征，仅仅具有政策参考，这不利于专项斗争的有序、有力开展。

---

① 李辉：《“运动式治理”缘何长期存在？——一个本源性分析》，《行政论坛》2017年第5期。

4.“以刑为主”的单一治理模式“后遗效应”突出

无论是“严打”还是“打黑除恶”专项斗争，主要集中在对于严重刑事犯罪的打击和制裁方面，在迅速打压犯罪态势、维护社会稳定方面具有极为重要的意义。但是，过度依赖刑事手段，对于行政治理等其他治理手段重视不足，导致了严重的“打黑后遗效应”，陷入“割韭菜”式困境，无法从根本上长期遏制黑恶势力犯罪。同时，这种“重打轻防”的模式也逐步形成了一种“打黑怪圈”：要么盲目扩大刑事制裁力度和打击半径，将并不属于黑社会性质组织犯罪的形态认定为黑社会性质组织；要么严守黑社会性质组织的四大规范特征，极度缩小黑社会性质组织的司法认定范围，从而在某种程度上放纵了相关黑社会性质组织犯罪。

（二）传统“打黑除恶”斗争实践的辩证反思

不可否认，梳理我国惩治黑恶势力犯罪的司法实践，曾存在“周期化”“运动化”“扩大化”“重刑化”的弊病，存在重打击轻防治以及重专项治理轻综合治理源头治理的固有缺憾，甚至存在一定的“严打”依赖症。但需要强调的是，既往的“打黑”实践也具有其阶段的不可回避性和相应的积极价值。一方面，针对一定时期或一定领域内出现的突出问题，运动式的专项治理通过统筹整合多个部门、机构的公权力资源，容易在短时间内实现“立竿见影”的效果，对黑恶势力活动产生强大的威慑力，不但有助于遏制既有的黑社会性质组织犯罪，还能对潜在的涉黑犯罪分子形成震慑。另一方面，随着社会结构的日益复杂、黑恶势力形态的迅速演变，针对一定时期内、一定领域内出现的突出问题，这种追求短效的运动式治理也能在一定程度上应付各种黑恶势力犯罪层出不穷、不断变化的现实，维持对黑恶势力活动的威慑力。

从社会治理能力的供给和需求的角度来看，缓解社会矛盾、调节社会纠纷、解决社会突出问题对政府的治理能力提出了巨大的需求，而我国政府治理资源相对稀缺所带来的治理能力相对不足决定了，对于黑恶势力这样严重危害社会安定的社会问题，常规的治理方式往往不能满足公众的期待和要求。因此，在政府治理能力“供不应求”的情况下，采取短效的运动式治理方式确实是最好的选择。当前，在我国社会治理体系现代化不断推进的新时代背景下，《通知》适时地提出了“切实把专项治理和系统治理、综合治理、依法治理、源头治理结合起来”的要求，提出要“形成长效机制”，这必然意味着要逐步摒弃短效的运动式治理，在扫黑除恶方面贯彻新的治理理念和方式，这是探索适应未来国家治理体制的“扫黑除恶”斗争的必由之路。

二　新阶段的新思路：“扫黑除恶”专项斗争的法理解读

国家制裁黑恶势力从“严打”到“打黑除恶”再到“扫黑除恶”的政策演变，彰显了加大对黑恶势力打击制裁力度的同时，不断实现对黑恶势力制裁的精准化和全面化。

（一）打击黑恶势力由“打”向“扫”的路径转变

在治理路径和政策选择上，“扫黑除恶”专项斗争由“打黑”转变为“扫黑”，这种由“点”向“面”的转变，无疑是对黑恶势力犯罪规律与犯罪特征的有效回应，是对“打黑”这种集中在某个关键点、相对短促而剧烈、被动反应的传统治理模式的积极修正，代之以侧重打击更大范围的对象、打击频率更高、持续时间更长，在行为方式上更加主动，尤其强调全面、彻底的“清扫”。

具体言之，（1）在治理对象上，“扫黑”意味着打击面的扩展，不但要打击黑恶势力违法犯罪本身，还着眼于黑恶势力“犯罪群”及其背后职务腐败“犯罪链”的解决；不但要打击黑恶势力犯罪，还要打击尚未构成犯罪的相关违法行为，即“打早打小”“打准打实”。（2）在治理模式上，“扫黑”说明手法更加灵活多边，不再单纯强调刑事手段，而是提出综合运用包括行政管理、治安处罚在内的多种手段。（3）在治理效果上，强调主动性、预防性，要求相关部门主动发现和通报突出问题，强调全面性、彻底性，尤其强调针对基层黑恶势力要深挖其“保护伞”，铲除其滋生的土壤。

（二）打击黑恶势力的治理模式转变

有鉴于基层黑恶势力的滋生，逐渐成为威胁人民群众切身利益和日常生活的重大毒瘤，同时逐步侵蚀基层组织的有效性和基层政权公信力，成为政治安全和社会稳定的严重威胁。《通知》要求，在本次扫黑除恶专项斗争中，要把打击黑恶势力犯罪和反腐败、基层“拍蝇”结合起来，还要把扫黑除恶和加强基层组织建设结合起来。

具体言之，（1）继续关注重点地区、重点行业、重点领域“扫黑除恶”的同时，加大基层“扫黑除恶”的力度。当前，黑恶势力在农村基层地区不断出现高发态势，严重危害了人民群众的人身财产安全和社会稳定，败坏了国家政权的基础，危害极大。“扫黑除恶”专项斗争强调基层“扫黑除恶”，就是要塑造、培育和坚持长期、长久、常态化的“扫黑除恶”斗争态势，让群众最直观地感受到国家同黑恶势力作斗争的坚定决心，避免社会形成一种惧怕黑恶势力、容忍黑恶势力，甚至崇拜、敬畏黑恶势力的社会氛围。（2）“扫黑除恶”专项斗争发挥社会治安综合治理优势，推动各部门各司其职、齐抓共管，摒弃过去在一个领域由一个主管部门自上而下推动开展的方式，在有效整合不同部门的公权力资源的基础上，构建长效机制，形成强大合力，确保取得常态化成果。

（三）打击黑恶势力的治理手段转变

“扫黑除恶”专项斗争的开展，不再狭隘地强调“一根线”的“打黑”，否定了以往过度依靠刑事手段打击黑恶势力的做法，不再过于强调单一的刑事手段，而是采用行政治安治理等综合治理手段，由“严打”转向“严扫”，扫的面更宽，由“以打为主”转向“打防兼备”。

具体言之，（1）改变“重打轻防”的传统做法，打防兼备，打防结合。以往的打黑行动往往是打多防少、追求短期严打效应，忽视长远整治效果，造成了打黑极易反弹的尴尬局面。“扫黑除恶”专项斗争则要消除“割韭菜怪圈”，避免割完一茬又生一茬的法治尴尬，消除其赖以产生的根源，严防黑恶势力坐大为黑社会性质组织、一般违反团伙坐大为犯罪团伙，要刑事手段、行政手段多头出击。（2）传统实践中，打黑除恶几乎完全依靠刑事手段去进行，这就使未能进入刑事打击半径的“黑恶势力”无法得到有效制裁。黑社会性质组织犯罪作为有组织犯罪的高级形态，被严厉地纳入刑法的打击半径之内，从组织领导参加黑社会性质组织罪、入境发展黑社会组织罪到包庇纵容黑社会性质组织罪，不断严密对黑社会性质组织犯罪法网。但是，黑社会性质组织犯罪毕竟属于少数，刑法打击的范围也是有限，需要综合治理手段开展，通过刑事手段与社会综合治理体系的结合，增大对黑恶势力违法犯罪的防控打击力度。

三　“扫黑除恶”专项斗争的框架思路

新时期的“扫黑除恶”斗争在吸取经验、借鉴域外的基础上，全面将黑恶势力违法犯罪的专项治理同综合治理、系统治理、依法治理和源头治理结合起来，转变“扫黑除恶”工作的传统理念和传统模式，形成“扫黑除恶”专项斗争的法治氛围和法治环境，跳出“扫黑除恶”必须依赖运动化、周期化、刑罚化治理的怪圈，确保政治效果、法律效果和社会效果的统一。

（一）坚持依法“扫黑除恶”

《通知》要求，司法机关应当明确政策法律界限，在依靠群众严厉打击各类黑恶势力违法犯罪的同时，坚持严格依法办案、确保办案质量和办案效率的统一，“确保把每一起案件都办成铁案”。

1. 明确“扫黑除恶”规范依据和配套制度

“扫黑除恶”专项斗争应当明确、完善和严密相关的规范性根据，不能仅仅依靠政策进行，需要明确的法律规范、司法解释提供指引，尤其对于黑社会性质组织的认定、恶势力团伙的认定等司法实践中存在争议的疑难问题集中进行立法、司法解释的回应，避免扫黑成为“黑扫”、成为“雷声大雨点小”的“走过场”。

2. 贯彻落实“宽严相济”的刑事政策

从1983年“严打”到2005年“打黑除恶”专项斗争，均将严厉打击刑事犯罪作为基本刑事政策，2006年逐渐确立“宽严相济”为基本的刑事政策。“扫黑除恶”专项斗争，不能单纯强调“严厉打击”，在继承吸收打击黑恶势力犯罪“严字当头”的同时，还应重视“宽”的一面，对于不同层次、不同发展阶段的恶势力违法团伙、恶势力犯罪组织、黑社会性质组织采取不同的治理对策。

3. 严守刑事诉讼程序保证司法公正

根据《通知》的要求，扫黑除恶工作要切实把好案件事实关、证据关、程序关和法律适用关，避免出现“流水作业”式的追诉方式。在以往的打黑运动中，个别地方会成立所谓专案组，实施跨机关联合办案，导致上级机关提前介入，打破了公检法各个机关独立行使职权、分权制衡的体制，变成了“刑事司法一条龙”“无缝对接”，这种以办案效率为导向的刑事诉讼构造不符合以审判为中心的刑事诉讼制度改革的要求。

（二）坚持多头并举、多元治理

根据《通知》的要求，“扫黑除恶”应发挥社会治安综合治理优势，坚持多头并举、多元治理，综合运用各种手段预防和解决黑恶势力违法犯罪突出的问题。

1. 着力点：加强源头治理

“扫黑除恶”强调源头治理，不仅仅是对于黑社会性质组织这一有组织犯罪高级形态的打击，更多地在于对相关有组织犯罪的初级、中级形态的防治和打击，这才是我国有组织犯罪的主要形态。因此，扫黑除恶斗争的着力点和发力点除了继续严厉打击黑社会性质组织犯罪之外，更多的力量应投放到对恶势力团伙和一般违法犯罪团伙的综合治理之上。

2. 发力点：对“犯罪链”“犯罪群”的打击

无论是黑社会性质组织犯罪，还是恶势力团伙，均呈现链条化、集群化特征，一起黑恶势力违法犯罪背后往往牵涉一串相关违法犯罪。因此，在“扫黑除恶”的同时，还应全面扫除相关性违法犯罪。同时，此次

"扫黑除恶"专项斗争中，《通知》明确要把打击黑恶势力犯罪和反腐败、基层"拍蝇"结合起来。因此，严打"保护伞"、严打"犯罪链"应成为此次专项斗争重点关注的问题。

3. 合力点：防治对象的一体化与全面化

客观地讲，对于黑恶势力的惩治，应确立有组织犯罪的整体性概念，正视我国当前"扫黑除恶"专项斗争的对象，不仅仅限于黑社会性质组织和恶势力团伙，而是对各种组织形态、各种组织模式黑恶势力的一体化、一揽子制裁和防治，这也是对我国传统的"打早打小"刑事政策的积极践行。

四　"扫黑除恶"专项斗争的具体路径

（一）正确把握政策与法律的界限

根据《通知》的要求，司法机关应当明确政策法律界限，在依靠群众严厉打击各类黑恶势力违法犯罪的同时，坚持严格依法办案、确保办案质量和办案效率的统一，确保政治效果、法律效果和社会效果的统一。在追诉涉黑犯罪的司法活动中，司法机关应当恪守司法公正，在坚守法治原则的前提下，尽力维护被害人利益、回应社会公众的关切，使处理的案件经得起法律的考验，[①] 实现《通知》中所提出的"确保把每一起案件都办成铁案"的要求。

根据《通知》的要求，扫黑除恶工作要"切实把好案件事实关、证据关、程序关和法律适用关，严禁刑讯逼供，防止冤假错案，确保把每一起案件都办成铁案"。首先，在诉讼构造上，应当避免出现"流水作业"式的追诉方式，在以往的打黑运动中，个别地方会成立所谓专案组，实施跨机关联合办案，导致上级机关提前介入，打破了公检法各个机关独立行

① 孙欲广：《解读2018"扫黑除恶"新政策，谈如何防范"黑打"》，金牙大状律师网，http://www.jylawyer.com/jinyaxy/jinyawj/20180131/11522.html。

使职权、分权制衡的体制，变成了“刑事司法一条龙”“无缝对接”,[①] 这种以办案效率为导向的刑事诉讼构造不符合以审判为中心的刑事诉讼制度改革的要求。其次，在辩护制度上，应当支持律师的依法介入，由于涉黑犯罪的特殊性，不能为了所谓的顺应民意而忽视被告人辩护权利的保障。最后，应当充分发挥法院对侦查行为和追诉行为的司法审查职能，形成对公安部门过分追求对黑恶势力的打击效率的制衡，防止冤假错案的发生。

2016 年 11 月，中共中央、国务院发布了《关于完善产权保护制度依法保护产权的意见》，该《意见》要求在司法工作重视和加强产权的司法保护，因此在开展扫黑除恶专项斗争的过程中，对于涉黑涉恶财产也应当严格依法处置。一方面，为了尽快铲除黑恶势力的经济基础，各级司法机关可以在诉讼过程中依照法定程序采取查封、扣押、冻结等强制措施，也可以综合运用追缴、没收赃物、处以财产刑以及行政罚款等多种手段对涉黑涉恶财产加以处置;[②] 另一方面，也应当恪守诉讼程序的要求，严格区分涉黑涉恶财产和个人、组织合法财产的界限，加强对侦查、起诉阶段实施财产强制措施的司法审查。如在侦查阶段由公安机关来主导托管涉案财产，倘若在实施托管的过程中法院能够做好相应的监督，就能够避免不必要的财产损失。

（二）扫黑除恶与打击“保护伞”有机结合

根据我国刑法的规定，“利用国家工作人员的包庇或者纵容……形成非法控制”是构成黑社会性质组织的基本特征之一。在这次扫黑除恶专项斗争中，《通知》明确提出，要把打击黑恶势力犯罪和反腐败、基层“拍蝇”结合起来。可见，与基层职务犯罪相结合的黑恶势力犯罪是本次专项斗争重点关注的问题。

1. 黑社会性质组织“保护伞”的表现形式

一般而言，黑社会性质组织与“保护伞”相结合的方式多种多样，有

---

① 陈华杰：《当前办理涉黑犯罪案件应当注意的若干问题》，《人民司法》2013 年第 15 期。

② 何荣功：《以新理念依法整体推进扫黑除恶专项斗争》，《检察日报》2018 年 2 月 1 日，第 3 版。

被黑恶势力收买而充当“保护伞”的，有黑社会分子通过不法运作获取政治地位的，也有国家工作人员加入黑社会组织而为之提供方便的，还有领导干部主动培植黑社会组织为己所用的。[①] 如今，随着各地区各部门扫黑除恶力度的不断加大，我国黑恶势力活动渐趋隐蔽，其组织形态、牟利方式也在发生改变，通过公司、协会等外衣，一些腐败分子与黑恶势力形成了“以黑经商、以商养黑、以商养官、以官护黑”的黑色利益链。[②]

2. 打击“保护伞”应当充分依靠群众力量

一方面，基层黑恶势力及其“保护伞”的发现和侦破需要群众的积极检举揭发以及作为证人参与诉讼活动，而基层黑恶势力和腐败分子结合而形成的强大的非法控制力往往是当地群众参与诉讼活动的巨大阻力。因此，要在扫黑除恶斗争用好群众的力量，最基本的一点是要遵循刑事诉讼法的规定，充分利用司法资源保障检举人和证人的诉讼权利和人身安全，包括完善检举人和证人的身份保密制度、完善证人出庭作证的特殊规则，同时保护其家人安全等。另一方面，开展扫黑除恶斗争的同时还应当加强政策宣传，使普通公民信赖司法机关打击黑恶势力及其“保护伞”的能力和决心，从而更倾向于配合司法机关的侦查、追诉和审判活动。

3. 打击“保护伞”应当注意的实体和程序问题

针对多样的“保护伞”形式，司法机关一方面在查处黑恶势力犯罪时应当注意深挖其背后的职务犯罪问题，对那些“亦官亦黑”“官黑勾结”的不法分子加大查处力度；另一方面，在办理基层腐败案件时，也应当注意考察是否存在与黑恶势力相勾结的线索，搞清其腐败“寻租”的动机和利益输送的来龙去脉，将其中涉及的基层黑恶势力尽早拔除。

在法律适用上，由于黑恶势力“保护伞”的特殊性和复杂性，其相关的职务犯罪常常与黑社会性质组织自身的违法犯罪活动纠缠不清，所以在认定犯罪时应当注意国家工作人员参与、组织、领导黑社会性质组织犯罪与国家工作人员利用职务行为帮助黑社会组织活动的区分，以及国家工作

① 王名湖、庞娟：《黑社会性质组织与保护伞》，《中国犯罪学年会论文集》2010 年版。

② 王珍：《坚决打掉黑恶势力“保护伞”》，《中国纪检监察报》2018 年 1 月 31 日，第 5 版。

人员作为黑恶势力犯罪活动的共犯时可能存在的渎职犯罪与涉黑犯罪竞合或并罚等问题。在具体罪名上，“保护伞”除了可能构成包庇、纵容黑社会性质组织罪、帮助犯罪分子逃避处罚罪、滥用职权罪、玩忽职守罪、徇私枉法罪等渎职类犯罪外，还有可能构成受贿罪、巨额财产来源不明罪等贪污贿赂类犯罪；至于参与黑恶势力犯罪的情形，则应当以其所参与的罪行认定为相应的教唆犯或帮助犯。

（三）完善有组织犯罪的一体化制裁体系

如前所述，有组织犯罪具有独特的性质和运作方式，因此，有必要针对有组织犯罪的追诉程序，涉及一些特殊的程序规则。例如，在侦查阶段，可以适用一些特殊的秘密侦查手段，包括赋予侦查机关对有组织犯罪嫌疑者进行窃听、监视的权力。再如，可以规定特殊的证据制度和证据规则，强化对有组织犯罪的证人保护，甚至考虑建立“污点证人”司法豁免制度等。[①] 同时，出于快速彻底瓦解有组织犯罪这一刑事政策的考虑，针对有组织犯罪还可以设立特别立功制度和特别自首制度。所谓“特别立功”制度，即对那些配合侦查机关查获有组织犯罪的组织者、领导者的被追诉人，认定为减免处罚的特殊情节，以此鼓励其与侦查机关合作，从而有效地查处有组织犯罪的幕后主导者，[②] 更好地实现对有组织犯罪的打击。所谓“特别自首”制度，即设立类似行贿罪、介绍贿赂罪中“被追诉前主动交代介绍贿赂行为”可减免处罚的特别自首制度，这有助于解决在犯罪组织外围取证难的问题，[③] 提高打击有组织犯罪的效率。

其他国家和地区关于规制黑恶势力犯罪的专门立法情况，主要存在两种模式。[④] 一种是制定一部系统规制黑恶势力活动的专门单行法或特别规

① 蔡军：《我国惩治有组织犯罪的实践困境与立法对策》，《华东政法大学学报》2013 年第 4 期。

② 魏汉涛、齐文远：《构建特别立功制度之设想——破解有组织犯罪泛滥之难》，《中南民族大学学报》（人文社会科学版）2014 年第 3 期。

③ 于志刚：《我国刑法中有组织犯罪的制裁体系及其完善》，《中州学刊》2010 年第 5 期。

④ 刘宁宁：《意大利德国打击有组织犯罪的做法及其对我国打黑工作的启示》，《公安研究》2012 年第 2 期。

范，如美国联邦调查局专门出台的《全国打黑战略》，我国澳门地区实行的《有组织犯罪法》和台湾地区实行的《组织犯罪防制条例》等。另一种模式则是针对黑恶势力治理中的特定事项制定单行法规或在刑事法律中予以特别规定，如意大利立法机关和执法机关针对著名的黑手党组织，出台《黑手党犯罪斗争紧急处置》《黑手党型犯罪对策统一法》等法律规范专门规定，并在刑法中专门规定了“黑手党型犯罪集团罪”。与域外两种立法模式相比，我国既没有系统规定涉黑犯罪的单行法规，也没有形成大量针对涉黑犯罪特殊事项的规范，尤其是法律层面针对黑恶势力犯罪的规定比较单薄，黑社会性质组织犯罪在证人保护、举证责任分配、刑罚设置等方面的特殊性并没有得到充分的考虑。当前，制定一部统筹规定涉黑犯罪实体和程序问题的法律并不符合我国现实，而直接在《刑法》和《刑事诉讼法》中纳入若干涉黑犯罪的特殊规范则是比较理想的立法模式。因此，应当借鉴意大利的成功经验，以现有的司法解释为基础，推动涉黑犯罪的特殊规范提升为法律层面上治理黑恶势力犯罪的顶层设计，为扫黑除恶的开展提供坚实的法律基础。

The Path of the Special Struggle to Crime Elimination in the Field of Organized Crime Prevention

Hou Yuewei　Yu Chong

Abstract: On the basis of absorbing the experience model inside and outside the domain, the special struggle of “crime elimination” demonstrates the firm determination of the central government to comprehensively punish all kinds of organizational forms and illegal crimes committed by Mafia-like gangs in various stages of development from the aspects of horizontal prevention, vertical time points and multiple governance modes. In the new era, the special struggle for “crime elimination” should scientifically grasp the criminal policy of itself, realize the organic synergy between the special and comprehensive management, realize the transformation of “crime elimination” from relatively single punishment to comprehensive prevention and control of crimes committed by Mafia-like gangs, and realize the transformation from combating certain kinds of crimes to cracking down on the whole “criminal chain” and “crime group” . These measures will further realize the integration of sanctions against organized crime, bring the struggle against “crime elimination” into the track of systematization, standardization and legalization, and ensure that the prevention and control of crimes committed by Mafia-like gangs is rigorous, coordinated and long-term.

Keywords: crime elimination; organized crime prevention; criminal policy; comprehensive administration

帮助信息网络犯罪活动罪中“明知他人利用信息网络实施犯罪”的“犯罪”概念研究

陈　诏*

摘要：现行刑法中，帮助信息网络犯罪活动罪的主观构成要件为“明知他人利用信息网络实施犯罪”，对于此处的“犯罪”，存在严格解释说、扩张解释说、违法犯罪说以及例外说四种学说的争论。笔者在厘清“刑事犯罪”“刑事违法”“违法”等概念后，认为当前规定之下，此处“犯罪”概念应提倡扩张解释，即犯罪是“具备刑法分则客观方面性质特征，具有社会危害性的行为”，该解释符合罪刑法定原则及当前惩治网络犯罪的需要。此外，通过与本罪类似的非法利用信息网络罪中规定为“违法犯罪”的“横向比较”，以及近年来“帮助犯正犯化”对传统共犯理论的分离程度的“纵向比较”，当前刑法分则将本罪主观要件规定为明知“犯罪”而非明知“违法犯罪”存在不当。

关键词：帮助信息网络犯罪活动罪　明知犯罪　帮助犯正犯化

网络，经历了日新月异的代际发展，形成了与现实生活并行的独立空间，在这一空间中的帮助行为相较于现实物理空间出现异化，呼唤刑法规制的完善。《刑法修正案（九）》第287条之二新增“帮助信息网络犯罪活动罪”，将更为宽泛的技术帮助行为以及广告推广、支付结算等行为入罪，形成了惩治网络犯罪的高压态势。该罪的主观构成要件被表述为“明

---

* 陈诏，中共北京市海淀区纪律检查委员会、海淀区监察委员会纪检监察员，北京师范大学刑事法律科学研究院在读博士研究生。

知他人利用信息网络实施犯罪”（以下简称“明知犯罪”），不再要求帮助者与被帮助者之间具有共同的犯罪故意，实现了帮助犯正犯化的重大理论突破。但是当前，学界对此处“明知犯罪”中的犯罪概念存在不同理解，直接影响了本罪成立条件与适用范围的界定，也会对司法实践的准确性与公正性造成冲击。

一 “明知犯罪”中“犯罪”概念的不同观点梳理与辨析

由于对本罪立法目的、打击力度等方面的理解不同，加之我国刑法中“犯罪”这一基础概念也存在不同层次的含义，学界对于本罪主观构成要件“明知犯罪”中犯罪概念的认识存在分歧，并主要形成以下四种观点。

（一）严格解释说

严格解释论者认为，应将此处的“犯罪”概念“严格解释为符合刑法相应规定犯罪构成要件的，应被认定为相应罪名的犯罪行为”,[①] 如此解释，有利于在应对社会风险、有效规制信息网络犯罪的同时，保持好刑法介入的审慎与克制。具体理由如下。其一，从我国共犯基本理论来看，帮助犯的行为就是帮助他人实行犯罪，帮助犯的责任来源于、依托于正犯。帮助信息网络犯罪活动罪的行为本质仍然是“帮助”。“这意味着绝对不能脱离帮助犯的刑法解释框架分析此类具有刑事责任风险的信息网络技术支持、帮助行为。”[②] 如果正犯行为不具有严格意义的犯罪属性，信息网络帮助行为也会成为“无根之木”，失去归责之根。其二，从客观情况来看，网络帮助行为只是对正犯行为的助力与支持，具有从属于正犯行为的属性。“如果没有构成犯罪的违法行为或者刑法属性判断，具有不确

① 刘宪权：《论信息网络技术滥用行为的刑事责任——〈刑法修正案（九）〉相关条款的理解与适用》，《政法论坛》2015 年第 6 期。

② 刘宪权：《论信息网络技术滥用行为的刑事责任——〈刑法修正案（九）〉相关条款的理解与适用》，《政法论坛》2015 年第 6 期。

定性的侵害行为也可以成为本罪构成要件中明知的对象，意味着中性业务行为构成帮助犯超越利用信息网络技术实施犯罪这一正犯的基本线，可以直接且独立构成犯罪”，这违反了客观上帮助行为对正犯行为的从属性。

（二）扩张解释说

此说认为，如果将本罪主观明知的“犯罪”限定为严格的犯罪概念，将导致适用范围过窄的问题，无法应对本罪作为制裁网络犯罪帮助行为兜底罪名的要求，无法满足刑法治理信息网络帮助行为的现实需要。因此，建议将“明知犯罪”中的“犯罪”作广义解释，即“具备刑法分则客观方面性质特征，具有社会危害性的行为”。[①] 其理由主要为：一方面，网络帮助行为较之传统帮助行为，具有“一对多”的特点，抛开被帮助行为危害性大小而仅考虑行为性质来理解“犯罪”，可以避免单个被帮助行为危害性不够，而通过网络帮助行为“加功”后能够产生严重社会危害性的行为逃避刑罚处罚的可能性；另一方面，如此解释，可以在特殊情况下不考虑被帮助行为人的主体因素，而仅考察被帮助行为的客观方面，可以将向不具备刑事责任能力主体提供信息网络技术支持的行为纳入该罪的制裁范围。[②]

（三）违法犯罪说

该说认为，在我国互联网升级换代的大背景下，为实现对网络犯罪的有效治理，对网络犯罪新罪名的解读也应当具有新思维。针对本罪中“明知犯罪”的理解，只要达到“明知违法”的程度即可。其论据有二：其一，中国法律中的很多违法行为，在西方国家已经是犯罪行为；其二，作此解释，对于治理打码平台、黑卡洗钱等帮助行为，具有重要意义。[③] 基于我国区分违法与犯罪概念，笔者将该说归纳为“违法犯罪说”，即该说

① 于志刚：《网络空间中犯罪帮助行为的制裁体系与完善思路》，《中国法学》2016年第2期。

② 于志刚：《网络空间中犯罪帮助行为的制裁体系与完善思路》，《中国法学》2016年第2期。

③ 高艳东：《惩治网络犯罪的理念需要升级换代》，http://article.chinalawinfo.com/ArticleFullText.aspx? ArticleId=102892。

已实际突破了现行刑法规定的“犯罪”概念所能涵盖的外延，而将其扩展理解为“违法犯罪”。该说中还有学者进一步论述到，尤其是考虑到本罪所帮助的活动是否构成犯罪实际难以查证的现实，本罪帮助的活动性质不排除包括违法行为的可能。[①]

（四）例外说

该说认为，由于本罪以传统共同犯罪理论为基础，所以通常以帮助对象实施的行为构成犯罪为前提，但考虑到网络犯罪的帮助行为较之传统帮助行为存在的社会危害性更大且更具有独立性的特点，需要加大打击力度，因此允许对“犯罪”的理解设置一些例外情况，即不再要求被帮助对象构成犯罪，但也强调例外情况应当进行严格限制。论者列举的例外情况包括：第一，必须是帮助对象人数众多；第二，确因客观条件限制无法证实帮助对象实施的行为达到犯罪程度，但经查证确系刑法分则规定的行为的；第三，情节远高于“情节严重”的程度，即此种情形下虽然无法查证帮助对象构成犯罪，但帮助行为本身具有十分严重的社会危害性，达到独立刑事惩处的程度。[②]

考察上述四种围绕“明知犯罪”中“犯罪”概念的学说，主要是基于不同的目的，将争论点聚焦为对于“违法”“犯罪”概念存在的不同层次、不同程度的理解。“严格解释说”“例外说”将对“犯罪”的解释限定在最严格意义之上，即符合刑法犯罪构成的规定，应当被认定为相应罪名的犯罪行为。而“扩张解释说”是从违法意义上的犯罪概念进行的解说，即具备犯罪构成要件的客观方面、具有社会危害性的行为。“违法犯罪说”将“违法”与“犯罪”概念并列，不再将“明知犯罪”限定于刑事违法与刑事犯罪，而是扩张涵盖了“行政违法”，所摄范围最广。而各个概念之间如何理解、是何关系，需要做进一步理解。

---

① 黄京平：《新型网络犯罪认定中的规则判断》，《中国刑事法杂志》2017 年第 6 期。

② 喻海松：《网络犯罪的立法扩张与司法适用》，《法律适用》2016 年第 9 期。

（一）“刑事犯罪”与“刑事违法”是犯罪概念的不同层次

犯罪概念作为犯罪论体系中最基础的概念，构成了犯罪论乃至整个刑法学的起点。我国刑法中的犯罪是指严重危害我国社会，触犯刑法并应受刑罚处罚的行为。① 由于犯罪概念较为抽象，一般需要在司法实践中进一步通过犯罪构成予以判定。本文开展论述是围绕以我国“四要件”为内容的犯罪构成体系的通说展开的，作为对比，也将提及德日刑法的“三阶层”犯罪构成体系，以便对我国犯罪概念的层次性予以论述。

1. “刑事犯罪”：最严格意义上的犯罪概念

我国刑法中的犯罪，以具备社会危害性、刑事违法性与应受惩罚性为特征。犯罪的认定，经由犯罪构成予以判断。在我国犯罪构成四要件体系之下，任何一种犯罪的成立都必须具备四个方面的构成要件，即犯罪主体、犯罪主观方面、犯罪客体和犯罪客观方面，这四方面的内容不是简单相加，而是具有层层递进的逻辑性。我国的犯罪构成具有三个特征：第一，犯罪构成是一系列客观要件和主观要件的有机统一的整体，是相互联系、相互作用、协调一致的；第二，犯罪构成是行为的社会危害性的法律标志，是对形形色色的事实经过抽象、概括出来的具有共性的，对犯罪性质和危害性具有决定意义的事实；第三，犯罪构成由刑法加以规定，即由刑法总则和刑法分则共同实现。② 由此可见，我国刑法中的犯罪构成虽然与德日刑法构成要件名称类似，但内容不同，我国犯罪构成是形式要件与实质要件的统一，而在德日刑法“三阶层犯罪构成体系”的判断中，构成要件符合性的判断与违法性、有责性层层独立，是第一步的、基础性的判断，在符合性判断过程中，不会涉及实质上的违法性判断。就如对于正当防卫、紧急避险等行为的考察，德日刑法中是首先经过了构成要件符合性判断之后，在违法性判断的步骤中予以排除，而在我国，由于构成要件是实质与形式的统一，在判断逻辑上，正当防卫与紧急避险行为在根本上就

① 赵秉志主编《刑法总论》（第三版），中国人民大学出版社，2016，第 103 ~ 106 页。
② 赵秉志主编《刑法总论》（第三版），中国人民大学出版社，2016，第 111 ~ 113 页。

是不符合犯罪构成要件要求的行为，因此不构成犯罪。通过上述简单的对比可以看出，我国犯罪的认定是在犯罪构成要件内融合了“价值判断”的过程，是一次性地、终局性地作出结论，而没有层层递进的判断，由此产生了最严格意义上的、最完整的犯罪概念，即“符合刑法相应规定犯罪构成要件的，应被认定为相应罪名的犯罪行为”，也就是本文所称的“刑事犯罪”。

2. “刑事违法”：扩张意义上的犯罪概念

由于我国犯罪的认定具有“一次终局性”，一次犯罪构成判断结束之后，就已经融合了形式的与价值的判断，一个行为“有罪和无罪被最终认定，而不可能有行为客观上构成犯罪，但行为人由于某种原因（如没有达到刑事责任年龄）并不承担责任之类的情况存在”①。如此依据犯罪构成“一步到位”地得出最严格意义上的犯罪概念，虽然能够保证概念的唯一性，满足罪刑法定原则的要求，但是，在“有些具有关联关系的犯罪即某种犯罪的成立以另一种犯罪行为存在为前提的犯罪以及共犯的认定当中”，② 如此理解“犯罪”，会产生犯罪认定的“空档”。此处所说的“某种犯罪的成立以另一种犯罪行为的存在为前提”，在刑法分则中多有表现，如窝藏、包庇罪，赃物犯罪，转化型抢劫等犯罪的规定。根据《刑法》第310条的规定，窝藏、包庇罪是指“明知是犯罪的人而为其提供隐藏处所、财物，帮助其逃匿或者作假证明包庇”的行为。其中，如果按照严格意义去理解此处的“犯罪”，要求行为人必须认识到被帮助对象的行为完全符合特定犯罪成立要件的话，在帮助未满16周岁实施盗窃行为的人进行逃匿，或者帮助已满16周岁实施了不满数额较大的盗窃行为的人进行逃匿的情况，由于这两种情况下被帮助对象均不能被称为“犯罪的人”，而使本罪无法适用。为弥补这一漏洞，当前我国犯罪概念衍生出另一种层次，来对犯罪概念予以扩张，即只要求在本质上对刑法所保护的法益造成了实际损害或者现实威胁即可，而不要求行为人具有刑事责任能力、犯罪

① 黎宏：《我国犯罪构成体系不必重构》，《法学研究》2006年第1期。

② 黎宏：《我国犯罪构成体系不必重构》，《法学研究》2006年第1期。

数额达到犯罪的要求。从这一层次来理解的犯罪概念获得了越来越多学者的支持，也已经被立法机关所认可。①

由此，我国犯罪概念形成了严格与扩张意义上的两种层次的理解，是在我国犯罪构成四要件体系基础上，作出的符合我国刑事立法规定的理解，也有益于解决理论与实践中的问题。厘清上述两种层次的犯罪概念，有助于后文笔者观点的表述。

（二）“行政违法”与“犯罪”是我国二元制裁体系的划分层次

违法概念有广义和狭义之分。广义的违法是指一切违反现行法律规定的行为，包括一般违法行为和犯罪。狭义的违法，则是指严重地违反法律，但未构成犯罪的行为。本文所称的“行政违法”对应的是狭义的违法，即在我国二元制裁模式下，具有社会危害性但未达到犯罪程度的行为。

我国根据社会危害性的程度，或者说是否具有刑罚处罚的必要性为标准，将具有相同性质的危害行为依据社会危害性大小区分为违法与犯罪，被称为二元制裁模式。其中，情节较轻的治安违法行为由《治安管理处罚法》或者其他行政处罚法规制，情节严重的行为由《刑法》进行规制。②通过《治安管理处罚法》第 2 条③的规定也可以看出，违法与犯罪具有基本相同的危害社会的“质”，其区分标准在于“罪量”不同。与此相关联的，就是各国在界定犯罪概念时有两种模式，一种是一些国家采取的“立法定性 + 司法定量”模式，即对于犯罪概念的界定只考察行为性质，不进

① 如多数学者认为，《刑法》第 269 条规定的“犯盗窃、诈骗、抢夺罪，为窝藏赃物、抗拒抓捕、毁灭罪证而当场使用暴力或者以暴力相威胁的，按照抢劫罪定罪处罚”中“盗窃、诈骗、抢夺罪”理解为三种犯罪行为而不是具体罪名。又如立法机关认可的表现为：如 2002 年 7 月 24 日全国人大常委会法制工作委员会《关于已满十四周岁不满十六周岁的人承担刑事责任范围问题的答复意见》规定，“刑法第十七条第二款规定的八种犯罪，是指具体犯罪行为而不是具体罪名”。

② 李怀胜：《刑法二元化立法模式的现状评估及改造方向——兼对当前刑事立法重刑化倾向的检讨》，《法学论坛》2016 年第 6 期。

③《治安管理处罚法》第 2 条规定，“对于扰乱公共秩序、妨害公共安全、侵犯人身和财产权利、妨害社会管理的危害社会行为，尚不够刑事处罚的，给予治安管理处罚”。

行量的分析；另一种是我国采取的“立法定性＋立法定量”模式，即犯罪概念的界定，既考察行为的性质，又考察行为的量，行为是否达到一定的量对其是否构成犯罪意义重大。在我国刑事立法中，这种需要考察的量，即罪量，主要被表述为“情节严重”“数额较大”“后果严重”等，在刑法总则与分则中都有体现：在刑法总则中，通过第13条的“但书”条款对犯罪的定量标准进行了概括性规定；在刑法分则个罪的犯罪构成要件中，也有许多需要达到一定罪量标准才能实现由违法升格到犯罪的情况。更为直观、详细理解的“罪量”，落实于司法机关出台的大量“立案标准”，这些标准作为“量”的要求，为司法实践中对辨明违法或者犯罪提供了较为明确的依据。

由此可见，罪量因素在我国行政违法与犯罪概念区分时具有重要意义。简单理解，就是犯罪行为是违法行为的“升级版”，这也是对于违法与犯罪间关系的最普遍看法。但有学者进行了更加细致的研究，通过对《治安管理处罚法》与《刑法》规制行为的对比，发现在类型划分上治安违法行为类型与犯罪行为类型之间存在对应关系，但在具体行为上两者并不是一一对应的关系，具体来说两者关系可以细分为三类：①属于《刑法》但不属于《治安管理处罚法》规定的行为，如杀人行为，主要为违反道德的行为；②同属于《刑法》和《治安管理处罚法》规定的行为，如盗窃、诈骗等行为；③属于《治安管理处罚法》但不属于《刑法》的行为，如吸毒行为。由此，《治安管理处罚法》与《刑法》之间存在交叉关系，治安违法行为与犯罪行为之间也存在交叉关系。[①]

由此，为方便下文论述，需要进一步明确“行政违法”与“刑事违法”的关系。如前文所述，“刑事违法”是对“犯罪”概念的扩张理解，只要求在本质上对刑法所保护的法益造成了实际损害或者现实威胁即可构成，而不要求具备行为人具有刑事责任能力、犯罪数额达到犯罪的要求。而“行政违法”是与“犯罪”各自独立、具有社会危害性但未达到犯罪

① 卢建平、张娇：《我国治安违法行为入罪化问题研究》，载赵秉志主编《当代中国刑法立法新探索——97刑法典颁行20周年纪念文集》，法律出版社，2017，第35页。

程度的行为。具体分析来看，二者在不需具备“罪量”因素上具有重合性，但也存在一定的区别：一是，“刑事违法”的认定不需要考察行为人的刑事责任能力，即行为人未达到刑事责任年龄或者不具备刑事责任能力不影响对“刑事违法”的认定，而“行政违法”的主体仍需达到责任年龄或具备责任能力；二是，由于“行政违法”与“犯罪”的交叉关系，如上例的杀人行为、吸毒行为是无论如何也不会因为消除了“罪量”因素要求而发生重合的。据此，“扩张解释说”与“违法犯罪说”除了简单理解的“罪量”程度有所差别，其所涵盖的行为在“未重合”部分存在些微差别。例如，如果采用“违法犯罪说”，将能够把吸毒等不可能构成犯罪的危害社会的行为吸纳入本罪所涉及的范围，但其是否具有刑事处罚必要，有待进一步讨论。

二　现行规定下扩张解释说的提倡

笔者认为，在现行刑法将本罪主观构成要件明确规定为“明知犯罪”的情况下，结合当前网络犯罪发展态势、网络犯罪制裁理念以及司法实践需要等多方面考量，在罪刑法定原则之下，应当采取“刑事违法”的扩张解释说立场。

（一）首先排除“违法犯罪说”的适用

1. 形式上，我国刑法明确使用了“明知犯罪”而非“违法犯罪”的表述

刑法条文的规定是力求严谨与科学的，其用语的表达也应当认为是经过深思熟虑的。我国刑法条文及司法解释中“违法”“犯罪”“违法犯罪”是有区别地使用的，各自具备特定的含义，不可随意替换。因此，对于帮助信息网络犯罪活动罪中“明知犯罪”的理解，必须建立在相关概念的区别之上加以理解，而不可以随意混同、扩张。

就拿与本罪同时设立的非法利用信息网络罪作为比较。《刑法修正案（九）》新增了三类“新型网络犯罪”，即拒不履行信息网络安全管理义务

罪、非法利用信息网络罪及帮助信息网络犯罪活动罪，实现了针对网络犯罪“行为主体聚合化”“预备行为实行化”“帮助犯正犯化的”特点的刑法理论转型，确保刑法对网络犯罪的有效预防和制裁。尤其是非法利用信息网络罪与帮助信息网络犯罪活动罪，分别通过法益保护前置与共犯理论扩张，实现了对预备行为和帮助行为的传统理论突破，加之两种犯罪的设立均是在充分考虑网络技术行为在网络空间中具有“一对多”、高度危害可能性的特点而制定的，两罪的设立具有基本相同的立法目的。具体到非法利用信息网络罪，是指具备利用信息网络实施设立用于实施诈骗、传授犯罪方法、制作或者销售违禁物品、管制物品等违法犯罪活动的网站、通讯群组的；发布有关制作或者销售毒品、枪支、淫秽物品等违禁物品、管制物品或者其他违法犯罪信息的；为实施诈骗等违法犯罪活动发布信息三种行为之一，且情节严重的犯罪。从该罪的构成要件可明显看出，该罪利用信息网络实施的行为被表述为“违法犯罪”，明显区别于帮助信息网络犯罪活动罪规定的“犯罪”。

刑法在前后两个条文之中作出区别对待，将帮助信息网络犯罪活动罪的明知对象限定为“犯罪”，形式上已经很直观地舍弃了“违法犯罪”概念的适用。根据体系解释的方法，就应当将此处的“犯罪”概念限制在犯罪概念层面之内的，无从扩展到“行政违法”的范围。

2\. 实质上，“违法犯罪说”违背罪刑法定原则的要求

扩张解释，又称扩大解释、扩充解释，作为刑法论理解释的方法之一，是指根据立法者制定某一刑法规定的意图，结合社会现实需要，将该规定中所使用的语词的含义扩大到较字面含义更广范围的解释方法。[①] 该解释方法区别于类推解释的主要方面就在于扩张解释方法以刑法规范本身为研究对象，解释结论不超出国民预测可能性，是符合罪刑法定要求的合理的解释方法。

既然刑法将此处的范围已经有对照地、直观地限定为“犯罪”，在罪刑法定原则要求之下，就不可以将“犯罪”之前加上“违法”，这样会导

① 赵秉志主编《刑法总论》（第三版），中国人民大学出版社，2016，第81页。

致处罚范围的明显扩张，也即超越罪刑法定原则而构成类推解释。首先，从被解释概念的相互关系来看，扩大解释要求不能提升概念的位阶，而是在概念含义之内作出的相对扩大的解释。根据上文分析，犯罪在我国存在两个层次的含义，即“刑事违法”与“刑事犯罪”，但“行政违法”却是区别于“犯罪”的未达到犯罪程度的危害社会行为的概称，将此处的“犯罪”理解为“违法犯罪”已经明显提升了被解释文义的位阶。其次，也是突破概念位阶所引申出来的问题，即“违法犯罪说”的解释结论会明显超出刑法文义的“射程”，毕竟行政违法与犯罪分别被不同的法律予以规范，如此解释会超过国民对“犯罪”概念的预测可能性。

具体考察“违法犯罪说”的论据，该解释方法也是存在问题的。一方面，其提出中国法律中的很多违法行为在西方国家是犯罪行为，即“违法”行为具有值得与“犯罪”行为共同惩处的必要。但是，该说忽视了我国“二元制裁体系”之下违法与犯罪用语的明显差别，也忽视了我国与西方国家“定性+定量”方式的犯罪概念认定的差异，简单地根据西方国家的理念将违法与犯罪等置，违背了我国法律传统，造成概念适用的混乱。另一方面，该说从惩治网络犯罪的需求出发，提出将“违法”纳入明知对象具有必要性，但是在立法已经明确作出限定的情况下，基于罪刑法定基本原则的要求，仅因为惩治犯罪需要而作出该解释，存在类推解释之嫌。

（二）严格解释说不可取

严格解释说将“明知犯罪”中的“犯罪”限定在窄的犯罪之内，这毫无疑问是最符合罪刑法定原则的解释方式，但该学说在以下方面存在问题。

1. 未能充分理解“帮助犯正犯化”的立法理念转变

科学合理的解释方法，应当是在罪刑法定基础之上选择的最符合时代特点、适宜解决现实问题的解释路径。当前网络犯罪的日新月异、推陈出新，经历了网络 1.0 时代到 3.0 时代的跃升，网络技术因素突飞猛进，这是必须正视的时代背景。网络空间中，帮助犯在行为方面、主体方面、主观方面等均产生了与现实物理社会帮助犯的不同表现形式，学界用“异化”一词生动地表达了二者之间的关系。这些问题有的可以在我国传统共犯理论框架内解决，有的却对传统共犯理论形成了强烈冲击，导致网络共犯的认定出现了突破我国传统共犯理论而无法适用的情况，突出表现在两方面，即网络帮助行为的独立性与危害性。

（1）网络帮助行为具有独立于正犯的危害性。按照我国共同犯罪理论，帮助犯的成立需要以正犯构成犯罪为前提，帮助犯具有对正犯的从属性。但网络帮助行为在主观和客观方面均已表现出独立于正犯的特征。一方面，表现在主观方面。网络空间中的帮助行为人与帮助对象不需要进行意思联络，就可以借助网络空间中的技术、数据和平台等参与犯罪，二者的目的和动机往往并不相同，前者可能是出于谋取经济利益或者单纯的技术炫耀，而后者的目的一般是直接侵害特定的法益获取特定的非法利益。另一方面，表现在行为方面。网络空间中，帮助行为人与被帮助的行为不具有同时性，帮助行为通过一种广泛传播方式得以实施，被帮助者获得帮助并不具有必然性，其可能也在寻找多种技术帮助，或者同时利用了多种技术帮助。①

（2）网络帮助行为具有超越正犯的极大危害性。刑法介入某一行为，一定是因为该行为具有需要刑法进行规制的社会危害性。网络帮助行为所产生的危害后果巨大，有时甚至远超正犯行为所造成危害结果或者危险。在现实物理社会中，帮助的范围有限，固定的空间和时间限定了帮助行为的结果；而在发散型的网络空间，其时间和空间跨度大大超越了现实物理社会的制约，给法益带来了难以估量的危害或者风险。然而，在司法实践中，考虑到现实物理社会中的帮助行为只是为正犯行为提供了物质与精神支持，并没有直接实施基本犯罪构成要件所要求的行为，所以对帮助行为按照主犯处罚的极少，而多是按照从犯予以处罚的，甚至存在帮助犯与从犯概念等同适用的情况。而网络空间的帮助行为却可能产生较正犯行为更

① 于志刚：《网络空间中犯罪帮助行为的制裁体系与完善思路》，《中国法学》2016 年第 2 期。

为严重的犯罪结果或者危险，甚至引发爆炸式的后果。正如有学者所说的："帮助行为的危害性大于正犯行为的危害性，在传统共同犯罪中几乎不可能存在，但在网络共同犯罪中却是普遍现实。"①

这两点特性使刑法新设该罪对网络帮助行为予以积极应对，虽然学界对于本罪的定位至今仍存在巨大争议，并形成了"帮助犯正犯化说""量刑规则说""从犯主犯化说"的争论，本文限于篇幅不展开讨论，但帮助犯正犯化说已逐渐成为当前的通说。"帮助犯正犯化"的模式在以下两方面具有积极意义：一是实现了定罪的独立，即认定帮助犯时不需要考虑正犯行为是否具有违法性，可以径行定罪；二是量刑的独立，即不再简单地将帮助犯认定为从犯，而是作为被刑法正犯化了的独立犯罪而根据该条的具体罚则予以量刑。可见，帮助犯正犯化的主要特点，就是突破传统共犯理论的束缚，使得帮助犯的认定与正犯的认定相分离，具有与正犯相对独立的认定标准。如果根据"严格解释说"将此处的"犯罪"进行严格解释，要求网络帮助行为人必须明知正犯行为构成完整意义上的犯罪，那么本罪的设立毫无意义，直接按照刑法关于共同犯罪的规定予以认定即可。

2. 过于严格的解释犯罪概念将导致刑法应对不足

刑法中多处使用了"犯罪"这一表述，在司法实践中，逐步产生了"刑事犯罪"与"刑事违法"的解释分层，在帮助网络犯罪活动罪中"明知犯罪"的"犯罪"概念理解，应作何选择，是应当具体到网络犯罪的实践需要之中来进行判断的。在当前网络犯罪频发、刑事证据难以搜集的大背景下，如果遵循"严格解释说"的要求，即网络帮助提供者明知的"犯罪"必须达到"符合刑法相应规定犯罪构成要件的，应被认定为相应罪名的犯罪行为"，会产生以下问题。

（1）帮助对象不具有刑事责任能力情况下，本罪难以认定。具体包括未达到刑事责任年龄和不具备刑事责任能力两方面。随着我国网络的普及，人们不区分年龄，不区分生活环境，均得以接触网络。根据数据统计，当前，我国 10 周岁以下未成年人占全部网民总数的 3.1%，达到

① 于志刚：《网络犯罪与中国刑法应对》，《中国社会科学》2010 年第 3 期，第 125 页。

2300多万。[①] 这些未成年人具有在网络空间寻求技术帮助实施犯罪的可能性，但由于网络空间的隐蔽性，人与人之间通过虚拟身份接触，不需要也难以对对方是否达到刑事责任年龄进行判断。网络帮助行为也多表现为将网络信息发布到网络空间之中去寻求合作的一种“广撒网”行为，其对帮助对象是不是未成年人或者精神病人等情况根本不关注，也不需要关注。此情况下，如果帮助对象所实施的行为不构成犯罪，那么根据“严格解释说”，帮助行为提供者也难以成立本罪。

（2）帮助对象的行为是否达到“罪量”难以证明。上文已述，我国在刑法分则条款中对大量犯罪规定了“罪量”要素，即只有满足罪量要素的危害社会的行为才能构成犯罪。对本罪“明知犯罪”采用严格解释说时，认定帮助行为提供者是否构成本罪会存在较大难度：一是，在网络空间下，帮助行为大量表现为“一对多”“多对多”的形式，加之帮助者实施行为与被帮助者实施行为之间存在时间差，实践中难以证明帮助者明知被帮助者的行为达到了“罪量”要求；二是，在“严格解释说”主张的“犯罪”概念之下，由于当前查处网络犯罪难度较大，经常发生帮助对象无法到案的情况，对犯罪的认定需要依据帮助行为提供者的供述，因此极易发生其以不知帮助对象的行为达到罪量因素为抗辩，逃避法律制裁的问题；三是在网络空间下，如果帮助行为提供者帮助多个人实施了未达到严格意义的“犯罪”的行为，是否可以对罪量叠加，仍有疑问。

由此，笔者认为，“严格解释说”不符合当前网络空间中帮助行为的特点，也未实现真正的“帮助犯正犯化”的理念转变，其适用会导致刑事处罚的漏洞，甚至法律的虚置。

（三）例外说存在问题

例外说采取“原则+例外”的方式，以严格解释说为前提，又出于加大打击力度的原因在三种情况下对严格的“犯罪”概念予以突破，笔者认

---

① 中国互联网信息中心2017年8月4日发布的《第40次中国互联网络发展状况统计报告》，http://cnnic.cn/jywm/xwzx/rdwx/201708/t20170804-69449.html。

为这种解释方法存在不合理之处。其依据的“严格解释说”存在的问题上文已有论述，该说存在的主要问题还在于“例外情况”的认定标准缺乏统一性，潜藏仁者见仁智者见智的适用风险。具体考量这三种例外标准，存在的问题如下。

第一种例外是“帮助对象人员众多”。何为“众多”？是否被帮助对象人员众多就有处罚必要？是否需要结合被帮助对象实施行为的危害程度予以考量？对上述问题，该说未能给出充分的论述。司法实践中也存在难以统计被帮助对象人数的实际问题。可见，该说设立的标准难以确定，也难以在实践中具体适用。第三种例外为“帮助行为本身具有远高于‘情节严重’程度”时，可以突破对“犯罪”概念的严格解释。利用信息网络犯罪活动罪本身的成立，需要满足“情节严重”的罪量标准。学界对于该标准如何把握存在不同认识，且至今未出台相关司法解释予以明确。根据例外说，为了打击犯罪，人为地在该“情节严重”标准上再提出“远高于‘情节严重’程度”的例外标准，会进一步加剧入罪标准的不明确性。而第二种例外标准，即“确因客观条件限制无法证实帮助对象实施的行为达到犯罪程度，但经查证确系刑法分则规定的行为的”，实质上就是本文所称的“刑事违法”，完全可以选择另一层次的犯罪概念对该处的“犯罪”进行扩张解释。

（四）扩张解释说的提倡

该说主张不再限于严格的形式意义去理解“犯罪”概念，而是扩张理解为“具备刑法分则客观方面性质特征，具有社会危害性的行为”，笔者认为，根据现行《刑法》的规定将“犯罪”作如下理解，具有合理性。

1. 符合罪刑法定原则的基本要求

如上文所述，“刑事违法”与“刑事犯罪”是对犯罪概念进行了两个层次上的理解，也是为解决《刑法》规定中“某种犯罪的成立以另一种犯罪行为的存在为前提”的适用问题而提出的具有创造性、合法性的解释，这种解释方法也已被立法机关、司法实践和学者认可，其理解之下的“犯罪”并没有突破犯罪概念的位阶，没有超出犯罪概念可能涵盖的语义射程，是解决现实需要作出的符合我国犯罪概念的合理解释。

有学者质疑从法律概念一致性的角度考虑，假如对本罪“犯罪”作出“刑事违法”的解释，其他规定中的“犯罪”是否也要进行相同的解释。笔者认为，这种质疑多少存在教条主义倾向。对于一个概念的理解，一定是需要根据其所处的条文，以及这个条文在整个法律中的地位，结合实践进行的。对于犯罪之所以会存在两种层次上的理解，就是因为语言本身的特点决定了其尽管核心意义明确，但也总会有模糊地带，且大多数用语会存在多义性。从“刑事违法”层面对“犯罪”进行解释主要集中在一种犯罪以另一种犯罪行为的存在为前提和共同犯罪的认定方面，如果不作此解释，《刑法》条款的适用会存在问题，且并非有此层次的解释就排斥其他条款中适用“刑事犯罪”意义上的“犯罪”概念，这是必须明确的。

2. 能够解决实践中存在的问题

面对网络帮助行为越来越具有独立的危害性及超越正犯行为的极大危害性的特点，我们应当及时转变刑法理念，在《刑法修正案（九）》已针对恐怖主义犯罪、网络犯罪确立“帮助犯正犯化”的立法理念下，承认网络帮助行为对正犯行为从属性的弱化。法律的生命在于运用，对于《刑法》的合理解释，应当体现在能够平息对《刑法》用语的质疑，更体现在能够解决司法实践的现实问题上。从“刑事违法”层面理解此处的“犯罪”，将使在严格解释说之下无法规制的正犯实施者不具有刑事责任能力及未达到“罪量”因素要求的问题迎刃而解，这也是应对当前网络犯罪多发、频发的有效预防与有力惩治的途径。同时，由于扩张解释犯罪概念的做法在学术界及实务界已形成认知，这一标准也具有判断上的统一性，采取“扩张解释说”能够缓和“例外说”中例外标准的模糊性问题，使司法实践具有更加明确的适用依据。当然，也有学者对扩张说提出了质疑，认为本罪将“中立帮助行为”入罪本来就存在打击面过大的问题，扩张解释说将导致本罪适用范围的进一步扩大，对网络技术行为创新不利。笔者认为，在网络帮助行为具有极大的“加功”“辐射”效应之下，其危害性判断应当独立于正犯行为，再加上本罪刑法条文的规定本身也属于“立法定性＋立法定量”的模式，即使通过扩张解释将主体不具备刑事责任能力或者未达到罪量要求的行为解释为此处的“犯罪”，如果没有达到本罪所要求的“情节严重”的罪量要求，依然无法被认定为犯罪。因此，将此处的“犯罪”作出扩张解释不会导致对网络技术行为的过分规制。

三　对现行规定的质疑

前文笔者之所以强调在现行刑法规定之下，提倡以扩张解释说解释“犯罪”概念，是因为刑法条文明确将明知对象限定为“犯罪”。但是，笔者对立法为何没有将本罪主观构成要件直接规定为“明知他人利用信息网络实施违法犯罪”存在疑惑，这种疑惑的产生源于横向与纵向两个方面的比较。

（一）横向比较：非法利用信息网络罪中规定为“违法犯罪”

如上文所述，非法利用信息网络罪与帮助信息网络犯罪活动罪的构成要件中一个规定“违法犯罪”，一个规定明知“犯罪”，后者适用范围明显缩小。在笔者看来，网络帮助行为可能具备比预备行为更为严重的社会危害性，更应当扩张其适用的范围。《刑法》立法同时新增这两种犯罪，而对二罪构成要件作出如此对比鲜明的规定实难理解，甚至可以说是不甚合理。

对于犯罪预备，我国《刑法》第 22 条进行了规定，即“为了犯罪，准备工具、制造条件的，是犯罪预备。对于预备犯，可以比照既遂犯从轻、减轻处罚或者免除处罚”。我国理论与实务界对于犯罪预备的处罚必要性一直存在较大争议，具体表现在以下两方面：一方面，犯罪预备行为作为犯罪停止形态之一，是停止在犯罪既遂之前的状态，显示出较小的社会危害性，因此传统犯罪预备行为一直面临是否值得追究刑事责任的质疑；另一方面，司法实践对犯罪预备行为追究刑事责任的案件极少。预备行为的外部形态一般为日常生活行为，司法实践仅仅通过一个“准备工具、制造条件”的行为查明行为人具有“为了犯罪”的目的，存在较大的难度；同时，犯罪预备通常具备我国《刑法》第 13 条但书所规定的

“情节显著轻微危害不大”的根本特性。由此，我国对于犯罪预备的成立范围进行了严格限制，即只能将实质上值得处罚的预备行为作为犯罪处罚。[①]

而对于帮助犯的可罚性问题，刑法理论界与实务界基本不存在质疑，因为帮助犯对实行犯提供了物质或精神上的加功，助推了正犯行为的完成，无论是主观上的反社会性还是客观上对法益产生的侵害，均使帮助犯具有刑事可罚性。

在网络空间下，无论是犯罪预备行为，还是帮助行为，因为增加了信息技术的特性，并借由网络辐射，表现出区别于正犯行为的更具独立性的、值得刑法关注的危害性或者危险性，也因此被《刑法修正案（九）》赋予了独立罪名与独立刑罚。但是，二者一个作为“准备”行为，一个作为“加功”行为的本质是不会变的，进而显示的社会危害性或者紧迫性也存在差异，网络帮助行为相较于犯罪预备行为仍然显示出更为严重的社会危害性。

但是，《刑法修正案（九）》将非法利用信息网络罪的客观构成要件规定为“实施违法犯罪活动”，而将本罪的明知对象规定为“犯罪”，是有其他考虑，还是在没有准确研判两种行为可能产生的社会危害性的情况下作出的仓促立法，导致出现两种网络新型犯罪之间有违协调性、体系性与一致性的问题？由此，理论界也对两个罪名中的“违法犯罪”“犯罪”产生了截然相反的态度。对非法利用信息网络罪中之“违法犯罪”有学者质疑：“以往实践中基本上连犯罪行为的预备都不处罚，为什么现在针对一般的违法行为的预备反而要处罚，而且是作为实行犯处罚？”[②] 张明楷教授更是直接指出：“虽然法条表述为‘违法犯罪活动’，但本书认为，如果设立网站、通讯群组仅仅用于实施一般违法活动的，不应当以犯罪论处。”[③] 而针对帮助信息网络犯罪活动罪中明知“犯罪”，除了极少学者坚

① 张明楷：《刑法学》（第五版），法律出版社，2016，第336页。

② 车浩：《刑事立法的法教义学反思——基于〈刑法修正案（九）〉的分析》，《法学》2015年第10期。

③ 张明楷：《刑法学》（第五版），法律出版社，2016，第1050页。

持“严格解释说”，其他学者不论是提倡“扩张解释说”、“违法犯罪说”还是“例外说”，均是出于网络帮助行为的严重危害性，适应打击网络犯罪的需要，为解决司法实践中存在的困难，极力对刑法预估不足进行的补正。

（二）纵向来看，不符合帮助犯正犯化对传统共犯理论的分离程度

梳理我国立法与司法帮助犯正犯化的过程，可以看出本罪将明知的对象限定为“犯罪”，违背了我国刑法针对网络帮助行为从片面共犯到“帮助犯正犯化”的初衷，更不符合其他规定中帮助犯正犯化的趋势。

1. 网络空间片面共犯的确立

我国传统共犯理论是排斥片面共犯的，也即片面共犯理论虽然形似共同犯罪，但由于二者之间缺乏共同的犯罪故意与意思联络，并不构成共同犯罪。但是，固守要求双方具有共同的犯罪故意与意思联络，将无法解决网络帮助行为异化所带来的认定困难，司法解释以承认“单向明知”的表述，对网络片面共犯予以确认。2010 年初颁布的《关于办理利用互联网、移动通讯终端、声讯台制作、复制、出版、贩卖、传播淫秽电子信息刑事案件具体应用法律若干问题的解释（二）》（以下简称《淫秽电子信息解释》）第 7 条规定，“明知是淫秽网站，以牟利为目的，通过投放广告等方式向其直接或者间接提供资金，或者提供费用结算服务，具有下列情形之一的……以制作、复制、出版、贩卖、传播淫秽物品牟利罪的共同犯罪处罚……”。这一模式的特征是：网络空间帮助犯的成立不以共同犯罪故意与意思联络为要件的模式，将主观故意方面减格为“单向明知”，迈出了与传统共犯理论分离的第一步，但仍落脚于“共同犯罪”，罪名按照正犯行为的具体罪名认定。而后，在网络赌博、计算机信息系统犯罪领域，也采取了同样的认定模式。[①]

① 参见 2010 年《关于办理网络赌博犯罪案件适用法律若干问题的意见》第 2 条，2011 年《关于办理危害计算机信息系统安全刑事案件应用法律若干问题的解释》第 9 条的规定。

2. 网络“帮助犯正犯化”模式的确立

司法解释中，《淫秽电子信息解释》迈出了更为实质的一步，在网络帮助犯的认定上，不再以正犯行为是否构成犯罪作为依据，摆脱了共犯从属性理论的束缚。具体规定的方式方面，如该规定第3条：“利用互联网建立主要用于传播淫秽电子信息的群组……以传播淫秽物品罪定罪处罚”；第4条至第6条均有类似规定。这一模式的特征是，帮助犯的认定完全摆脱了正犯行为是否构罪这一基础，但是罪名按照正犯的罪名认定。

立法方面，2009年《刑法修正案（七）》在《刑法》第285条增加了第3款的规定，“……或者明知他人实施侵入、非法控制计算机信息系统的违法犯罪行为而为其提供程序、工具，情节严重的”，构成提供侵入、非法控制计算机信息系统的程序、工具罪。这一模式的特征是，主观上“单向明知”即可，被帮助者的行为可为“违法”或者“犯罪”，罪名为独立罪名。

进一步对照本罪与《刑法》第285条第3款的规定，以及在《淫秽电子信息解释》中相类似的规定，即其第6条：“电信业务经营者、互联网信息服务提供者明知是淫秽网站，为其提供互联网接入、服务器托管、网络存储空间、通讯传输通道、代收费等服务，并收取服务费，具有下列情形之一的……以传播淫秽物品牟利罪定罪处罚。”可明显发现三个法条之间的差别，即帮助信息网络犯罪活动罪要求“明知他人利用信息网络实施犯罪”；提供侵入、非法控制计算机信息系统的程序、工具罪要求“明知他人实施违法犯罪行为”；传播淫秽物品牟利罪规定“明知是淫秽网站”，因为“淫秽网站”对帮助者明知的内容，即被帮助者实施犯罪，或者实施违法犯罪等有不同的要求。而本罪将明知对象限定为“犯罪”，不协调、不符合大趋势的一点也十分明显，违背了之前形成的对网络帮助行为的独立治理的规律。

此外，笔者在讨论“行政违法”与“刑事违法”细微区别时提及如果按照“违法犯罪说”，将涵盖更多根本上升不到犯罪的社会危害行为，如果肯定网络帮助行为具有超脱于正犯行为的独立的社会危害性，作此规定也不会存在问题，反而可能会为将来网络帮助行为快速升级换代的情况予以充分预估，并提前规制。

四　结论

顺应惩治网络犯罪的新要求，《刑法修正案（九）》增设了帮助信息网络犯罪活动罪。但是不可否认，自该罪设立至今，学者围绕该罪的立法模式、“中立帮助行为”入罪是否正当等多方面展开了争论。本文选取了一个较为具体的点，针对主观要件中的明知“犯罪”，梳理了关于此处“犯罪”概念的争论，在界定了违法、犯罪、违法犯罪等核心概念的前提下，主张在现行《刑法》规定的基础上，以扩张解释说的立场来解释此处的“犯罪”，这是在当前《刑法》规定下，尊重罪刑法定原则，同时符合网络犯罪惩治需要的解释方式。但考虑到《刑法》整体性、体系性以及帮助犯正犯化理论建立的趋势，当前该罪将明知对象仅限于“犯罪”存在一定的问题，有待进一步商榷。

Research on the Concept of “Crime” That “Knowing Other Uses Information Network to Commit Crime” in the Help Information Network Crime

Chen Zhao

Abstract: Help information network crime of subjective element of the crime of committing crimes “knowing other uses information network to commit crime”, for the understanding of the “crime” here, there are strict explains, expansion explains, illegal crime and the exception of the doctrine of four kinds of argument. The author in clarifying “criminal”, “criminal law” and “illegal” concept, after that under current regulations, the concept of “crime” should be advocated expanding explanation, namely crime is "has the characteristics of nature of the objective aspect, specific provisions of criminal law the behavior that is harmful to the society", which explains the principle of legally prescribed punishment for a crime and the punishment of network needs. In addition, by "compare with" the similar crime of illegal use of information network for "illegal crime", and "longitudinal comparison" that in recent years, the traditional theory of accomplice separation degree of "helper made a crimer", the current use of "cirme" instead of "illegal crime" is inappropriate.

Keywords: help crime of information network crime; knowing crime; taking the aider as principal offender

目击证人辨认程序

——列队辨认与照片辨认的建议

〔美〕加里·威尔斯* 等

张　琪** 译

摘要：越来越多的证据显示，错误的目击证人辨认已经成为对无辜之人错误定罪的罪魁祸首。为解决这一问题，1996 年，美国心理学协会下设的美国法学心理学学会以及第 41 分会设立分委会，专门负责反思科学证据，为构建与执行最佳列队辨认程序提出建议。通过查阅关于列队辨认方法的科学文献，研究者发现三个重要主题：相对判断法，科学实验与列队辨认的类比，辨认信心可塑性。研究者进一步提出四项目击证人辨认的程序性建议：一是采用双盲辨认法，二是事先告诫目击证人真凶可能缺席，三是基于目击证人的口头描述选择陪衬者，四是立即记录并评价辨认过程中目击证人的信心水平。

关键词：目击证人辨认　列队辨认　照片辨认

一　引言

1996 年，美国法学心理学学会执行委员会设立分委会，负责为构建与执行目击证人列队辨认程序起草指南，本文的作者即为此分委会成员。1998 年 3 月，美国法学心理学学会执行委员会投票决定将本文作为美国法

* 加里·威尔斯，美国爱荷华州立大学教授。

** 张琪，中国政法大学证据科学研究院 2016 级证据法学硕士。译者特别感谢本文作者的慷慨授权与帮助和中国政法大学吴洪淇副教授对译稿所提出的修改意见，他们的关怀使得本翻译避免了许多谬误。

学心理学学会的官方指南。

（一）待解决的问题

目击证人列队辨认是决定某一犯罪嫌疑人是否将面临刑事指控的关键。[①] 过去二十年中，心理学家们为研究目击证人辨认问题付出了巨大努力，同时，他们也对特定条件下目击证人辨认的准确度表达了担忧。研究者通过对照实验发现，列队辨认程序对辨认准确度有重要影响。本文用"列队辨认程序"来指称大量与队列辨认相关的方法论要素，既包括列队辨认的结构性质（如被辨认人的样貌特征），也包括程序性质（如证人在辨认前受到的指示）。

过去二十年中，关于目击证人证言的科学研究已成为科学心理学领域中最为成功与详尽的应用研究课题之一，包括陪审团对证人证言的评价、法律保障的效力、儿童与成年人回忆目击事件的能力比较、目击者记忆重构、压力、与目击证人面谈的技巧、目击者能力的个体差异、错误的自传式记忆以及目击证人专家面对不同结果的意见一致程度等。然而，尽管关于目击者证言的研究范围已如此广泛，目击证人辨认仍然是研究者们关注的重点。证人一句"我亲眼看见就是这个人拔的枪"几乎就能直接将无辜之人入罪。

研究者已经证明，列队辨认使用的某些方法很可能导致无辜者定罪率上升。系统变量受刑事司法系统控制的观点在心理学文献中统领了二十年，[②] 系统变量在错误的目击证人辨认程序中以多种方式发挥作用。

除实验研究外，各种错误定罪的判例也越来越有力地表明，错误的目击证人辨认已经超过其他因素之和，成为导致错案的主因。[③] 自从 DNA 鉴定程序引入美国，先前被定罪的人开始有机会通过 DNA 测试以证清白。

① 出于综述与建议需要，除非另有说明，本文所指"列队辨认"包括真人列队辨认与照片辨认。

② Wells, G. L.,"Applied eyewitness testimony research: System variables and estimator variables", *Journal of Personality and Social Psychology* (36), 1978, pp. 1546 - 1557.

③ 参见 Borchard, E., *Convincing the innocent: Errors of criminal justice*, Yale University Press, 1932 等。

美国国家司法协会曾出具报告，审查了 28 起用 DNA 证据平反的错案。本文在此基础上又增加了 12 起判例。在这 40 起判例中，无辜之人被错误定罪而入狱，其中甚至包括五名死刑犯。直到 20 世纪 90 年代出现 DNA 鉴定，他们的冤情才得以洗刷。表 1 列举了这 40 起案件。

在这 40 起案件中，值得注意的是由目击者辨认造成的错误定罪数量。36 起（约占总数的 90%）涉及目击者辨认的案例中，都有一个或多个目击者错误地辨认了嫌疑人，甚至有五个目击者独立地辨认出同一个非作案者。需要特别指出的是，表 1 中的 40 起案例只是美国最早利用 DNA 为被错误定罪者洗冤的案件，并不是以目击证人辨认为标准筛选出的，因此，导致先前错误定罪的原因不尽相同。但结果是其中 90% 的错案都是由错误的目击辨认造成的，这说明尽管目击证人辨认的证据是最不可靠的证据形式之一，却往往为陪审团成员所信服。

虽然为无辜者定罪的是陪审团，但这不是此文建议的对象。本文目的是使目击者辨认证据更可靠，而不是令陪审团更多疑。

美国司法部对错误辨认问题的态度不甚明确。在 1968 年 Simmons 诉美利坚合众国一案中，当警察为辨认之目的向目击者展示单人照片时，最高法院才意识到有缺陷的程序是如何“助力”错误辨认的：

> 我们必须意识到，警察对照片辨认的不恰当利用可能会使证人在辨认中犯错。证人在案发当时可能只是匆匆瞥了犯罪者一眼，或者是在相当有限的条件下看到犯罪者。在这种情况下，如果警察仅向证人展示一张与他当时见到的犯罪者相貌大体相似的单人照片，或是向他展示多张照片，但某一个人的照片重复出现或被特别强调，那么证人辨认错误的风险就会大大提高。另外，如果警察向证人暗示他们已经掌握了照片中某一个人犯罪的其他证据，证人也容易辨认错误。(Simmons v. United States，1968：967)

19 世纪 70 年代出现的一系列裁决逐渐削弱了 Simmons 案的判决效力，深刻改变了以往由法庭评价目击证人辨认证据的体系。其中，1972 年 Neil

表 1　利用 DNA 为无辜者洗冤的 40 起案件

姓名	指控	定罪年份	原判/已执行的刑期（年）	定罪证据
Adam, Kenneth	两项谋杀，强奸	1978	75/16	证人辨认
Alejandro, Gilbert	性侵犯	1990	4 - 1990. 12	血液证据；被害人辨认
Bloodsworth, Kirk	谋杀，强奸	1985	死刑，减至无期/9	五位证人指认；被告人认罪供述
Bravo, Mark Diaz	强奸	1990	3 - 1990. 8	被害人指认；血液分析；虚假陈述
Brison, Dale	强奸，绑架	1991	18 - 42/3. 5	被害人指认；毛发分析；不在场证明力弱
Bullock, Ronnie	加重性侵犯	1984	60/10. 5	两位被害人指认；警察辨认；住所靠近
Callace, Leonard	鸡奸，性虐待	1987	25 - 50/6	被害人指认；血液分析；虚假陈述
Chalmers, Terry Leon	强奸，鸡奸	1987	12/24/08	被害人指认；不在场证明力弱
Cotton, Ronald	两项强奸	1985，1987（第二次判决）	无期 + 54/10. 5	被害人指认；相似的鞋和手电筒
Cruz, Rolando	谋杀，绑架，强奸	1985	死刑/11	声称“梦境”谋杀，证人证言
Dabbs, Charles	强奸	1984	12. 5 - 20/7	被害人指认；血液分析
Davis, Gerald Wayne	绑架，两项性侵犯	1986	14 - 35/8	被害人指认；精液分析
Daye, Frederick Rene	两项强奸，绑架	1984	无期/10	被害人、证人指认；血液分析；虚假陈述
Dotson, Gary	强奸，加重绑架	1979	25 - 50/8	被害人指认；精液、毛发分析
Green, Edward	强奸	1989	未判决/9 个月	被害人指认；血液分析
Hammond, Ricky	性侵犯，绑架	1990	25 + 3 年缓刑/2	被害人指认；被害人对车的辨认；毛发分析；不在场证明力弱

续表

姓名	指控	定罪年份	原判/已执行的刑期（年）	定罪证据
Harris, William O'Dell	性侵犯	1987	10－20/7	被害人指认；精液分析
Hernandez, Alejandro	谋杀，绑架，强奸	1985	死刑/11	认罪陈述；有罪证人陈述
Honaker, Edward	强奸，性侵犯，鸡奸	1985	3 终身监禁 +34/10	被害人、证人指认；毛发分析；相似穿着
Jimmerson, Verneal	两项谋杀，两项加重绑架，强奸	1978	死刑/11	证人辨认
Johnson, Richard	持械抢劫，性侵犯	1990	36/6	两名受害人指认；精液分析；指纹
Jones, Joe C.	强奸，加重绑架	1986	终身监禁 +10－25/6.5	被害人辨认；靠近犯罪现场；相似短裤；两名证人指认
Kotler, Kerry	两项强奸	1982	25－50/11	被害人指认；无 DNA 基因分析
Linscott, Steven	谋杀，强奸	1982	40/在监狱服刑 3 年；保释 7 年	血液、毛发分析；“梦中忏悔”
Mitchell, Marvin		1990	9/25/08	被害人指认；精液分析；自我认罪陈述
Motto, Vincent	强奸，抢劫，性偏离（deviate sex），预谋犯罪	1987	12/24/09	被害人指认
Nelson, Bruce	谋杀，抢劫	1982	无期/9	同案犯证言；自我认罪陈述
Oritz, Victor	强奸，鸡奸，性偏离	1984	12.5－25 同时进行/12	被害人指认；精液分析
Piszczek, Brian	强奸	1991	15－25/4	被害人指认；不在场证明力弱
Rainge, Willie	两项谋杀，两项加重绑架，强奸	1978	无期/18	证人辨认
Scruggs, Dwayne	强奸	1986	40/7.5	被害人指认；相似的靴子

续表

姓名	指控	定罪年份	原判/已执行的刑期（年）	定罪证据
Shephard, David	强奸	1984	30/10	被害人指认；血液分析；不在场证明力弱
Smith, Walter	两项强奸	1986	78 - 190/11	被害人指认
Snyder, Walter（Tony）	强奸，鸡奸	1986	45/7	被害人指认；相似穿着；血液分析；不在场证明力弱
Toney, Steven	鸡奸，强奸	1982	2 连续至无期/14	被害人、证人辨认
Vasquez, David	谋杀，强奸	1985	35/5	证人辨认；无不在场证明；坦白；毛发分析
Web, Thomas	强奸	1983	70/3	被害人指认
Williams, Dennis	两项谋杀，两项加重绑架，强奸	1978	死刑/18	证人指认
Woodall, Glen	性侵犯，绑架	1987	2 次无期 + 203 - 335/4	血液、毛发分析；被害人指认；相似穿着

诉 Biggers 一案及 1977 年 Manson 诉 Braithwaite 一案的关键性裁决认定，即使是具有高度启发性的程序在本质上都无法成为排除证人辨认证据的原因，因为这些程序没有在实质上影响到辨认的可靠性。其中，Manson 诉 Braithwaite 一案确立了衡量目击证人辨认准确性的五项标准：一是目击证人在案发时观察到犯罪者的机会；二是证人的注意力集中程度；三是证人对犯罪行为实施者的先前描述的准确性；四是目击者在辨认程序中表现出来的确信程度；五是案发与辨认程序开始的时间间隔。但基于种种原因，上述标准受到很多研究者的抨击，如描述是否准确对辨认结果的准确性实质影响较小。① 更有学者指出，倾向性明显的列队辨认程序会使目击者高估自己的观察能力。② 尽管面临许多质疑，该五项标准在美国仍占有主导地位。另外，美国最高法院在 1973 年合众国诉 Ash 的判决中明确，在照片辨认程序中，律师不能在场提供咨询。

从法理上讲，司法系统制定大量保障措施用以防止因错误辨认导致的误判，包括律师出席真人列队辨认（提起公诉后）、当事人各方有权申请停止辨认、对证人进行交叉询问、专家出庭作证等，但在实践中，囿于种种原因往往难以发挥预期效果。③ 具体原因有以下几点。首先，大多数对刑事被告人的辨认是照片辨认而非真人列队辨认，而前文已经否定了律师参与照片辨认的合法性，退一步说，即使在少得可怜的律师被允许在场的情况下，他们也无法有效地发挥作用。④ 其次，研究表明，法官同律师一

---

① Pigott M. A., & Brigham, J. C., "Relationship between accuracy of prior description and facial recognition", *Journal of Applied Psychology*, 70, 1985, pp. 547 – 555, and Wells, G. L., "Verbal description of faces from memory: Are they diagnostic of identification accuracy?", *Journal of Applied Psychology* (70), 1985, pp. 619 – 626.

② Wells, G. L., & Bradfield, A. L., " 'Good, you identified the suspect': Feedback to eyewitnesses distorts their reports of the witnessing experience", *Journal of Applied Psychology* (83), 1998, pp. 360 – 376.

③ Devenport, J. L. Penrod. S. J., & Cutler, B. L., "Eyewitness identification evidence: Evaluating commonsense evaluations", *Psychology, Public Policy, and Law* (3), 1998, pp. 338 – 361.

④ Stinson, V., Devenport, J. L., Cutler, B. L., & Kravitz, D. A., "How effective is the presence – of counsel – safeguard? Attorney perceptions of suggestiveness, fairness and correctability of biased lineup procedures", *Journal of Applied Psychology* (81), 1996, pp. 64 – 75.

样在辨认程序的评价上往往力不从心。[①] 再次，不可否认，交叉询问是帮助陪审团鉴别证人诚实与否的精妙工具，但这一程序在那些固执地认为自己掌握了真相的人面前无法发挥作用。[②] 最后，专家的证言对陪审团的判断无多大裨益，[③] 在证据可采性方面具有广泛裁量权的法官通常也拒绝采纳关于目击证人问题的专家证言。即使相关专家证言被采纳，真正从中受益的人也寥寥无几。而在美国，每年因为目击者指认站上被告席的保守估计也有77000多人。所以即使美国拥有世界上数量最多的专家证人，他们也无法做到每年为超过500起案件提供证言。

（二）关于指南的实践

从列队中获取对刑事被告的指认之实践与相关学术研究的兴起基本是分离的。近年来，随着研究目击证人的专家证言越来越多地出现在个人刑事案件中，程序问题也逐渐引起了一些司法辖区的关注。[④] 但遗憾的是，目前还未制定出有力约束执法者的辨认程序法规。基于此现状，本文基于目前学者的共识，列举了辨认程序应当具备的几个关键要素，相信这些建议将大大降低错误辨认带来的风险。

起草一项关于辨认程序的指南的想法由来已久。早在1955年，《加州洛杉矶分校法律评论》就针对目击证人辨认错误建立程序性保障发表了相关文章。[⑤] 到20世纪60年代，很多学者开始呼吁警察局采纳完善的指南

① Stinson, V., Devenport, J. L., Cutler, B. L., & Kravitz, D. A., "How effective is the motion - to - suppress safeguard? Judges' perceptions of suggestiveness and fairness of biased lineup procedures", *Journal of Applied Psychology* (82), 1997, pp. 211 - 220.

② Wells, G. L., Lindsay, R. C. L., & Ferguson, T. J., "Accuracy, confidence, and juror perceptions in eyewitness identification", *Journal of Applied Psychology* (64), 1979, pp. 440 - 448.

③ Stinson, V., Devenport, J. L., Cutler, B. L., & Kravitz, D. A., "How effective is the presence - of counsel - safeguard? Attorney perceptions of suggestiveness, fairness and correctability of biased lineup procedures", *Journal of Applied Psychology* (81), 1996, pp. 64 - 75.

④ 参见 Leippe, M. R., "The case for expert testimony about eyewitness memory", *Psychology, Public Policy, and Law* (1), 1995, pp. 909 - 959；等等。

⑤ "Possible procedural safeguards against mistaken identification by eyewitnesses", *University of California at Los Angeles Law Review* (2), 1955, pp. 552 - 557.

应用于列队辨认中。如，在 1975 年，美国法律协会颁布《审前程序指导法典》,[①] 提出了辨认程序的一般性指南，具有强制执行力并得到落实。1969 年 *Read* 发布了纽约、奥克兰、加利福尼亚、华盛顿以及内华达州克拉克县的规章制度，这些规定附在《加州洛杉矶分校法律评论》的文章中（其中克拉克县的规定在下文中有具体讨论）。发表在《哥伦比亚法律与社会问题杂志》1970 年的一篇评论涉及洛杉矶、新奥尔良、里士满、弗吉尼亚的相关规定。[②] 1967 年，《匹兹堡大学法律评论》发文讨论了匹兹堡的相关法规。[③] 1974 年，亚利桑那州立大学法学院组织专门团队于 1974 年 4 月出版《指导法则：关于目击证人辨认》。

1967 年发表在《美国刑事法季刊》上的《列队辨认程序》概述了克拉克县地方检察官办公室与公共辩护律师作出的联合备忘录，是已知最早公开发表的列队辨认程序建议。该联合备忘录规范“所有执法部门”的行为（包括拉斯维加斯）。根据该联合备忘录，关于程序和相关判例的研究报告与列队辨认程序一览表相继出台。

列队辨认程序一览表有 15 项内容，包括辨认程序必须首先通过地区检察官办公室的可行性讨论；过程中须有区检察官、公设辩护人代表或其他辩护人在场；辨认对象应尽量年龄相仿、种族和外貌特征相似；被试的任何动作、手势以及必要的口头陈述都应当“一致”；警察与证人的对话范围都应限制在“必不可少的指示”内；所有案件都不允许警察向证人作出嫌疑人在某一列的暗示；如果证人有多个，在“所有证人完成辨认之前”不得对队列及辨认进行任何讨论交流；证人不得在嫌疑人被羁押、戴手铐或“任何可能被发现嫌犯身份”的场合与其见面；列队辨认室一次只允许一名证人在场；警察应防止证人在辨认之前看到嫌犯的照片；列队辨认的照片应当“快速”拍摄冲洗，并“立即”交给辩护律师；辨认报告

① American Law Institute, *A model code of pre - arraignment procedure*, Washington, D. C: Author, 1975.

② “Protections of the accused at police lineups”, *Columbia Journal of Law and Social Problems* (6), 1970, pp. 345 - 373.

③ “Right to counsel at police identification proceedings: a problem in effective implementation of an expanding constitution”, *University of Pittsburgh Law Review* (29), 1967, pp. 65 - 71.

应当递交被告方；在辨认表中，“如果证人在辨认之前就见过队列中的一人或多人”，那么他应当在七个标有序号的方框中的相应一个或多个方框内画 X，然后在表格上签名呈交警察。

20 世纪 70 年代到 80 年代初，Buckhout 教授联合其他学者提出并完善了两个“可靠性一览表”（其中列队辨认可靠性表格中包含 21 条，照片辨认可靠性表格包含 30 条）。[①] 其中大部分问题涉及差异比较，如参与者的外貌差异（肤色、年龄、身高、体型、毛发、衣着等）、照片之间的差异（如大小、颜色、对比度等）。另外一些题目涉及目击者在辨认之前是否见过嫌犯的照片、目击证人数量、证人是否有机会对辨认过程进行讨论、列队辨认的被试特征与证人最初描述是否一致、证人是否被告知嫌犯就存在于当前的队列或照片中、警察是否知道嫌犯的身份及其在辨认中的位置、警察是否“以言语、手势、语调或数字”针对特定人进行暗示或强调、目击者在辨认过程中是否被“以任何方式告知其选择正确与否”。一般书面回复优于口头回复，不管采用何种形式，如果辨认无结果，必须予以明确。每一项问题都有“是”“否”“不知道”三种选择，将所有答案为“是”的数量加起来即为“不可靠得分”。

加拿大和英国也出现了同样的呼声。1983 年，加拿大法律改革委员会发文提出 39 项关于辨认程序的具体建议。[②] 随后，加拿大多地（多伦多、埃德蒙顿、温哥华、蒙特利尔和贵湖）的执法部门出台了相关指导准则。这些讨论既包含获取描述的具体方法，也有关于速写、合成及遥控侧拍技术的运用，甚至还有对空白队列和依序展示的讨论。

与此同时，英国内政部也分别于 1976 年、1978 年颁布了两项重要文件：《内政部关于刑事案件中的辨认证据给国务大臣的报告》（“德夫林报告”，Devlin Report）及《内政部第 109 号通告》。前者长达 200 页，包含八个章节以及一系列附录，分别从问题引入、案例分析、讨论辨认证据在

① Buckhout, R. & Friere, V., *Suggestivity in lineups and phtotspreads: A casebook for lawyers*, New York, Center for Responsive Psychology, Brooklyn College, Brooklyn, CUNY, 1975; Ellison, K., & Buckhout, R., *Psychology and criminal justice*, Harper & Row, 1981.

② Law Reform Commission of Canada, *Police guidelines: Pretrial eyewitness identification procedures*, Law Reform Commission of Canada, 1983.

庭审中的适用及法官对辨认案件的指示，以及真人列队辨认和照片辨认的审前辨认程序；附录是 1969 年“内政部第 9 号通告”与辨认表格，通告中包含一系列列队辨认规则，表格对辨认规则提出详细指导。然而遗憾的是，虽然英国议会在 1984 年通过了《警察与刑事证据法》，该法案中关于辨认的规定也于 1985 年 4 月开始适用于所有辨认程序，但以上两部文件却从未得到真正实施。

随着警察的侦查技巧受到专家证人越来越多的诟病，公诉方也开始致力于建立合理的列队辨认程序。1989 年，俄亥俄州塔斯卡罗瓦斯县的检察官 Collins 在《俄亥俄州检察报》上发文为执法人员提供了一些辨认技巧，包括：禁止向证人出示单个嫌疑人或单张照片，辨认程序中的参与者在年龄、种族、发型等外貌特征上应与嫌犯“高度相似”，禁止使用带有警号或身高表的照片，在两个程序中安排一些相同的参与者。①

迄今为止发表过的关于辨认程序最详尽的建议是 Wells 1988 年在加拿大出版的《目击证人辨认：一本系统手册》。这本书作为指导警察执法的系列丛书之一，用九个章节介绍了 131 个程序性建议，每项建议都配有研究证据和基本原理。

以上提出指南或建议的尝试表达了各方对错误辨认案件发生的可能性或现实性的真诚关切，其初衷无可非议。遗憾的是在实施过程中遇到了各种阻碍。第一，Buckhout 的一览表在实际应用中略显鸡肋，以数值的计算测试辨认程序的可靠性及有效性也不甚合理。第二，警察局和法律组织的早期尝试呈零散化，没有形成完整的体系，无法处理辨认中更严重、更细微的问题。第三，这些尝试也与司法权的运行相悖。由于建议不具有法律效力，因此也无法被适用，违反这些建议不会造成对参与者的一系列交叉询问。第四，很多指南与实证研究的结果并不相符。关于影响证人准确性因素的研究在 20 世纪 80 ~ 90 年代达到最盛，但绝大部分建议指南都出现在这些研究成果之前（例如，加拿大的指导原则第 801 条规定，如果证人

---

① Collins, R. , “Some considerations on suppression of identification evidence in Ohio”, *The Ohio Prosecutor*, 1989, pp. 50 – 53.

没有在队列、照片或非正式会见中认出嫌犯，那么警察可以安排嫌疑人出现或证人与嫌疑人进行“对质”)。最后，上述建议要么过于模糊，要么太过细致，缺乏可操作性。下面本文试图提出一些细致实用的建议，同时对每一项建议的原理进行阐述，以期为司法体系带来有益改变。

（三）建议的根据

本文的建议基于以下三个依据提出：人类记忆及社会影响的心理学理论，目击证人实验的科学分析以及测试的科学逻辑。若不加限制地仅仅讨论这三项依据，似乎都会陷入泛泛而谈的境地。因此，本文将讨论范围限制在辨认程序内。在理论上，由于相对判断能帮助我们更好地理解辨认中指示的重要作用，因此它是本文重点研究的理论；在数据上，本文采用控制系统变量的实验；在逻辑上，主要利用实验方法的逻辑，对比实验与现实情况之间的相似之处，① 从实验中找到实施辨认程序的方式，如利用类比建议在安排队列时实行双盲法。

以上三项根据将为达成科学界共识奠定良好的基础。因此，本文将从这三项依据谈起。在后面的部分，我们会依次描述相对判断法及其运行的实证研究，列队辨认则作为实验的类比及其应用逻辑，以及目击证人自信心问题的实证研究。通过研究提出四项指导性规则，涉及组织列队辨认的人员，陪衬者的选择，辨认前对证人的指示，以及何时、如何对证人的信心水平进行评价。

二　错误辨认的研究和学说

（一）相对判断法

相对判断是指目击证人往往倾向于指认队列中相对于其他人而言更像

① Wells, G. L. & Luus, E. , “Police lineups as experiments: Social methodology as a framework for properly - conducted lineups”, *Personality and Social Psychology Bulletin* (16), 1990, pp. 106 - 117.

犯罪者的辨认对象。乍看之下这种做法似乎合情合理，但实际上它无法处理犯罪者不在队列中的情况。试想，如果真正的犯罪者不在队列中，这项程序该如何运行？在这种情况下，相对判断法创造了一种积极的辨认方式，因为跟队列里的其他人相比，总有一个人与嫌犯更相似，这导致无辜者入罪的可能性加大。

与绝对判断法相比，相对判断法令目击者将队列的人与脑海中的那个人一一对比，根据某种标准判断他是不是真凶。大量实证研究表明，相对判断法对目击证人辨认程序有深远影响。① 证人在剔除但不替换（removal without replacement）程序下的表现、犯罪者也许不在队列中的指示、对相对相似度的处理、双重队列下证人的反应模式、证人在按顺序进行的辨认中的表现等都与相对判断法有着千丝万缕的联系。下面，我们将依次进行介绍。

1. 剔除但不替换

“剔除但不替换”实验是检验相对判断法的有效方法。我们将目击者（被试）分为两组，一组置于有犯罪者的队列辨认程序中，另一组置于抽取出犯罪者照片并不以其他照片代替的队列辨认程序中，记录辨认过程。若第一组被试正确辨认出犯罪者，那么第二组中认为“目标人物缺失”的百分比应当等于第一组中认为“目标人物缺失”的百分比与第一组中正确辨认出目标人物的百分比之和。为证明此种观点的正确性，我们找到200名分阶段犯罪（staged crime）的被试进行实验。所有被试被事先告知罪犯可能在也可能不在队列中。从表2中可以看出，第一组中有54%的人正确辨认出了犯罪者，然而，将犯罪者剔除后，大部分目击者转而选择了队列中的其他人。这就是相对判断法的本质：不管真凶在不在队列中，被试总是倾向于选择最像他的那个人。

① 参见 Cutler, B. L., & Penrod, S. D., “Improving the reliability of eyewitness identification: Lineup construction and presentation”, *Journal of Applied Psychology* (73), 1988, pp. 281 - 290 等。

表 2　目标在场中与目标被剔除但没有替换条件下证人辨认的比率

对队列中前六名进行辨认的百分比							
	1 号	2 号	3 号	4 号	5 号	6 号	无选择
目标（3 号）在场	3%	13%	54%	3%	3%	3%	21%
目标（3 号）被剔除但没有替换	6%	38%	—	12%	7%	5%	32%

资料来源：Wells, G. L.，"What do we know about eyewitness identification?" *American Psychologist*, 48, 1993, pp. 553 – 571。

2. 嫌犯可能不在场的指示

警察对真凶可能缺席的指示能够帮助证人意识到不能仅仅依赖相对判断法进行辨认。Malpass 和 Devine 率先强调了这种指示的重要性。[①] 在指认分阶段犯罪的过程中，证人面临两种情况：一是被引导相信犯罪者就在队列之中，并且辨认表上没有"以上全不是"选项；二是被告知犯罪者可能不在队列之中，并且辨认表上有明确的"以上全不是"选项。在没有指示的情况下，78% 的证人在一个没有嫌犯的队列中作出了辨认；之后，错误辨认率下降至 33%。而当嫌犯在场时，得到嫌犯可能不在场指示的证人中有 87% 作出了正确的辨认。这说明此项指示不仅仅降低了证人辨认出某人的意愿。当"嫌犯就在队列中"的概念在脑海中先入为主时，证人往往会选择队列中跟嫌犯最像的那个人。然而，一项元分析结果质疑了该指示的有效性，指出"可能在场可能不在场"的指示只在真凶缺席的情况下起作用，当目标人物在场时，指示的有无对辨认影响并不显著。[②]

3. 相对相似度与选择率

既然辨认在某种意义上被相对判断法主导，那么队列中与嫌犯相像的陪衬者势必影响到证人的选择与信心。Wells、Rydell 和 Seelau 通过控制队列成员与嫌犯的相似程度验证以上推论。[③] 在嫌犯缺席的队列中，证人被

① Malpass, R. S.，& Devine. P. G.，"Eyewitness identification: Lineup instructions and the absence of the offender"，*Journal of Applied Psychology*（66），1981，pp. 482 – 489.

② Steblay，"Social influence in eyewitness recall: A meta – analytic review of lineup instruction effects"，*Law and Human Behavior*（21），1997，pp. 283 – 298.

③ Wells, G. L.，Rydell, S. M.，& Seelau, E. P.，"On the selection of distractors for eyewitness lineups"，*Journal of Applied Psychology*（78），1993，pp. 835 – 844.

告知犯罪者也许在场也许不在场。正如相对判断法预测的那样，队列中符合嫌犯特征的对象数量对总体选择率无影响。但 Lindsay 和 Wells 却发现，只有一位参与者与犯罪者相像时，这位无辜者被选中的概率将大大提高。[①] 另外，证人指认出无辜者的信心水平取决于队列中其他人与真凶的相似度。当只有一人符合犯罪者的特征时，证人的信心将大大增强。综上，相对判断法不仅影响到辨认对象，也影响到目击证人的信心。

4. 双重队列辨认

双重列队包含一个正常队列与一个空白队列（空白队列用以甄别相对判断）。空白队列不同于“目标缺席”队列。“目标缺席”队列中包含一名嫌疑人，只是这名嫌疑人不是真正的罪犯；而空白队列中的所有人都是已知清白的。空白队列程序启动后，证人仅被告知罪犯可能不在场。因此，可以将空白队列看成一个“诱饵”，观察目击者能否上钩从而指认出一个并不存在的“犯罪者”。实践证明这种方式确实能够剔除掉一些容易犯错的证人。与没有经过空白队列“洗礼”或没有通过其考验的证人相比，那些抵制住空白队列“诱惑”的证人在之后的正式辨认中往往更不易出错。[②] 双重队列程序对辨认正确率影响不大，它的作用体现在减少错误辨认。这同时证明即使证人知道罪犯可能不在场，也倾向于作相对判断。在记忆实验中，研究者经常利用空白实验控制和评估偏见。与之类似，即使在只有一名证人和一名嫌犯的案件中，也可以运用空白队列发挥同样的作用。

5. 顺序列队辨认程序

顺序呈现的列队辨认程序与同步呈现的列队辨认程序的比较是证明相对判断法导致错误辨认的第五个有力证据。Lindsay 和 Wells 指出，传统辨认程序是使目击证人将包括目标犯罪嫌疑人和陪衬者在内的所有人员并排比较后作出选择，即同时呈现的列队辨认。这种方式更容易令证人作出相

---

① Lindsay, R. C. L. , & Wells G. L. , “What price justice? Exploring the relationship between line-up fairness and identification accuracy”, *Law and Human Behavior* (4), 1980, pp. 303 – 314.

② Wells, G. L. , “How adequate is human intuition for judging eyewitness testimony? ”, In G. L. Wells & E. F. Loftus, eds. , *Eyewitness testimony: Psychological perspectives*, Cambridge University Press, 1984.

对判断。而顺序列队辨认则是将目标犯罪嫌疑人和所有陪衬者依次呈现在证人面前，要求证人在下一个辨认对象出现之前必须就其正在观察的对象是否为犯罪行为人作出决定。这种情况使证人无法使用相对判断。虽然证人也会将眼前之人与先前参与者进行比较，但其无法预知后面会不会有人更像真凶，因此证人不得不使用绝对判断法。

大量证据表明顺序列队辨认能够有效阻止相对判断。几项独立实验得出的数据均显示，顺序列队辨认中对于犯罪者是否在场的敏感度远远高于同时列队辨认。[①] 除此之外，Dunning 和 Stern 收集了证人对辨认方法的口头描述数据，发现那些使用排除法（在照片之间作比对，缩小选择范围）的证人更容易作出错误的辨认。Lindsay 等人也得出了相同结论：运用相对判断法的证人辨认出错率高于运用绝对判断法的证人辨认出错率。[②]

相对判断法容易与传闻证据混淆。比如，证人说"我知道犯罪者不是 1 号、2 号、4 号和 5 号，所以一定是 3 号。"这不是传闻或自陈，而是相对判断法在起作用。验证上述五种理论的实验得出的行为数据模式导出下列结论：辨认程序确实会受到相对判断法的影响。

以上对于辨认方法的系统梳理有助于提出相应对策，在具体建议部分本文将再次回顾相对判断法。

（二）队列与实验的类比

除相对判断法之外，科学逻辑中某些基本原则也为目击证人辨认建议提供支持，尤其是心理学广泛适用的执行科学实验与组织列队辨认的类比。

辨认中的类比，是将队列辨认与心理学实验作比较，发现其中的一致之处：警察先作出一个假设（犯罪嫌疑人就是犯罪行为人）；他们收集材料来验证该假设（如嫌疑人的照片以及陪衬者），设计方案（如将嫌疑人

---

① 参见 Cutler. B. L. , Penrod, S. D. , & Stuve. T. E. , "Jury decision making in eyewitness identification cases", *Law and Human Behavior*, 12, 1988, pp. 41 -56；等等。

② Lindsay, R. C. L. , Lea. J. A. , Nosworthy, G. J. , Fulford, J. A. , Hector, J. , LeVan, V. , & Seabrook, C. , "Biased lineups: Sequential presentation reduces the problem", *Journal of Applied Psychology* (76), 1991, pp. 796 -802.

的照片置于队列中的某一位置），指导对象（被试）；运行程序（向证人展示队列中的照片），记录数据（是否辨认出嫌犯）；根据得出的数据评估假设（辨认结果是否改变了他们之前对嫌疑人是否真凶的看法）。该类比使我们可以对科学实验中相对完善的方法进行借鉴，并应用到列队辨认之中。

当然，科学实验和列队辨认又有所不同。例如实验会用到大量定律，寻找尽可能多的实验对象以排除结果的其他可能性；但在实际的刑事案件中，某个案件也许只有一两个目击者。尽管如此，很多科学基本原则仍能为对照“混淆因素”和结果的多种解释提供帮助。本文仅在可能范围内进行类比研究。

这种类比有助于帮助人们认清现实：正如一项实验会出错一样，列队辨认程序也会发生各种各样的问题，那些造成实验中解释难题的因素也会对辨认程序产生同样的影响。这些问题包括强制性要求（如要求被试必须作出选择），验证性偏差的影响（如在指认到嫌疑人时对被试进行详细询问而指认到陪衬者时不问相同问题），反应偏差的引入（如鼓励被试建立松散的认知标准），从小型样本中得出推论（如基于一名被试的辨认就得出有效性判断），不使用对照组（如不知道没有目击案件的人能否辨认出嫌犯），选择性记录并解释数据（如发现了辨认出嫌犯的重要性却忽视了没有作出辨认的效果），透露假设（如让被试知道嫌疑人是哪位）以及大量的混淆因素。

某些科学证据，如指纹、DNA、枪械样式等，只要在收集和分析过程中没有遵守科学原则就会受到质疑，目击证人辨认证据也一样。事实上，目击者证据与痕量物证的类比本身即有意义。[①] 目击者证据也可以解释为痕量证据，只是不同于血液或指纹，它的痕迹是以记忆形式存在于人类大脑中的。但记忆痕迹存在于神经元中，因而同样具备物理性质。同物证一样，关键问题是如何利用身份判断最大化地提取证据。

---

① Wells, G. L., “Scientific study of witness memory: Implications for public and legal policy”, *Psychology, Public Policy, and Law* (1), 1995, pp. 726 – 731.

队列与实验的类比为后文的建议提供了重要的概念框架，因此本文也将在讨论具体建议时再次回顾此种方法。

（三）辨认过程中的证人信心水平

证人辨认准确度与在辨认过程中表现出来的信心之间的关系强度是几乎所有科学目击证人文献研究的重点问题之一。20 世纪 70 年代后期，目击证人辨认研究者开始意识到证人信心的重要性。特别是有人指出，大多数错误辨认归因于目击证人的过度自信。[①] 因此，很多学者将研究重点放在两者的统计学关系上。

目击证人辨认信心的问题并非只是研究者的学术兴趣。美国最高法院曾在判例中明确指出，证人确信度是评估辨认准确性的指标之一："大量案例告诉我们，在评价证人错误辨认可能性时需要考虑五个因素，即案发时证人看到犯罪者的概率，证人的注意力集中程度，证人对案件的先前陈述的准确性，证人在对质时表现出来的确信度，以及案发与对质的时间间隔。"[②] 此外，有研究者对律师和业外人士进行问卷调查，对他们关于证人辨认实验的猜测进行"事后效度"（postdiction）研究，令他们站在陪审团角度评价辨认的准确性，以此考察律师与外行人对信心与准确度关系的看法。

1. 关于信心与准确度关系的问卷调查

调查显示，人们认为证人辨认是否准确与证人信心大小关系密切。Brigham 和 Wolfskiel 对 89 名公设辩护律师、67 名检察官以及 77 名私人辩护律师进行了问卷调查，结果显示，75% 的检察官与 40% 的辩护律师认为证人越自信，指认结果越准确。[③] Rahaim 和 Brodsky 对 42 名执业律师进行

---

① Wells, G. L., Leippe, M. R., & Ostrom, T. M., "Guidelines for empirically assessing the fairness of a lineup", *Law and Human Behavior* (3), 1979, pp. 285 – 293.

② Neil v. Biggers 409 U. S. 188 (1972), pp. 201 – 202.

③ Brigham, J. C., & Wolfskiel, "Opinions of attorneys and law enforcement personnel on the accuracy of eyewitness identification", *Law and Human Behavior* (7), 1983, pp. 337 – 349.

了相似的调查，64%的人相信更有自信的证人更可能作出正确辨认。[①] 美国、加拿大、德国、澳大利亚和英国对社会公众的类似调查也表明，无论在何种文化背景下，人们都坚定地相信证人的信心能够预示辨认的准确性。

2. 信心—准确度关系的事后效度

在Wells的研究中，研究对象首先阅读Leippe、Wells和Ostrom研究报告[②]的程序部分，然后回答两位证人是否作出了正确的指认。第一位证人“完全确定”自己的指认是正确的，另外一位证人对自己的判断“不太确定”。虽然Leippe等人发现证人的信心与辨认结果没有关系，Wells的研究对象却认为一次正确辨认有0.83的可能性由“完全确定”的证人作出，有0.28的可能性由“不太确定”的证人作出。简言之，Wells的研究对象认为信心水平与准确度有较强相关性。

3. 模拟陪审团研究中的信心与准确度

一系列证据已经证明，目击证人作出辨认证言时展现出的信心是旁听者相信辨认准确与否的最重要指标之一。[③] Wells等人对目击证人实施模拟交叉询问。模拟陪审团听取交叉询问以判断目击证人的辨认是否正确。结果显示，模拟陪审团对80%准确指认的证人的判断是正确的；但在指认错误的证人中，模拟陪审团只判断对了20%（陪审团相信了4/5的错误指认结果）。为什么模拟陪审团会犯如此多的错误？原因在于，陪审团成员的判断大部分源自证人的自信程度（相关系数$\underline{r}=0.53$），极少源自证人证言本身的准确性（相关系数$\underline{r}=0.05$）。也就是说，即使证人的描述并不准确，只要他足够自信，陪审团就会相信他说的话。

Lindsay等人通过实验测试交叉询问对陪审团判断证人辨认准确性的作用。遗憾的是，陪审团的判断再一次出错。相较于证人自评的信心（相

---

① Rahaim, G. L., & Brodsky, S. L., “Empirical evidence versus common sense: Juror and lawyer knowledge of eyewitness accuracy”, *Law and Psychology Review* (7), 1982, pp. 1 – 15.

② Leippe, M. R. Wells, G. L. & Ostrom, T. M., “Crime seriousness as a determination of accuracy in eyewitness identification”, *Journal of Applied Psychology* (63), 1978, pp. 345 – 351.

③ 具体可参见Cutler, B. R., Penrod, S. & Dexter, H. R., “Juror sensitivity to eyewitness identification evidence”, *Law and Human Behavior* (14), 1990, pp. 185 – 191；等等。

关系数r = -0.07），模拟陪审团判断的证人信心深刻影响着结论（相关系数r =0.29）。

Lindsay等人在盗窃罪中建立了高、中、低三种辨认准确度；在积极辨认的证人中，准确率分别是33%、50%和74%。随后陪审团观看对证人交叉询问的录像（分别从三个观察条件摄制）。结果是陪审团相信了77%信心水平高的证人证言，59%信心水平低的证人证言。在被陪审团相信的证人中，低、中、高准确度所占比例分别是62%、66%、67%。因此，Lindsay等人得出证人信心与辨认准确度基本无关的结论（相关系数r = 0.26）。

一个十分严峻的问题在于，当证人信心十足时，陪审团容易忽视作证条件。当公诉方看到证人信心不足时，他会犹豫不定，最后选择排除这些证人。这将导致陪审团只能看到信心十足的证人并相信他们所说的话，而不是对辨认的条件作独立判断。简言之，陪审团显然将证人的信心水平高低作为判断辨认正确与否的重要标准，即使间接证据不支持这样的推断。尽管也有研究者试图证明两者之间关系不大，但这些尝试总是以失败告终。

那么，证人信心在何种程度上能够代表辨认准确度？大量研究检测了证人信心与辨认准确度的关联，相关文献运用统一的数据标准将这种关联表达为点二列相关（准确性作为二分变量，信心作为连续变量）。虽然最近几年的研究认为这种相关性几乎不存在，但对这种相关性方向还是持乐观态度。

4. 辨认前的信心与准确度

Cutler和Penrod进行了九项研究测试辨认前的信心与准确度之间的关系。[①] 在其中一些研究中，证人被要求观看一段抢劫罪的录像后尝试进行列队辨认。在看完录像后辨认前，观察证人对两项内容的信心程度：劫匪在场时正确辨认出劫匪；劫匪缺席时避免错误辨认。全部九项研究得出的

① Cutler, B. L., & Penrod, S. D., "Forensically - relevant moderators of the relationship between eyewitness identification accuracy and confidence", *Journal of Applied Psychology* (74), 1989, pp. 650 - 652.

两者相关性在 0.00 到 0.20 之间浮动，这说明辨认前的信心对辨认时的表现影响甚微。研究结果表明，证人辨认的可靠性不应受到信心的影响，有些信心不足的证人作出的选择也能够得到其他证据的佐证。

5. 辨认后的信心水平与准确度

Deffenbacher 回顾了世纪之交的各项研究成果并得出结论：几乎没有强有力的证据证明证人信心对辨认结果的可靠性起决定性作用。[①] Penrod 等人对 16 名证人进行研究，发现证人信心水平与辨认准确度的平均相关性为（根据自由度进行加权）0.23。[②] 在进行 31 项研究之后，Wells 和 Murry 得出的平均相关性仅为 0.07。Bothwell、Deffenbacher 和 Brigham 对包括阶段犯在内的 35 项研究进行了元分析，得出的相关性是 0.25（95% 的信心区间为 0.08 至 0.42）。这项结果显示，相较于缺乏信心的证人，高度自信的证人的辨认准确性似乎会高一些。[③]

6. 影响信心、准确度及其关系的因素

有证据显示，信心水平与准确度的关系在很大程度上取决于认知学、社会学因素，如信心判断的时间、目击证人的自我认知水平、编码的信息处理条件最优化原则、被指认者的区别、目标外貌的数据检索和编码的符合度以及“有选择”（在列队辨认中表现积极的证人）与“无选择”（拒绝辨认的证人）。[④]

“有选择”与“无选择”的区别在法庭上尤其重要，因为“有选择”的证人（加上他们选择的被告人）会在法庭上作证。“无选择者”对司法系统的影响较小，因为他们通常被认为是“不可靠的”（尤其是当他们没

---

① Deffenbacher, K., “Eyewitness accuracy and confidence: Can we infer anything about their relationship?” *Law and Human Behavior* (4), 1980, pp. 243 - 260.

② Penrod. S. D., Loftus, E. F., & Winkler, J., “The reliability of eyewitness testimony: A psychological perspective”, In N. Kerr & R. Bray, eds., *The psychology of the courtroom*, Academic Press, 1982, pp. 119 - 168.

③ Bothwell, R. K., Deffenbacher, K. A., & Brigham, J. C., “Correlation of eyewitness accuracy and confidence: Optimality hypothesis revisited”, *Journal of Applied Psychology* (72), 1987, pp. 691 - 695.

④ 参见 Sporer, S. L., “Post - dicting eyewitness accuracy: Confidence, decision times and person description of choosers and non - choosers”, *European Journal of Social Psychology* (22), 1992, pp. 157 - 180；等等。

有认出嫌疑人时)，没有结果的辨认程序也不会作为提起公诉的依据。[①]

7. 有选择与无选择者

研究表明，信心—准确度的相关性对有选择者和无选择者的影响不同。Fleet、Brigham 和 Bothwell 曾指出辨认后信心与准确度相关性较强(0.30)，但体现在有选择者中的相关度(0.50)要高于体现在无选择者中的相关度(0.14)。[②] Sporer 得出了类似结论：无选择者的相关性分别为0.08、0.34，而有选择者的相关性分别为0.58、0.59。Brigham 对其实验中的六组数据重新分析，发现有选择者的平均值为0.37(533名参与者)，无选择者的平均值为0.19(863名参与者)。[③]

最近，Sporer、Penrod、Read 和 Cutler 研究了30项实验数据(4036名参与者)，总体相关性是0.29，符合先前研究结果。在有选择者中，$\underline{r}$ = 0.41，$\underline{N}$ = 2467，在无选择者中，$\underline{r}$ = 0.12，$\underline{N}$ = 1569。这些数据表明，仅对于作出积极辨认的证人而言，信心在某种程度上能够预测准确度；但对于拒绝指认的证人而言，信心与准确度的关系微弱。[④]

如何比较相关系数为0.41的平均值与此处讨论的其他影响呢？Cutler 和 Penrod 对目标缺席情况作了六项研究，发现偏向性明显的指示会导致78%的辨认率，而公正的指示仅导致39%的辨认率。在417名总体数量的基础上，差异为0.38。[⑤]

遗憾的是，像 Sporer 等人在报告中提到的影响信心—准确度关系的辨

---

① Malpass, R. S., "Effective size and defendant bias in eyewitness identification lineups", *Law and Human Behavior* (5), 1981, pp. 299 - 399.

② Fleet, M. L., Brigham, J. C., & Bothwell, R. K., "The confidence - accuracy relationship: The effects of confidence assessment and choosing", *Journal of Applied Social Psychology* (17), 1987, pp. 171 - 187.

③ Brigham, J. C., "Is witness confidence helpful in judging eyewitness accuracy?", In M. M. Gruneberg, P. E. Morris, & R. N. Sykes, eds., *Practical aspects of memory* (Vol. 1), Wiley, 1988, pp. 77 - 82.

④ Sporer, S., Penrod, S., Read, D. & Cutler, B. L., "Choosing confidence and accuracy: A meta - analysis of the confidence - accuracy relationship in eyewitness identification", *Psychological Bulletin* (118), 1995, pp. 315 - 327.

⑤ Cutler, B. L., & Penrod, S. D., *Mistaken identification: The eyewitness, psychology, and law*, Cambridge University Press, 1995.

认条件的适用前景问题还不甚明了。主要原因是在原始条件下，证人的自信心具有高度可塑性，并且可能被以减弱、破坏 Sporer 等人在研究报告中提到的信心与准确度关系的方式“驱使”。关于这个问题本文将在后面“信心可塑性”一节中讨论。

8. 陪审团成员对证人信心与对其他因素的依赖性

一些研究将重点放在陪审团成员对影响辨认准确性因素（除证人信心之外）的敏感度上：如果陪审团对这些因素敏感度较强，那么他们对证人信心的依赖就会较小。

Cutler 等学者展示了一份以证人辨认为主导的模拟庭审录像，其中的陪审团成员由研究生及资历深厚、经验丰富的陪审员组成。研究者在辨认程序中设置了 10 个变量并对作证条件进行操控。其中一个变量是证人对自己正确指认抢劫者有（a）100% 或（b）80% 的信心。这项操作对陪审团的判断产生了数据上的唯一影响。结果显示，像伪证、武器聚焦效应、暴力、记忆间隔、偏见指令（鼓励证人作出积极指认）、陪衬物偏见（队列成员与嫌犯的相似度）等重要因素对陪审团成员的判断几乎没有影响。简言之，证人的信心是陪审团当时最重视的因素。

综上，问卷调查、事后效度、模拟陪审团实验和信心—准确度研究共同指向一个令人担忧的结论：陪审团似乎高估了证人辨认的准确度，难以识别证人是否可靠，而且基本都过度依赖证人的信心。此外，再加上证人信心具有高度的可塑性，辨认程序的前景显得更加扑朔迷离。

9. 证人信心可塑性

证人信心可塑性是指辨认后证人对自己先前辨认的信心变化趋势。司法系统的参与者可能通过种种方式破坏证人的信心，使证人在法庭上表现出的信心水平不再能够代表其记忆的准确度。一名高度自信的证人，他的辨认证言具有较强的说服力。显然，这种高度的信心主要来自烙印在脑海深处的记忆。若辨认对象与证人的记忆高度重合，那么证人的信心就会增强。[①]

---

① Leippe, M. R., “Effect of integrative memorial and cognitive processes on the correspondence of witness accuracy and confidence”, *Law and Human Behavior* (4), 1980, pp. 261 – 274.

遗憾的是，证人的信心还可能归于其他原因。最早提出证人信心可塑性概念的学者 Hastie、Landsman 和 Loftus 发现，若就某一辨认细节对证人进行多次重复询问，那么该证人对此细节的确认程度就会大大加强。[①]

Wells 等人证实，辨认执行者的简短提示确实会导致目击证人信心膨胀。在交叉询问中，经过提示的证人的自信心明显高于没有经过提示的证人，其证言也更容易被陪审团采纳。可惜的是，这种正相关往往发生在辨认准确度低的证人身上，对可靠的证人而言，提示并不影响他们的辨认信心。而之前的研究已经证明，陪审团的判断主要依赖于证人的信心强弱。正因为陪审团（以及法官和律师）如此看重证人的信心，结果经过提示但指认错误的证人证言被采纳，无辜者被定罪。

为了说明证人信心可塑性问题，Luus 和 Wells 通过实验取得 136 名被试的错误辨认样本。[②] 首先，实验者将被试两两分成一组，使其目击一起盗窃案；随后，证人被分开进行错误辨认（证人自己并不知道指认有误）。辨认结束后，一组中的一方被告知同组目击证人的辨认情况，另一方对同组成员的选择不知情。最后，由假扮成校园警卫的实验助手收集并记录被试的信心水平（共有十个等级）。被试的陈述被全程录音录像。

结果显示，当证人被告知其与同组目击者指认的是同一个人时，他表现出的自信心大大加强（平均信心水平为 8.8，而对照组中的平均水平为 6.9）。即使证人得知同组证人开始与其选择同一个人，后来放弃辨认或转而指认其他人时，该证人的信心水平也分别高达 8.5 和 8.3。此外，告诉证人其同组证人指认出一个不太可能为嫌犯的人时，他的自信心水平为 7.9，也高于没有得到任何提示的证人。但当证人得知他的同组证人先指认了另外的人，后来放弃指认时，他的信心水平为 6.1，略微低于对照组中的证人信心。

有三类被试表现出了最低的信心水平：第一类是被告知同组证人指认

---

① Hastie, R., Landsman, R., & Loftus, E. F., "Eyewitness testimony: The dangers of guessing", *Jurimetrics Journal* (19), 1978, pp. 1 – 8.

② Luus, C. A. E., & Wells, G. L., "The malleability of eyewitness confidence: Co – witness and perseverance effects", *Journal of Applied Psychology* (79), 1994, pp. 714 – 724.

了其他人（4.7）；第二类是被告知同组证人一开始选了同一个人，后来改变主意指认了其他人（4.7）；第三类是被告知同组证人认为犯罪者不在辨认照片中（3.6）。当 Luus 和 Wells 让模拟陪审团对证人陈述作出评价时，他们发现陪审团的评定与证人信心水平高度相关（这也证明了先前讨论的陪审员依靠证人信心作出判断）。这项实验在陪审团评价证人目击质量、可信度和细节描述等方面也起到了一定作用。

与证人一无所知相比，辨认结束后告诉证人他辨认出了真正的犯罪者具有更深远的影响。Wells 和 Bradfield 通过实验得到 352 个错误辨认。[①] 实验按以下步骤进行：辨认结束后，随机对被试作出反馈。一些被试得到确认反馈（“很好，你认出了犯罪嫌疑人”），一些被试得到否定反馈（“事实上 4 号是犯罪者”），其余没有得到任何反馈。随后实验者询问被试在辨认时的信心。结果表明，相较于得到否定反馈和没有得到反馈的被试，得到肯定反馈的被试对其辨认的准确性明显更具信心。除此之外，得到肯定反馈的证人会扭曲目击条件，如夸大观察条件、强调自己目击时的注意力投入等。上述实验证实，高度自信并不必然意味着高准确率，当证人得到反馈或得知其他证人的选择时，他的自信心也会发生变化。

10. 信心——作为系统变量

Wells 将系统变量定义为“刑事司法系统直接控制（或有可能）直接控制的变量”。随着关于信心可塑性研究的日渐深入，人们认识到，列队辨认的执行者能够通过控制指示证人的时间和内容，进而操纵其在辨认过程中的信心变化。在一次错误辨认中，证人的信心会受到外来信息的极大影响，这证明刑事司法系统在某种程度上控制着证人的辨认信心。因此，尽管目击证人辨认信心最初仅被认为是一种估计者变量，但其具有系统变量特性，这也将影响到下文的建议。

---

① Wells, G. L. , & Bradfield, A. L. , “ ‘Good, you identified the suspect’: Feedback to eyewitnesses distorts their reports of the witnessing experience”, *Journal of Applied Psychology* (83), 1998, pp. 360 - 376.

三　四项建议规则

上文的文献及实验数据已经证明，刑事司法系统控制的辨认程序会增大错误辨认风险或导致证人自信心膨胀。在本部分中，我们将遵循科学规律介绍四项简单的程序规则，致力于帮司法系统分担目击证人错误辨认的负担，消除这些导致错误的程序因素。

（一）规则 1：列队辨认的执行者

列队辨认应该由不知道犯罪嫌疑人身份的警察来执行。这项规则基于列队辨认与实验的类比理论。实验中的双盲法同样适用于列队辨认。[①]

刑事案件通常由参与该案侦查、知道嫌疑人身份的人员执行列队辨认。执行人员联系、指示目击证人，随时关注证人辨认过程，回答证人疑问，要求证人作出选择并进行记录。由于执行者与证人互动的密切性，尤其是交流者的眼神、面部表情和语言的接触，将对辨认结果产生显著影响，因此辨认过程如果无录音、录像记录，执行人员是否对证人辨认施加影响就无从得知。

人们在检验一项假设时，会天然地偏好支持假设成立的证据。[②] 人类这种思维和行为偏见为自证预言（当人们相信某个事件会发生时，他们会采取行动促使其发生）提供了生存沃土。而在辨认程序中，有效防止自证预言发生的方法之一就是使负责收集证据的人不知晓犯罪者的身份。

真实案例中尚未发现辨认执行者影响证人辨认的情况。因此，这项建议应在有限的程度上适用，并需要辅以其他条件。首先，实验证明执行人员的某些行为，诸如微笑或对某张照片的非言语暗示等，都有可能导致目

① Harris, M. J. , & Rosenthal. R. , "Mediation of interpersonal expectancy eflects: 31 meta - analyses", *Psychological Bulletin* (97), 1985, pp. 363 - 386; Rosenthal, R. , *Experimenter effects in behavioral research*, New York: Irvington Press, 1976.

② 如 Dawes, R. M. , "The mind, the model, and the task", In F. Restle, R. M. Shiffrin, N. J. Castellan, H. R. Lindman, & D. B. Pisoni, eds. , *Cognitive theory* (Vol. 1), Erlbaum, 1975。

击证人辨认错误。[①] 其次，警察对辨认队列的安排方式容易暴露出他们对已经获得的关于谁是嫌犯的信息，从而将证人的关注点转移到嫌犯身上。[②] 最后，执行人员的言语将对证人信心产生极大影响，鼓励性语言容易增强本来不确定的证人的自信心，即使他指认的是无辜者。[③]

真实案件中，收集执行者将证人关注点转移到特定嫌疑人身上的证据具有难度，因为辨认程序中的非警察监督员通常不出席照片辨认，列队辨认也极少参与（下文会提到）。另外，警察局一般不会对辨认过程进行录像记录。尽管如此，在个别案件中，似乎存在执行人员影响证人的情况。例如，在州诉华盛顿抢劫案[④]中，侦查人员获取了一张自以为是本案头号犯罪嫌疑人詹姆斯·华盛顿、其实是无关人员的照片。他将这张照片置于辨认的六组照片中的第三组并将其展示给证人。最后如警察所愿，证人指认了第三组（后警察意识到自己的错误，遂取得真凶华盛顿的照片将其置于第二组，让证人重新进行辨认，证人指认出了华盛顿）。本文作者之一（GLW）将华盛顿的照片展示给 50 个人看，随后让他们在案件第一次辨认的六组照片中选出与其最像的人。结果没有一个人选择第三组，也就是那张侦查人员错拿的照片。那么在首次辨认中，证人是如何辨认出与华盛顿根本不像的无辜者的照片的呢？唯一的解释就是该侦查人员操纵了第一次辨认程序从而得到自己想要的结果。

通过某种方式主导证人的选择并不是规则 1 所要解决的唯一问题。在实践中，一些列队执行人员在辨认后会立即向证人表示“是的，这就是那个人”或“很好，这就是我们认为的那个人”或“对，这个人曾经有类似的犯罪记录”。之后，证人会被询问对自己的选择有多大把握。毫无疑

---

① Fanselow, M. S. , & Buckhout, R. F. “*Nonverbal cueing as a source of biasing information in eyewitness identification testing*”, New York: Center for Responsive Psychology, Brooklyn College CUNY, 1976.

② Wells, G. L. , & Seelau, E. , “Eyewitness identification: Psychological research and legal policy on lineups”, *Psychology, Public Policy, and Law* (1), 1995, pp. 765 – 791.

③ Wells, G. L. , Seelau, E. , Rydell, S. , & Luus, C. A. E. , “Recommendations for conducting lineups”, In D. F. Ross, J. D. Read, & M. P. Toglia, eds. , *Adult eyewitness testimony: Current trends and developments*, Cambridge University Press, 1994, pp. 223 – 244.

④ State v. Washington, No. 97 – 2216 (SC 14th Circuit, December 10, 1997).

问，得到鼓舞的证人将会无比确信自己的选择，即使一开始他们并不确定自己指认的那个人是不是真正的嫌犯。不幸的是，若执行者在询问证人信心前提及不利于被指认人的证据，那么证人信心就不再仅仅依附于证人的记忆。

接下来，假定执行人员不知道证人的选择结果，他们无法提供任何关于被指认人的“事实”。证人将单纯基于自己的记忆来回答相关信心问题。这时证人表现出的自信心就不会受到外部信息的干扰。

（二）规则 2：辨认时的说明

证人应当被明确告知：嫌犯不一定在场，辨认不是必需的；执行者也不知嫌犯为何人。规则 2 前半部分遵循下列经验数据：与没有被告诫的证人相比，被告诫真凶可能缺席的证人辨认出无辜者的可能性低。[①] 通常认为错误辨认的风险来自证人往往指认那个跟嫌犯最相像的人的倾向。该指示意在警告证人存在真凶缺席的可能性，鼓励证人不要仅靠相对判断作出指认；同时，此项规则也使没有结果的辨认合法化。以任何方式向证人暗示罪犯就在队列或照片中（或他们的任务就是发现隐藏在其中的真凶）等同于让证人选出跟其他陪衬者相比最像嫌犯的人。

实验证明，明确告知证人嫌犯可能缺席的指示会降低目标缺席队列的错误辨认率，却无法降低目标在场情况下的错误辨认率（参见 Steblay 在 1997 年对指示作用的元分析）。若辨认队列通常都包含真凶，那么这项指示就基本无用武之地，我们也不必担心证人会作出相对判断，但事实并非如此。辨认程序的启动对证据的要求并不高，它的目的是检验嫌疑人是否真正的犯罪者，如果侦查人员已经查明嫌犯就是犯罪者，那目击证人又有何用？因此，无论比例大小，我们必须承认目标缺席的可能。告诫证人真凶可能缺席，能够有效防止证人以为警察已经掌握了犯罪者身份、他们的任务只是找出这名嫌疑人的错误想法。对于犯罪者不在队列中的错误辨认

---

① 参见 Parker, J. F. , & Caranza. L. E. , “Eyewitness testimony of children in target - present and target - absent lineups”, *Law and Human Behavior* (13), 1989, pp. 133 - 149；等等。

案件，表 1 中也列举了一部分。

规则 2 的后半部分与规则 1 有关。队列执行人员应当不仅不知道队列中谁是嫌犯，而且应当被（证人）感知到自己不知道谁是嫌犯。这能够防止证人从警察那里寻求选择谁或选择的人是不是“对的人”的线索。

（三）规则 3：列队辨认的结构

在列队或照片中，嫌犯不能基于目击证人对犯罪者的先前描述或基于其他容易导致对嫌犯加以特别关注的因素而与陪衬者有显著的不同。规则 3 看似简单，实则最为复杂。这项规则同时解决了相对判断法、类比理论以及实证检验中的问题。首先，行为实验中有一个重要原则：实验材料、指示等都不能向研究对象传达实验者的假设，如果这么做，对象就只会对假设本身而不是刺激作出回应。假设因程序本身设计使证人知晓嫌犯身份如只有嫌犯符合证人对警察作出的先前描述；只有嫌犯穿着犯罪者曾穿过的相似衣服[①]；只有嫌犯的照片是从不同角度拍摄等，这些使嫌犯明显区别于其他人的方式令我们难以判断证人是真的认出了罪犯，还是靠某些提醒作出的辨认。

很明显，“顺序呈现”程序（证人一次只能观察一人并作出指认的程序）并不符合规则 3 的要求。尽管一些心理学文献认为依次辨认要优于列队辨认，因为它不会助长相对判断的泛滥，[②] 但有明显证据表明，顺序列队辨认比合理的列队辨认更有可能出错。[③] 顺序列队辨认具有暗示性，有可能向证人传达谁是嫌犯的信息，这与之前提到的类比理论相悖。在照片或队列中，证人一个相当确定的回应（如作出指认）有时会被立即认为是明显的错误（如指认出陪衬者），但顺序列队辨认就不会出现这种情况。

---

① Lindsay R. C. L., Wallbridge, H., & Drennan, D., “Do clothes make the man? An exploration of the effect of lineup attire on eyewitness identification accuracy”, *Canadian Journal of Behavior Science* (19), 1987, pp. 463 – 478.

② Gonzalez, R., Ellsworth, P., & Pembroke, M., “Response biases in lineups and showups”, *Journal of Personality and Social Psychology* (64), 1994, pp. 525 – 537.

③ 参见 Dekle, D. J., Beale, C. R., Elliot, R., Huneycutt, D., “Children as witnesses: A comparison of lineup versus showup methods”, *Applied Cognitive Psychology* (10), 1996, pp. 1 – 12；等等。

美国法院通常会采用顺序列队辨认。如，在 1967 年 Stovall 诉 Denno 一案中，最高法院就认为顺序列队辨认具有暗示性但是必要的，因为谁都不能保证作为受害人的证人能坚持到辨认结束的那一刻。更普遍的做法是，即使不需要证人立刻作出回应，在不会出现导致错误辨认的实质可能性时，依次辨认这种暗示性程序也会被采用。这种论证的逻辑在于强调错误辨认的可能性，而不是具有暗示性的程序本身。然而，由 Biggers 和 Braithwaite 提出的衡量是否存在错误辨认的实质可能性的标准缺乏理论依据。有研究表明，五项标准中的三项（证人的确信度、注意力和观察机会）会受到暗示性程序的极大影响。带有倾向性的列队辨认、带有倾向性的指示、向证人暗示嫌疑人等都能影响证人的确信度。讽刺的是，暗示性程序提高证人的确信度，过高的确信度又导致暗示性程序的失败，因此，我们对顺序列队辨认表示极度忧虑。

在既定队列中，规则 3 得到遵守的程度可以用“模拟证人”程序检验。[①] 模拟证人从未见过犯罪者。侦查人员向他们提供证人对罪犯的描述，展示队列辨认的图像，并询问他们心中的嫌犯人选。若要满足规则 3 的要求，那么模拟证人指认出正确嫌疑人的概率极低。如果模拟证人在这些条件下成功推断出了嫌疑人，我们就该担忧：证人的选择究竟是认知记忆的产物，还是类似于模拟证人运用的推断方法的产物？

其次，选择符合证人先前描述的犯罪嫌疑人特征的陪衬者的做法基于相对判断。具体来说，如果嫌犯是队列中唯一符合证人对犯罪者描述的人，那么与队列中其他人相比，嫌疑人更像犯罪者就有了很高的先验概率。结果就是任何倾向于作出相对判断的证人会将矛头转向这名可能无辜的嫌疑人，反而破坏了证人指认出无辜嫌疑人概率的理论上限，因为对整个队列的成员来说，出错的机会是不均等的。

选择符合证人对犯罪者的先前描述的人作为陪衬者是最容易被误解的建议之一。最新研究已经证实，陪衬者不一定要与嫌犯相像，但一定要与

---

① 参见 Doob, A. N. , & Kirshenbaum, H. , “Bias in police lineups—partial remembering”, *Journal of Police Science and Administration* (1), 1973, pp. 287 – 293；等等。

证人描述的犯罪者相像。① 选择与嫌疑人相像的陪衬者符合规则 3 的要求（也能通过模拟证人测试）但并不可取。在某些时候，它会导致队列中的成员如同复制粘贴一般，加大同质性，影响辨认效果。另外，因为证人对犯罪者的描述通常比较笼统，“符合描述”标准的运用保持了足够的队列差异性，结果就是“克隆”队列的可能性将减小，证人对目标人物的辨认不会受到干扰，同时也避免了无辜者在队列中过于突出。②

1. 嫌疑人与描述不相符

在列队辨认的组织过程中，“符合描述”虽是首选，但在某些特殊情况下也会造成实施上的难题。首先，有时嫌疑人的外貌特征会与证人描述的罪犯外貌特征有较大出入。这通常发生在其他证据指向嫌疑人的时候（如持有犯罪凶器）。此嫌疑人在一群符合目击者描述的人之中将过于引人注目，因为只有他不符合目击者的描述。在这种情况下，我们建议在选择陪衬者时，既考虑目击者描述的犯罪者的特征，也考虑嫌疑人的特征。经过这种调整，我们仍然建议队列成员的外貌特征应在证人描述范围之内。但是，一旦这两种特征出现了不一致的情况（如证人描述的犯罪者是红色头发，但嫌疑人有一头褐色头发），我们建议用嫌犯的特征作为标准。1991 年，Luus 和 Wells 提供了此种方法的一个样本。据目击证人描述，犯罪者是一名下颌突出的 21 ~ 25 岁的白人男子。假设有这样一名嫌疑人符合以上所有特征，除了他的下颌微微凹陷，以及他的年龄是（看起来也像）32 岁。此时不能盲目地一味使用“符合描述”的策略，而需要综合以上方法：陪衬者应当选择 32 岁左右、高约 5 英尺 9 英寸、重约 165 磅、黑发且下颌微微凹陷的白人男子。

2. 嫌犯具有未被提及的独特特征

“符合描述”策略有一个潜在问题，即当嫌疑人具有某种目标人物不

---

① 参见 Luus, C. A. E., & Wells, G. L., “Eyewitness identification and the selection of distracters for lineups”, *Law and Human Behavior*（15）, 1991, pp. 43 – 57；等等。

② Justin, P., Olson, & Winman, A., “Calibration and diagnosticity of confidence in eyewitness identification: Comments on what can and cannot be inferred from a low confidence – accuracy correlation”, *Journal of Experimental Psychology: Learning, Memory and Cognition*（5）, 1996, pp. 1304 – 1316.

具有的独特特征时该如何处理。如果遵循原则忽略该特征，嫌疑人在队列中就会特别突出。但“毋庸置疑，每位陪衬者都可能有一些独特的、若被分离出来会显得特别突出的特征”。[①] 这样，问题就再一次回到了如果模拟证人得到了目击者关于真凶的描述，他们会不会更容易指认出队列中那个具有独特特征的嫌疑人。简言之，如果目击者没有提及嫌疑人某个独特特征，就没有必要将此特征复制到整个队列。证人没有提及的特征的多样性有助于发挥认知记忆在列队辨认中的作用。

3. 嫌犯具有未被提及的普通特征

证人在描述犯罪者时提供的细节程度很重要。如果他们认为某些特征过于普通，那么即使他们记得这些特征也不会在辨认前的陈述中提出。[②] 举例来说，证人在描述一名下颌干净的男子时，可能就不会特意提及其没有胡须。“若被告人具有某些证人没有提到的‘默认值’时，这就是一个带有明显倾向性的队列”。[③] 例如，如果证人没有提到胡须这类特征，那么队列中就可能出现只有嫌疑人的面部是干净的而其他人脸上都或多或少带有胡须的情况。从某种意义上来说，整个队列成员的特征均符合证人的描述，因为有无胡须并不在描述范围内。但是，规则 3 要求，在列队或照片中，嫌犯不能基于目击证人对真凶的先前描述或基于其他容易导致对嫌犯加以特别关注的因素而与陪衬者有显著的不同。上述队列违反了规则 3 的后半部分。关键问题在于，如果模拟证人得到了目击者关于犯罪者的描述，他们会不会更容易指认出队列中那个具有独特特征的嫌疑人。

4. 详细的独特描述

若证人对犯罪者的独特特征（如疤痕或文身）描述得过于详细，这将导致另一问题，那就是找不到符合条件的陪衬者。在这种情况下，我们会

① Luus, C. A. E., & Wells, G. L., "Eyewitness identification and the selection of distracters for lineups", *Law and Human Behavior* (15), 1991, p. 54.

② Lindsay, R. C. L., Martin, R., & Webber, L., "Default values in eyewitness descriptions: A problem for the match - to - description lineup foil selection strategy", *Law and Human Behavior* (18), 1994, pp. 527 - 541.

③ Lindsay, R. C. L., Martin, R., & Webber, L., "Default values in eyewitness descriptions: A problem for the match - to - description lineup foil selection strategy", *Law and Human Behavior* (18), 1994, p. 529.

考虑是否有必要安排列队辨认。因为列队辨认只有在证人描述模糊、不确定犯罪者身份时才有意义，通过模糊描述，列队辨认能够帮助证人回忆起先前遗忘的关于罪犯的外貌特征。而当证人的记忆完整清晰到记得犯罪者的独特特征时，记忆唤醒任务（如队列）就失去了存在的意义。因此警察只需要逮捕符合证人描述的嫌疑人即可。

5. 多名目击证人

当证人不止一位且不同证人的描述存在矛盾时，需要为每一位证人分别组织队列。这虽然会花费大量的人力财力，但至少能保证部分证人不受到带有倾向性队列的影响。如果某些特征使证人偏向于选择嫌疑人，这些特征也会对其他证人产生同样影响，即“相关误差”（correlated error），其理论基础是先前讨论的类比理论，也类似于刺激因素和测试材料的抵消与随机化的实证研究。

6. 辨认对象数量

辨认对象的数量问题类似于陪审团成员数量问题，为了慎重起见，本文对此不作具体建议。研究表明，错误辨认率与队列成员的数量成反比，当队列成员增多时，错误率随之下降。现在我们假设嫌疑人是无辜的且队列安排合理，与其他人相比，嫌疑人与犯罪者最为相像的概率为 1/N（N 代表队列人数）。[①] 在一个六人队列中，概率为 1/6，在 10 人组成的队列中概率是 1/10，以此类推。Levi 于 1997 年提出一个令人信服的主张，即现实生活中，真凶缺席的队列辨认率在 60% 左右。这意味着即使按照本文提出的要求安排队列，在一个六人队列中，无辜嫌疑人还是有 10% 的可能被指认出来（也就是 60% 的 1/6），这个数字远高于司法体系可接受的限度。

（四）规则 4：获取信心水平陈述

证人应当在作出辨认抑或未作出辨认后立即报告信心水平，在报告完

---

① Wells, G. L., & Turtle. J. W., “Eyewitness identification: The importance of lineup models”, *Psychological Bulletin* (99), 1986, pp. 320 – 329.

成之前，执行者不得给证人任何反馈。因为证人的信心陈述很容易被辨认后发生的与记忆无关的事件（辨认后事件）改变。据前所述，目击证人作出的信心证言是事实认定者判断辨认准确性的决定性因素。在辨认的过程中对证人的信心进行记录，能够有效防止辨认后发生的无关因素干扰。若证人在审判时表现出来的信心远高于辨认时的信心，那么事实认定者就要考虑信心膨胀的来源而非证人记忆。

对于嫌疑人的指认能增强证人信心这一问题的回答也支持该项建议。辨认结束后，当证人知道其他证人与自己的选择相同或被告知自己选择的正是嫌疑人时，证人的信心将大大增强。任何关于嫌疑人信息的暗示都可能提高信心。因此，证人在证人席上展现出来的信心也许不足以反映其记忆的准确性，却能反映出时间、形式或（证人在一定程度上知晓的）其他不利于被告人的证据。关键问题在于证人会因得到的反馈而无法准确描述自己的信心。[①] 也就是说，辨认结束后描述的辨认时的信心状况只能反映其当下信心状况。了解证人在辨认时的信心状况的唯一途径就是在辨认过程中记录证人的信心。

如有其他证据表明证人确实可能作出了正确辨认（假设证人辨认时并不确定，随后他得知他指认的那个人有过类似的犯罪记录），在这种情况下，证人信心增强是合乎情理的吗？在某种意义上说答案是肯定的，因为先前的犯罪记录确实能加大证人指认正确的可能性。但从法律层面来说却有问题，需要由陪审团或法官衡量被告人先前犯罪记录的证据价值。假设被告人的先前犯罪记录不可采，那么陪审团接触不到这项信息。但是此记录会增强证人反驳被告人的自信心，而证人充满信心的证言反过来也将影响陪审团的决定。

审判之前，证人有很多方法获取可采/不可采的证据用以对抗被告人，因此也许无从阻止证人在辨认结束到审判之间信心的膨胀，但在辨认过程中对证人的信心进行记录却是可能的。当把这项建议与规则 1（队列执行

① Wells, G. L., & Bradfield, A. L., " 'Good, you identified the suspect': Feedback to eyewitnesses distorts their reports of the witnessing experience", *Journal of Applied Psychology* (83), 1998, pp. 360 - 376.

人员不应当知道嫌疑人的身份）结合起来，我们会欣喜地发现，辨认时的证人信心在很大程度上依赖证人记忆，它能够成为辨认准确度的有效指标。但是若有其他事件在作出辨认与记录信心之间进行干扰，导致此建议被破坏，那么记忆就不再是证人信心的唯一来源。

四　成本与收益分析

（一）成本

建议的提出往往会使法律系统付出大量金钱及其他成本。但上述四项建议基本不需要耗费过多金钱成本。也许规则 1 可能花费一些时间及人力成本，因为要考虑找一位不知嫌犯身份的执行者。但可由其他任何探员、调度员或警局里的工作人员代替，因为组织列队辨认并不需要大量训练或技巧，对证人的指示也可以形成固定模板。一些警局可能希望通过安装屏幕和监控来实现程序的自动化，但为规则 1 去购置新设备是不必要的。综上，这四项建议都消耗不了太多成本。

除此之外，遵守上述建议还可能造成定罪成本。例如，按照嫌疑人的样貌寻找陪衬者或明确告知证人真凶可能缺席会在何种程度上影响犯罪者被辨认出的概率？我们竭力推荐那些不会减小目标人物被辨认出的概率的程序，如规则 2。研究已经清楚地表明，采取规则 2 会降低在目标缺席的队列中无辜者被辨认出的可能性，但不会降低在目标在场的队列中嫌疑人被辨认出的可能性。① 同样的结果出现在规则 3，选择符合描述的人作为陪衬会降低无辜者被辨认出的可能性，但不会降低嫌疑人被辨认出的可能性。② 规则 1 能降低真凶被认出的概率是确定的。当实施者知道队列中谁是嫌疑人并将此信息传达给证人时，犯罪者被辨认出的可能性会增大，但

① Malpass, R. S., & Devine. P. G., "Eyewitness identification: Lineup instructions and the absence of the offender", *Journal of Applied Psychology* (66), 1981, pp. 482 – 489.

② 参见 Lindsay, R. C. L., & Wells G. L., "What price justice? Exploring the relationship between lineup fairness and identification accuracy", *Law and Human Behavior* (4), 1980, pp. 303 – 314；等等。

这不被法律允许。规则 4 建议在辨认过程中收集证人关于信心的陈述，以消除其他可能增强证人信心的人为因素的影响，对降低证人平均信心水平有一定帮助，违反该规则反倒会增加引入错误信心的成本。

（二）收益

以上四项建议司法成本低且收益可观，最大优势在于保护无辜嫌疑人，其次是降低司法系统对错误辨认的影响。目击证人辨认错误不可避免，但难以预测的巧合造成的错误（如目标人物与无辜嫌疑人高度相似）和程序本身造成的错误（如陪衬者与目标人物的样貌不相符，导致无辜嫌疑人过于突出）本质不同，司法系统的公信力更多取决于后者。随着越来越多错误辨认及冤错案件的发生，司法系统的公信力在民众眼中正在减弱。当前的主要工作是改进这四项规则，向外界传递出司法系统已经认识到自身问题并正在积极寻求解决的信息。

表 1 中错误辨认案件的受害人要远多于被错误定罪的无辜者。事实上，在这些案件中作出辨认并在法庭上作证的 46 名证人也同样是受害者，他们忍受的是良心的谴责，即使这不是他们的错。一些案件中的嫌疑人与罪犯高度相似，证人无法区分情有可原。问题在于警察通常不会提示证人真凶可能不在队列中，队列中的陪衬者往往不符合规则 2 的要求，辨认实施者知晓犯罪嫌疑人的身份，证人在辨认之后也常常会得到反馈。司法体制一边在使用着自认为最安全的程序，一边将一切都归咎于证人。

以上四项建议的另一大收益便是有效减少专家证言。研究目击证人辨认的专家通常比较关注获取辨认证据的程序。如果程序一切正常，他们就不会提供专家证言，法官也不会允许专家出庭，驳回辨认证据的动议也将失去支持。相反地，辨认程序若不遵守这些规则，引入对被告有利的专家证言，将公诉方置于在合理程序缺失下防御的困难境地，引起反对辨认证据的动议，结果就是陪审团认为嫌疑人被辨认出还有其他解释（暗示性程序）而宣告被告人无罪。

五　其他程序改进建议

上述四项建议并没有穷尽改进列队辨认程序的全部状况。另外还有素描、电脑画像、衣着、空白队列、相反队列、对未成年证人的特别指示等。

本文仅提出四项建议的原因是考虑到规则过多容易引发警察和政策制定者的抵制，也会稀释主要规则的价值。即便如此，本文认为应当再加上两项重要规则，即按顺序进行列队辨认和对辨认过程录像。很多研究目击证人问题的学者都希望它们能够被列入此文。经过慎重考虑，我们决定在文章的最后增加这两个规则。本文的态度是支持这两项规则，但不赞同将它们提升到与前四项核心规则并肩的位置。下面的章节将介绍这两个规则并对其不能成为基本规则的原因加以解释。

（一）顺序列队辨认

顺序呈现的辨认由队列成员依次出场，证人必须在见到下一位辨认对象之前作出决定（他是/不是犯罪者）。相较于普通的同时呈现的队列，顺序列队辨认只在目标缺席时有优势。顺序列队辨认在首次提出之后，就在美国、加拿大、德国以及英国得到了响应，按顺序进行的队列优于同时进行的队列这一论断甚至得到了心理科学界的认同。但反对者也有其理由。第一，上述四项建议能够解决证人辨认程序中的大多数问题。因为在违反规则 2（警告证人真凶可能不在场）和规则 3（符合描述的陪衬者）的情况下，顺序列队辨认才发挥出其明显优势。[①] 第二，四项建议彼此相对独立，也就是说，其中一项规则（或组合）的适用不影响另一项规则（或组合）的适用。但顺序列队辨认并非如此。如果不同时采纳双盲规则（规则 1），顺序列队辨认的实施效果甚至不如同时进行的队列。虽然这一观点还未得到实证支持，但我们有理由担忧在顺序列队辨认中，若执行人员

---

① Lindsay, R. C. L. , Lea. J. A. , Nosworthy, G. J. , Fulford, J. A. , Hector, J. , LeVan, V. , & Seabrook, C. , "Biased lineups: Sequential presentation reduces the problem", *Journal of Applied Psychology* (76), 1991, pp. 796 - 802.

知道嫌犯是何人，错误辨认的风险会更大。因为与同时列队辨认相比，顺序列队辨认的实施者更容易识别出犯罪行为人。第三，以上四项规则剑指司法系统漏洞，并且每一项建议都具有“自证特性”，因此从其运行原理和必要性方面更容易被司法者理解。而顺序列队辨认以相对判断概念为基础，不属于立法者现阶段考虑的范畴。第四，本文所提建议不要求当前司法实践（包括同时进行的列队辨认）作出太大改变，但顺序列队辨认则需要操作上的彻底变革。最后需要指出的是，上文提出的建议并不禁止顺序列队辨认的应用，若此程序被采纳，上述四项规则不受影响。

（二）对列队辨认程序及目击证人录像

对列队辨认程序及目击证人进行录像这一规则非常具有吸引力。一方面，录像能够将照片或队列中成员的真实样貌、警察的指示（言语及行为）以及证人面对队列的反应进行独立的电子化的记录；另一方面，根据证据开示规则，录像内容可以呈现给被告人、辩护人甚至陪审团成员。以上都是支持将录像纳入规则的理由。

对列队辨认进行录像的做法值得鼓励，但将其纳入核心规则仍需商榷。原因有以下几点。第一，录像只是事后审查的工具，其本身不会起到降低错误辨认的作用，证人并不会因为自己的行为被记录下来而减少犯错的概率。第二，录像摄制的范围十分有限，未必能够有效发现辨认过程中的问题（除非有三台以上的录像机同时工作）。只能安排一台摄像机拍证人，一台拍执行人员，还有一台拍队列。为了将执行人员或队列成员的非言语行为与证人的反应相联系，三台录像机必须同时工作。除此之外，若没有专业人员在场，录音的效果通常很差。第三，与上述四项规则不同，录像需要耗费大量时间、设备和材料成本。违反了不使法律部门付出额外成本的基本前提。第四，录像会对证人产生一定影响。有一些执行者指出，某些证人在录像机的监视下会表现出明显的紧张情绪，有的证人甚至会拒绝作出辨认。在没有实践证明的情况下，本文建议暂时不将录像纳入基本规则。最后，若将录像纳入基本原则，执法部门会以被告人可以调取录像查看是否有暗示性行为为由绕开规则 1（双盲设计），但录像无法完全捕捉到某些暗示。

对一些害怕将辨认过程披露给外界的执行者来说，录像确实能起到震慑其行为的作用。但本文仍然认为双盲设计才是阻断执行人员向证人暗示嫌犯身份的最有效手段。但考虑到录像作为记录工具聊胜于无，我们也不过度阻止其在辨认过程中的使用。

六　结语

关于目击证人辨认的大量科学文献都承认，为获取辨认结果而设计的程序可能造成辨认的错误。列队辨认涉及的心理学方法，特别是相对判断法，都要求证人被告知真凶可能缺席、队列所有成员都应当符合证人关于犯罪者外貌的描述。辨认组织人与证人之间的动态互动关系连同人际影响，都需要队列实施者对嫌疑人的身份一无所知。除此之外，证人信心的最初作用是帮助司法体系评价辨认过程的可靠性。随着证人信心具有可塑性这一事实被大量实证数据证实，程序要求证人的信心陈述必须在辨认过程中获得（在其他因素影响证人之前）。这四项规则的适用将大大减少由司法系统本身造成的辨认错误。

Eyewitness Identification Procedures: Recommendations for Lineups and Photospreads

Gary L. Wells

Abstract: There is increasing evidence that false eyewitness identification is the primary cause of the conviction of innocent people. In 1996, the American Psychology/Law Society and Division 41 of the American Psychological Association appointed a subcommittee to review scientific evidence and make recommendations regarding the best procedures for constructing and conducting lineups and photospreads. Three important themes from the scientific literature relevant to lineup methods were identified and reviewed, namely relative-judgment processes, the lineups-as-experiments analogy, and confidence malleability. Recommendations are made that double-blind lineup testing should be used, that eyewitnesses should be forewarned that the culprit might not be present, that distractors should be selected based on the eyewitness's verbal description of the perpetrator, and that confidence should be assessed and recorded at the time of identification. The potential costs and benefits of these recommendations are discussed.

Keywords: eyewitness identification; lineups; photospreads

民商及网络法研究

夫妻共同债务认定的新变化与新思路

——试探“共债解释”适用中的若干问题

黄海涛*

摘要：本文针对最高法院颁布的关于夫妻共同债务认定的新司法解释的适用问题展开以下探讨：一是结合《民法总则》关于意思表示方式的规定，论证了司法中应大胆认定举债人配偶的口头意思表示或作为型默示，谨慎认定纯粹的沉默；二是具体探讨了家事代理制度的法律基础与本质，将举债的场合、目的、数额等作为认定家事代理范围的具体标准；三是肯定了表见代理制度的可适用性，探讨了如何严格掌握对有权代理的外观表象的认定；四是具体讨论了此类纠纷中的证明问题，如举证责任承担、合意共债、家事共债、利益共债的不同证明事项，债权人举证能力的不足与弥补，举债人配偶反证责任的具体要求等。

关键词：共债解释　意思表示　家事代理　表见代理　举证责任与反证

2018年1月16日，最高人民法院公布了《最高人民法院关于审理涉及夫妻债务纠纷案件适用法律有关问题的解释》（以下简称“共债解释”），其中规定了合意共债、家事共债、利益共债这三种夫妻共同债务的具体类型。

“共债解释”改变了既往夫妻共同债务的认定规则，在价值追求与利益衡量方面回应了社会的变化与当前人民群众的广泛诉求，又在立法技术

* 黄海涛，北京市第三中级人民法院民二庭副庭长、三级高级法官、北京市审判业务专家，法学博士。

上通过对实体法的强调与解释，通过对审判中举证责任分配与证明方法的改变，在司法解释所应遵循的限度内，较好地平衡了债权人、举债人、举债人配偶的相互利益。

新的司法解释虽然颁布了，而且取得了巨大的进步，但受篇幅所限，法律条文难以一一对应地解决司法实践中的各种问题，还有许多问题有待在实践中去解决。个人认为，我们在适用这一解释时，还需要注意以下问题。

一　区别对待举债人配偶不同方式的意思表示

法律条文既是法官的裁判规范，也是社会公众的行为规范。"共债解释"第 1 条规定夫妻双方应共同签字借款，官方解读为强调了夫妻共同债务形成时的"共债共签"，[①] 外界也有观点将其概括为"共签共债"。[②] 笔者认为，二者的区别主要在于一个是从法院司法审查、认定的裁判规则视角，一个是从民间借贷当事人的行为规范视角来看待问题，但使用哪一种表达方式并不重要，重要的是正确理解其法律意义与社会效果。这一条文明确表示共同签字是形成共同债务的"推荐方式"，是法院认定共同债务的首要依据，但绝不是必要条件或唯一法定事由。我们在实践运用中不能僵化地理解该条之规定，而应注意到司法解释对于共同意思表示的方式用一个"等"字表现出的开放态度。此时，需注意的是，配偶不同的具体的表示方式引发的司法认定问题。

让我们通过情景剧的方式来解析这一问题，假设夫妻二人共同前往亲友处借钱，借钱时的场景如下：其一，夫妻一方签订借款协议时，其配偶在场并口头表示这是两口子一起借的，今后一定尽快偿还；其二，夫妻一方签订的借款协议并收下款项，其向债权人表示他们夫妻双方都非常感

① 罗沙、杨维汉、熊丰：《夫妻共同债务究竟如何认定？——最高人民法院民一庭负责人解读夫妻债务纠纷案件司法解释》，http://www.xinhuanet.com/legal/2018 - 01/17/c_1122272162.htm。

② 余文唐：《夫妻共债新规：重大贡献与理解适用》，http://www.chinacourt.org/article/detail/2018/02/id/3199752.shtml。

谢，今后一定共同偿还，其配偶在场没说话，但频频点头；其三，夫妻一方与债权人寒暄，表明因为家里建房、购房或装修或交子女出国学费、保证金急用钱，所以夫妻俩只能到处借钱，感谢债权人相助，以后两人尽快按约定还款等，其配偶在场但未作任何表示；其四，夫妻一方签订借款协议并收款，但未表明用途，也未明确是个人借款还是共同借款，是个人还款还是共同还款，其配偶在场但未作任何表示。

具体如下。

1. 充分肯定配偶的非书面的明确表示

众所周知，书面形式只是意思表示的方式之一，民事主体还可以以口头或电子数据的方式作出明确的意思表示。除了前述场景一之外，还比如在借贷过程中，未签字的配偶通过微信、短信、电话联系等方式与债权人沟通并商定了借贷事项，又或在夫妻离婚纠纷中，双方均认可对外发生了借款，并同意分担该债务，以上情况均应认定为夫妻共同债务。

2. 大胆认定配偶的作为型默示

在民法上，默示包括作为型默示与不作为型默示两种，作为型默示是指当事人并不以文字方式，而是实施某种积极行为进行意思表示，他人“由特定行为间接推知行为人的意思表示”。[①] 作为型默示在社会生活中非常常见，比如上公交车并投币、挥手招出租车、进超市选择商品后带至收银台等。民法学通说认为，作为型默示的意思表示内容明确，相对人与社会公众可以直接根据此积极行为确定其意思，并应认定其效果。此类意思表示，除了前述场景二中配偶的点头之外，也可以是在收到款项时配偶的握手感谢等。对此，债权人有在场证人或录像等足以证明此行为的，我们也应当大胆认定。

3. 谨慎认定，但不应绝对排除配偶的沉默

民法上的沉默，即不作为型默示，是指当事人完全实施某种消极行为进行意思表示。[②] 由于在沉默中，当事人并无外在化的意思表示方式，故

---

① 王泽鉴：《民法总则》，中国政法大学出版社，2001，第339页。

② 王泽鉴：《民法总则》，中国政法大学出版社，2001，第339页。

仅仅依据其不作为本身就认定其在作出意思表示，自当严格限制。我国《民法总则》参酌国外立法例，特别规定了沉默作为意思表示，必须有法定、约定或交易习惯之前提。[①] 在对待夫妻共同债务认定问题时，对于配偶沉默的法律定性及法律效果，个人认为，应当注意是否具备以下两个要件：一是举债人是否以“为夫妻共同生活”的名义借款；二是该配偶是否明知仍保持沉默。如果两个要件均具备，则应当解读为该配偶未表示反对，视为认可举债人所言，“视为同意”，相应债务应当为共同债务。这是场景三与场景四的不同之处。但是，必须承认的是，“共债解释”并未对此提供可作为法律规定基础的条文，我们只能引用《民法总则》中诚实信用原则之规定予以弥补，作为认定沉默之意思表示效力的法律规定基础。

二　妥善把握家事代理制度的具体内涵

这次“夫妻共同债务司法解释”将家事代理权规定在其中，再次丰富了我国这一制度的内涵。但相对于理论研究的丰富以及比较法上的相关立法例，我国的现有规定仍略显简陋。如就家事代理的范围，《法国民法典》第 220 条规定，夫妻各方都有权单独订立旨在维持家庭日常生活与子女教育的合同，夫妻一方依此缔结的债务对另一方具有连带约束力。[②]《德国民法典》第 1357 条规定，婚姻的任何一方均有权处理使家庭的生活需求得到适当满足并且效力也及于婚姻对方的事务，婚姻双方通过此种事务而享有权利和承担义务。[③]《日本民法典》第 761 条规定，夫妻一方就日常家事同第三人实施了法律行为时，他方对由此而产生的债务负连带责任。[④]

司法解释往前走了一大步，审判实务还需要往前走几步，才能解决实

① 《民法总则》第 140 条：行为人可以明示或者默示作出意思表示。沉默只有在有法律规定、当事人约定或者符合当事人之间的交易习惯时，才可以视为意思表示。此类的法律规定典型者如《民法通则》第 66 条第 1 款：本人知道他人以本人名义代理而不作否认的，视为同意。

② 《法国民法典》，罗结珍译，中国法制出版社，1999，第 74 页。

③ 《德国民法典》，杜景林、卢谌译，中国政法大学出版社，1999，第 310 页。

④ 《日本民法典》，王书江译，中国法制出版社，2000，第 135 页。

践中遇到的各种问题。笔者认为，还需要注意以下问题。

1. 家事代理的法理基础问题

法理基础是法律制度设计与运用的基础与准则，确定法理基础，有“纲举而目张”之效。就家事代理权而言，理论界对此有不同的理解。有观点认为，夫妻作为利益共同体，双方为了日常生活的便利而享有家事代理权是法律对婚姻双方当然之授权;① 也有观点认为，应该是推定的意思表示，法律假定已婚妇女有以她丈夫的信誉作为担保的隐含代理权，即凡是一切家庭事务方面的必需品都要委托妻子管理。②

笔者认为，由家庭生活本身的团体性、日常性、公益性、细碎性所决定，共同利益与共同意思均可构成共同行为、共同责任的基础，但从该制度的历史沿革以及研究重点、研究进路考量，还是以共同意思更为合适，符合代理之本意。

2. 家事代理的法律性质问题

就家事代理权的法律性质问题，理论界有委托代理说、法定代理说、特种代理说、特殊制度说四种主要学说。③ 其中，委托代理说自罗马法时代已有体现，认为妻子的代理权是由丈夫委托的，可称“上古学说”，而特种代理说、特殊制度说强调此代理权的特殊性，但这种过度强调特殊性而不做归类的研究与定性方法，对于讨论这一问题并无裨益，为少数派观点，笔者亦不认同。

个人认同法定代理说，该说在理论界中为主流学说，在比较法上亦为通常做法。该说强调此代理来源的法定性，而非意定性，直接决定了其构成要件，对于司法实践中认定家事代理具有重要的指导意义。由此决定，家事代理的认定只需查明是否属于夫妻关系与日常家事，如此即可依法成立代理权，而无须探究该方是否在事实上具有代理权，夫妻双方在客观上是否曾经达成合意，或者配偶是否曾客观上对该行为人有过相关委托的意

① 杨振宏:《〈民法典〉总则增加家事代理制度的立法建议》,《苏州大学学报》(哲学社会科学版) 2016 年第 6 期。

② 陶继红:《浅析“夫妻间的家事代理”》, http://www.lwlm.com/html/2008-06/41510.htm。

③ 邓宏碧:《完善我国婚姻家庭制度的法律思考(下)》,《现代法学》1997 年第 2 期。

思表示。这对于便利夫妻对外家事活动、保护交易秩序与相对人利益均具有重要意义。

3. 日常家事的范围问题

就日常家事的具体范围问题，相对于法条中语言的凝练，理论研究的展示往往更为全面。如针对中国台湾地区的“民法”中规定的日常家务，史尚宽先生认为，应包括通常必要的一切事项，一家之食物、光热、衣着等之购买，保健（正当）娱乐、医疗，子女之教养，家具及日常用品之购置，女仆、家庭教师之雇用，亲友之馈赠，报纸、杂志之订购等，皆包含在内。[①] 王泽鉴先生认为，“日常家务指一般家庭日常所处理的事项，例如购买食物、衣物、家用电视、冰箱、油漆住所墙壁等，应依夫妻表现生活的程度决定之”。[②] 我国大陆学者则认为，因同居关系而构成的代理事项，必须是夫妻日常生活所必需，并且与平常生活水准相适应。[③] 也有学者指出，日常生活需要可根据不同的层次界定在以下方面：一是基本生活需要，二是精神生活需要，三是家庭管理需要。[④] 而王利明老师则从逆向思考的角度，明确不属于日常家事的事项：①不动产的转让；②数额巨大的家庭财产的赠与；③其他重大事务。夫妻双方对彼此代理权限的限制不得对抗善意第三人。[⑤]

笔者认为，确定日常家事的范围，定性分析、定量分析、逆向分析均具有指导意义，而这一范围应当是个相对确定的区间，需要法官在具体案件中根据案情加以衡量、把握，需要考虑的因素包括：一是该事项的性质为家庭生活必备或常见事项；二是该事项不属于人身或财产上的重要处置事项；三是事项的总量，包括总数量以及总花费，属于日常正常花销数额之内；四是涉案家庭的社会地位、职业、收入与经济状况、生活习惯；五是所在地区的生活水平与习俗。

---

① 史尚宽：《亲属法论》，中国政法大学出版社，2000，第 316 页。

② 王泽鉴：《民法概要》，中国政法大学出版社，2003，第 622 页。

③ 徐海燕：《英美代理法研究》，法律出版社，1999，第 152 页。

④ 杨振宏：《〈民法典〉总则增加家事代理制度的立法建议》，《苏州大学学报》（哲学社会科学版）2016 年第 6 期。

⑤ 王利明：《中国民法典学者建议稿及立法理由》，法律出版社，2015，第 173 页。

还需要明确的是，所谓日常家事，并非专指家庭共同事务，也应当包括家庭中常见的个人事务，比如个人购买衣物、化妆品、饰品、旅游、进修学习，乃至请客送礼等消费。

而聚焦本文所讨论的夫妻对外债务问题，我们所应注意的是：一是举债的场合是否处于日常家事活动之中，比如购买日常水、电、气、暖；二是举债的目的是不是为了日常家事生活，如交学费、买家具等；三是数额是否限于日常家事所需，当然，此处的数额应当根据本地生活水平及双方家庭经济情况酌定，个人对此建议一般应以该家庭正常月收入为准。

三　在个案审理中合理运用表见代理制度

民法上的表见代理是指行为人事实上无代理权，仍以他人名义作出民事法律行为，但该行为之善意相对人有正当理由认为其有代理权的，此行为的法律后果仍应由被代理人承担的法律制度。表见代理本属于无权代理，但因有外表授权的特征，发生与有权代理相同的法律效果。[①] 表见代理制度在我国的《民法总则》《合同法》中均有规定，其具体构成要件司法解释中也有明确的规定。[②]

由于家庭生活的团体性及夫妻对外民事交易行为的混同性，夫妻一方在对外实施民事行为时是仅代表自己，还是同时也代表（代理）其配偶，是实践中常见的争议事项。此次司法解释中明确将家事代理作为认定夫妻共同债务的制度基础之一，但未规定表见代理事宜。

而据最高法院相关人士介绍，在司法解释起草过程中，也曾考虑过引入表见代理，规定“债权人有理由相信该债务用于夫妻共同生活、共同生产经营或者基于夫妻共同意思表示的，应当认定为共同债务”。但讨论中多数意见认为这一表述不容易把握，也不利于保护未举债一方的利益，故

① 魏振瀛主编《民法》，北京大学出版社，2000，第 187 页。

② 最高人民法院《关于当前形势下审理民商事合同纠纷案件若干问题的指导意见》（法发〔2009〕40 号）第 13 条：表见代理制度不仅要求代理人的无权代理行为在客观上形成具有代理权的表象，而且要求相对人在主观上善意且无过失地相信行为人有代理权。合同相对人主张构成表见代理的，应当承担举证责任。

司法解释的正式稿最终未采用这一方案。[①] 由此引发了一系列问题，如表见代理能否用于此类纠纷的司法审判之中，该制度对于民间借贷审判有何特殊作用，实践中应如何掌握等。

（一）表见代理制度应运用在夫妻共同债务的司法认定之中

笔者认为，司法解释中未明确引入表见代理制度，并不能由此得出个案审判中不能适用这一制度的结论。因为，司法解释中具体条文的拟定除了上位法分析、法理论证、立法技术考量之外，更需考虑对社会需求的回应以及条文的社会效果问题。此次“共债解释”的出台，本就是回应社会关切、力求解决配偶“被负债”问题，故如果在条文中写入“有理由相信”的表述，可能不能达到“纠偏”的效果，也易引发社会争议。

个人认为，在民间借贷纠纷的具体审判中，在夫妻共同债务的认定与处理的问题上引入表见代理制度，具有重要的实践意义，理由在于：其一，夫妻共同债务认定不仅是《婚姻法》上的夫妻分担债务的范围与数额问题，也是《合同法》上债务人主体身份确认与偿债责任承担问题，当然应当适用《合同法》及相关司法解释，当然可以适用表见代理制度；其二，表见代理制度的建立与运用，是对市场交易秩序的维护，是对作为善意相对人的债权人合法权益与正常期待的保护，是贯彻诚实信用原则的要求；其三，我国的夫妻财产制度应当保持内部的协调性，当前，司法解释中已经明确规定了夫妻一方处置共同财产时，他人有理由相信其为夫妻双方共同意思表示的，受法律保护，[②] 那么对于同样涉及夫妻之一方对外法律行为之效力问题的夫妻共同债务认定而言，也应当遵从相同的处理原则，保护“有理由相信”的善意相对人；其四，就表见代理制度的可适用性，亦有持支持态度的学者与立法例，如史尚宽先生即指出，对于夫妻生

---

① 程新文、刘敏、方芳、沈丹丹：《〈关于审理涉及夫妻债务纠纷案件适用法律有关问题的解释〉的理解与适用》，《人民司法·应用》2018 年第 4 期。

② 《最高人民法院关于适用〈中华人民共和国婚姻法〉若干问题的解释（一）》第 17 条规定，夫或妻非因日常生活需要对夫妻共同财产做重要处理决定，夫妻双方应当平等协商，取得一致意见。他人有理由相信其为夫妻双方共同意思表示的，另一方不得以不同意或不知道为由对抗善意第三人。

活状态之外表，第三人应受庇护而类推适用表见代理之规定，予以保护，[①]《瑞士民法典》第166条中亦明确规定，“配偶中任何一方对其行为负个人责任，但该行为无法使第三人辩明已超越代理权的，配偶他方亦应负连带责任”[②]；其五，在此之前，已经有地方法院明确提出，夫妻一方超出日常生活需要范围负债的，出借人可以援引表见代理规则要求夫妻共同承担债务清偿责任[③]；其六，“共债解释”的现有条文实际也含有表见代理的因素，如家事代理除了范围与数额限制之外，与表见代理并无二致，而为共同生活或基于共同意思表示中，也含有债权人“有理由相信”的成分；其七，表见代理不改变案件中的举证责任承担，并未不当加重配偶的证明负担，以至影响债权人、举债人、配偶之间的利益平衡，债权人主张自己“有理由相信”的，应当由其承担举证责任，就此提供相应证据，证明其事实主张具有“高度盖然性”。

（二）表见代理可弥补司法解释未规定以共同名义借款问题的遗憾

古话说：师出有名。[④] 在民事活动中，民事法律关系主体身份的确定问题就是有关“名义”的问题。在新司法解释的语境下，民间借贷过程中的“名义”是不是问题，具体表现在：举债人以个人名义，或是以夫妻双方的名义借款，是否影响法院对夫妻共同债务的认定？以个人名义或是以共同名义借款，二者在形成共同债务的法律路径上是否相同？作出这一认定所需的要件是否相同？证明与认定的要求是否相同？另外，如前所述，形成共同债务的法理基础有共同意思与共同利益两种不同情况，而根据不同的法理基础作出同一判断，认定的理由与事实基础是否有所区别？法官司法论证过程是否相同？

瑞士现行《民法》认为夫妻双方相互享有代表夫妻共同体的权限，理

① 史尚宽：《亲属法论》，中国政法大学出版社，2000，第318页。

② 殷生根、王燕译：《瑞士民法典》，中国政法大学出版社，1999，第264页。

③ 参见《浙江省高级人民法院关于审理民间借贷纠纷案件若干问题的指导意见》第19条，http://baike.baidu.com/view/5638720.htm?fr=aladdin。

④ 《礼记·檀弓下》：“师必有名。”

论上要求以夫妻双方名义为之。在日本，依其《民法》第 804 条之解释、判例及通说，均认为无须以被代理人的名义即配偶对方的名义为之。[①] 我国台湾地区“民法”，对于夫妻一方进行家事代理时，应以谁的名义进行，并无特别要求，即以任何一方名义（包括自己名义、配偶对方名义或者夫妻双方共同名义）为之，均就双方于法定范围内发生效力。[②]

“共债解释”中三条规定都针对的是以个人名义举债时，如何认定共同债务的问题，未明确以共同名义举债时的处理方式与处理结果，而后者在社会生活中亦属常见现象。这就留下了一个空白，需要我们进一步论证、弥补。而这一讨论的思路，也应与前文一致，即在考虑形成共同债务的两大法理基础之上加以讨论。

个人认为，因共同利益而形成共同债务的，“名义”问题不影响认定的司法论证过程，理由有以下三点：一是这是一种从最终的利益归属来评价是否应当夫妻共同分担债务与风险的法律逻辑，可称得上“重结果而不重过程”，故对举债时的主体情况并不关注；其二，这是一种从借款的利益是由举债人个人获得，还是由夫妻二人共同享受的“客观”角度的判断，故对借贷过程中的主观状况，即夫妻二人意思表示的真实内容并不在意；其三，由第二点所决定，这一过程实际是法官在判断过程中引入的一种外部评价机制，侧重于公众对此客观获益情况的通常看法，而非通过对行为人自身的意思的探知，故不关注名义与真实意思。因此，只要是为共同生活或共同生产经营，无论举债人以个人名义或是以共同名义，均可据此认定为共同债务，二者法律路径并无不同。

而在共同意思方面，名义问题就具有“必备要件”的重要意义。在夫妻一方以夫妻共同名义举债的情况下，我们就需要查明夫妻在事实上有没有形成共同意思，或者存在其他事实而依据法律应视为二人的共同意思。后者即表见代理制度调整的范围，我们应当根据这一制度的具体内容进行审理和判决。

---

① 《日本民法典籍》，王书江译，中国法制出版社，2000，第 135 页。

② 史尚宽：《亲属法论》，中国政法大学出版社，2000，第 318 页。

（三）表见代理的具体认定要素

表见代理需要特定的事实要件，这些要件应当由相对人在诉讼中举证证明，包括行为人的行为存在有权代理的外部表象，如盖章的合同书、持有公章、印鉴等，也包括己方善意地相信行为人为有权代理。司法实践中，表见代理的认定本身即存在一定的难点与争议，而现有的实证法规范与学术探讨或司法实践，针对的又主要是商事交易活动中的情况，对于民间借贷，特别是夫妻对外借贷，相应的积累较为匮乏，故有必要深入研究。

为此，笔者结合浙江省高级人民法院已明确将表见代理引入夫妻共同债务案件的处理的情况，专门在"中国裁判文书网"中搜索了其省内某中级人民法院近年来的相应判决书，其中对于表见代理的认定大致有以下情形：一是直接以夫妻关系本身的特殊性作为认定表见代理的原因；① 二是以"夫妻关系 + 无不和外观"为条件，这方面的案例最多，典型表述为"案涉借款发生于夫妻关系存续期间，借款人夫妻关系处于正常状态，且未有证据证明借款发生时夫妻关系明显不和或不具备安宁的共同生活外观"；②三是以"夫妻关系 + 一方表态"为条件，如"案涉借款发生在夫妻关系存续期间，且举债人在借条中明确案涉债务由夫妻共同承担，债权人已尽到合理注意义务"；③ 四是以"夫妻关系 + 客观表象"为条件，如虽然以夫妻一方之名义借款，但借款直接打入了其配偶的账户。④

个人认为，这些案例中的前两种处理标准，应当说在很大程度上受到

① http://wenshu. court. gov. cn/content/content? DocID = d24531f5 - 7d8e - 4d4e - 8de0 - fb881dfa355d&KeyWord = % E8% A1% A8% E8% A7% 81% E4% BB% A3% E7% 90% 86 | % E6% B0% 91% E9% 97% B4% E5% 80% 9F% E8% B4% B7 | % E5% A4% AB% E5% A61% BB.

② http://wenshu. court. gov. cn/content/content? DocID = 24be639f - 5ba3 - 4f10 - 9b57 - a79a011610ea&KeyWord = % E8% A1% A8% E8% A7% 81% E4% BB% A3% E7% 90% 86 | % E6% B0% 91% E9% 97% B4% E5% 80% 9F% E8% B4% B7 | % E5% A4% AB% E5% A6% BB.

③ http://wenshu. court. gov. cn/content/content? DocID = 92e4c011 - 7827 - 4d05 - 8b49 - 825a0fa56665&KeyWord = % E8% A1% A8% E8% A7% 81% E4% BB% A3% E7% 90% 86 | % E6% B0% 91% E9% 97% B4% E5% 80% 9F% E8% B4% B7 | % E5% A4% AB% E5% A6% BB.

④ http://wenshu. court. gov. cn/content/content? DocID = 46ba5f54 - 529f - 4308 - 9479 - d9b078bbc9d0&KeyWord = % E8% A1% A8% E8% A7% 81% E4% BB% A3% E7% 90% 86 | % E6% B0% 91% E9% 97% B4% E5% 80% 9F% E8% B4% B7 | % E5% A4% AB% E5% A6% BB.

了当时“第二十四条”（《关于适用〈中华人民共和国婚姻法〉若干问题的解释（二）》第二十四条）的影响，[①] 对于共同债务的认定有失泛化，并不符合表见代理之本意，在新的司法解释出台之后，已经不宜再适用此类规则；第三种情况虽然有表见代理之名，其实无“有权代理的客观表象”之实，仍为适用“第二十四条”的结果，故不宜再作为普适性的标准；第四种是唯一符合表见代理制度本意与要件要求，较为适当的处理方案。

在表见代理的具体认定上，我们仍应坚持其制度核心要件，即相应的外部表象。梳理社会生活以及司法实践的常见情况，个人认为，可以把握以下处理原则：其一，夫妻间的表见代理的认定应当充分考虑家庭生活的常态与常理，应当较通常社会民事交易中的表见代理更为严格，如商事活动中持有印章、执照或盖有印章的合同书等情况的，可以认定为表见代理，而夫妻一方持有配偶身份证、户口本之类的身份证明的，不足以构成夫妻共同借贷的表象，因为本就在一个屋檐下，唾手可得；其二，能展示配偶借贷之意愿（此次只要求是意愿，而非明确的意思表示，后者直接依据“共债解释”第 1 条即可）的情况可以构成表见代理，如夫妻之间关于急用钱要去找人借钱的聊天记录、短信、书信等；其三，能展示款项的家庭用途情况的可以构成表见代理，如前文中提到的配偶的账户、配偶经营所需的特定用途、夫妻共同按揭购房还款的特定账户等。

四　分层次确定夫妻共同债务纠纷中的证明问题

针对“第二十四条”的推定规则在实践中引发的问题与争议，“共债解释”重新设定了夫妻共同债务证明的具体要求，使其举证规则回归“谁主张谁举证”的基本轨道之中，其第 3 条明确举证责任由债权人承担。个人认为，“共债解释”影响夫妻共同债务认定中证明问题的不是只有其第 3

---

① 关于第二十四条的法律性质与效果问题，可参阅拙著《夫妻共同债务的司法认定——对“婚姻法解释二”的理解》，《人民司法·应用》2015 年第 19 期。

条的后半句话，而需从整体上加以把握。考虑到“第二十四条”在证明问题上的处理方式所引起的巨大争议，故有必要就“共债解释”对该问题的影响进行深入分析。

（一）“共债解释”条文的法教义学分析

王泽鉴先生指出：“法教义学是一门将现行实在法秩序作为坚定信奉而不加怀疑的前提，并以此为出发点开展体系化与解释工作的规范科学。”[①] 对于司法实务而言，法教义学所强调的对法律条文本身的尊重与重视，更具有基础性的指导意义。在夫妻共同债务纠纷的审理中，对此中事实证明问题，相关《合同法》、《婚姻法》、《民事诉讼法》、“共债解释”等法律规范的条文内容，是我们进行实务操作研讨的前提。通过这一研究方法的运用，笔者提出以下几点浅见。

1. 共同债务的举证责任应由债权人承担

笔者提出这一观点，主要基于两点理由。

其一，我们应当舍弃推定规则，重返“谁主张谁举证”原则。

我国《民事诉讼法》第 65 条明确规定，当事人对自己提出的主张应当及时提供证据，由此确立了诉讼中“谁主张谁举证”的原则。此后，“民诉法解释”第 91 条更吸收了证据法学理论中“要件分类说”的核心要素，明确“主张法律关系存在的当事人，应当对产生该法律关系的基本事实承担举证证明责任”。

对于特定债务是否属于夫妻共同债务的问题，债权人既提出此项主张，自然应当就此承担相应的举证责任，证明相应要件事实的存在。最高人民法院有关人士明确指出，新的解释“进一步明确了夫妻共同债务的认定标准，并合理分配举证责任，体现了双向保护的原则”。因此，原“第二十四条”中所确定的推定规则及其背后对债权人的过度保护倾向，均应被舍弃，我们就此应当遵循举证责任分配的一般规则。

---

① 王泽鉴：《人格权法——法释义学、比较法、案例研究》，北京大学出版社，2013，第 11 页。

其二，“共债解释”中规定的举证责任分配规则具有整体性。

此次解释第 3 条明文规定了证明事项，即“债权人能够证明该债务用于夫妻共同生活、共同生产经营或者基于夫妻双方共同意思表示”。对于该条款的理解，个人认为，不应将该举证责任分配规则仅局限于该条文中规定的纠纷事项，而应当通盘考虑整个解释的条文，以体系解释、目的解释的眼光看待其在整个夫妻共同债务证明问题上的作用。

根据“共债解释”的规定，夫妻共同债务具体包括三类：一是解释第 1 条中规定的“合意共债”，即夫妻二人通过共签共债、事后追认等方式共同作出意思表示的情形；二是解释第 2 条中规定的“家事共债”，即“为家庭日常生活需要所负”的债务；三是解释第 3 条规定的“利益共债”，即用于夫妻共同生活、夫妻共同生产经营的债务。

但是，第 3 条的条文特点在于其除了界定利益共债事项之外，也包括“基于共同意思表示”的内容，而家事代理也可以理解为为了共同利益。因此，第 3 条的举证要求实际上就涵盖了整个解释的始终，无论债权人主张特定债务形成夫妻共同债务的类型为合意共债、家事共债或是利益共债，相应的举证责任均应由其承担，而不再是举债人的配偶承担反证责任。

2. 债权人证明事项的类型化

依据司法三段论的逻辑推演过程，当事人提出的诉讼请求，应当有对应的法律规范基础与案件事实基础，当事人应当根据既定的法律规范，主张该法条中规定的事实的存在并加以证明。这就是诉讼中的主张责任与举证责任。其中，主张责任是指如果当事人不提出于己有利的主要事实，就会因法院不适用与该事实相对应的法律而导致自己承受不利的裁判的不利益或危险。① 原则上，主张责任决定举证责任，故举证责任诉讼上主张一定事实之存在者，须主张其发生。罗马法时代就有“举证责任伴随于主张责任不离”之法谚。②

---

① 〔日〕高桥宏志：《民事诉讼法——制度与理论的深层分析》，林剑锋译，法律出版社，2003，第 431 页。

② 李学灯：《证据法比较研究》，五南图书出版公司，1992，第 365 页。

就本文主题而言，债权人既然请求被告夫妻二人共同偿还债务，就应当依据《婚姻法》及相应司法解释的规定，提出案件中存在构成夫妻共同债务的法定事由的相应事实主张，并加以证明。而与本文前文中所述的夫妻共同债务的类型相对应，债权人在具体引用《婚姻法》“为夫妻共同生活”的法条时，可以根据案情，依据“共债解释”，主张涉案债务属于合意共债、家事共债、利益共债的哪一种，并加以证明，在具体的证明方式上，需注意以下两点。

其一，共同意思表示的方式与证明。

意思表示是民事行为的核心，判断是否构成夫妻共同债务首先要看夫妻二人有无共同的意思表示。对于共同意思表示的方式，“共债解释”中列举了夫妻共同签字与配偶的事后追认两种，并设定了兜底性规定。综合司法实践中的常见情况，配偶通过言语、点头、电话、信息、微信、QQ、电子签章等各种方式作出借款的意思表示的，均应适用“共债解释”第 1 条之规定，构成夫妻共同债务。对于表见代理的情形，依法应当视同配偶作出的共同意思表示，可以按照第 3 条“基于共同意思表示”的规定，构成夫妻共同债务。以上情形，债权人虽然不能提供“共签共债”的书证，但可通过证人证言和电话录音、现场录像、短信往来、微信或 QQ 聊天记录等电子数据等证据形式加以证明。

其二，共同生产经营的证明。

“共债解释”吸收了其他法律的相关规定，明确将“为共同生产经营”纳入夫妻共同债务之中，对《婚姻法》第 41 条作了一定程度的扩大解释。我们对这一规定的理解与适用，不应再予扩大化。实践中有一种观点，以权利与义务、收益与风险相一致为由，认为只要个人从事的生产经营活动是其主要谋生手段，其经营所得是家庭收入的主要来源，而经营所得属于夫妻共同财产，相应债务就应当为共同债务。这种观点曲解了相关法律规定，将商业逻辑无差别地适用到家庭生活之中，将每一个经营者的配偶都置于危险境地，实不足取。“共债解释”对夫妻进行生产经营活动的共同性的要求，实际上也是否定了这一观点。

对这一事实的证明，具体而言，应当注意以下几个问题。一是共同生产经营应当以共同意思为重，不应苛求共同行动。生产经营本身具有专业性、持续性的特点，有时也较为劳苦，故要求夫妻二人均始终亲力亲为显然不符合常理，故只要是夫妻共同投资、合意开展此项生产经营即可，是否共同决策、共同操作等不应影响认定，授权一方或者他人经营也并无不可。二是对个体户、农村承包户，应综合相关条文考虑共同生产经营的具体证明问题。《民法总则》第 56 条规定，个体工商户实际由家庭经营的，债务以家庭财产承担；无法区分经营为家庭经营还是个人经营的，以家庭财产承担。最高人民法院曾在《关于贯彻执行〈中华人民共和国民法通则〉若干问题的意见（试行）》的第 42 条、第 43 条中规定，以个人名义承包经营的个体工商户和农村承包经营户，如果是用家庭共有财产投资，或者收益的主要部分供家庭成员享用，或者其收入成为夫妻共有财产的，其债务应以家庭共有财产清偿。我们认定共同经营时，也应当依据以上规定确定其具体表现。三是为公司举债的，应当考虑公司的具体性质。依据《公司法》，有限责任公司与股份有限公司具有独立法人地位，故公司的股东或高级管理人员为公司借款的，显然不属于"为夫妻共同生活"的情形，不能构成夫妻共同债务；但一人公司如果公司财产与股东财产混同，则股东对公司债务负有无限连带责任，[①] 公司不再具有独立性，此时的公司经营与个人经营即无法再区分，相应债务可以构成共同债务。在这一方面已经有典型案例予以了认定。[②]

（二）债权人证明方法的窘境与化解

根据"共债解释"的规定，债权人证明共同债务的最好方法当然是手持"共签共债"的借条，纠纷中能有这种"直接证据"是理想状态，但很长一段时间之内还很难满足，债权人只能另寻路径。对合意共债中的夫妻合意，债权人可通过证人证言、短信往来或聊天记录等予以证明，证明

---

① 《公司法》第 63 条规定，一人有限责任公司的股东不能证明公司财产独立于股东自己的财产的，应当对公司债务承担连带责任。

② 《上海中院：夫妻共同经营公司应该共同担责》，https://www.chinacourt.org/article/detail/2018/06/id/3360433.shtml。

方法较为明朗、直接；但对家事共债、利益共债，债权人的证明就较为困难，特别是作为外人，既难以了解款项的实际去向，又难以接触乃至保管相应证据材料，如何证明借款被实际用于家庭共同生活，更是一个难题。就此问题，笔者认为，应当从以下两个层面解决。

1.“为共同生活”的具体证明对象

《婚姻法》规定的“为共同生活”（包括合意共债、家事共债、利益共债）在司法实践中还有判断标准的问题，主要争议在于，该判断应当根据夫妻对外活动时表示的用途判断，还是根据实际用途判断，债权人应当证明哪一项内容？

有观点认为这是形式审查与实质审查的区别，只要借款借据中约定了借款是用于共同生产经营，作为债权人无法也无须做过多审查，即便实际用途并非用于共同生产经营，亦应认定为夫妻共同债务。该观点显然违背司法解释的本意，应予纠正。①

就此，笔者认为，上述情形均可构成，债权人证明其中之一即可，下面以家事共债为例说明。根据“共债解释”的规定，“为家庭日常生活需要”而借款属于家事代理之范畴而形成共同债务。根据文理解释之方法，此中的“为”字，一般应解释为主观上之目的，而该目的之认定，在法律上，既可根据行为时之明确、公开的意思表示，也可根据客观之行为推知其主观之意愿，故夫妻一方借款时明确表明将用于某项特定家事的，可构成家事代理，举债行为人未明确表明家事用途，但确实用于家庭生活的，也可确定为家事代理。

此处的问题是，举债人未按照表明的家事用途使用借款时，是否影响家事代理的成立，还能否构成共同债务？假设，丈夫以给自家孩子交学费的名义借了3000元钱，实际给了一个远房侄子买手机，债权人能否主张夫妻共同偿还？

笔者认为，实际用途只是构成共同债务的基础之一，共同意思已足以

① 程加干：《夫妻共同债务中“用于夫妻共同生产经营”的认定》，《法制博览》2018年第14期。

构成共同债务，此情况应当支持债权人之请求，理由在于：一是家事代理的作用应当在夫妻一方实施家事行为时，故应以借款行为发生时的状况判断，而非借款后的使用情况；二是家事代理的主要作用在于解决日常家事活动中夫妻对外一体的主体身份问题，而非借款合同的履行及违约问题，故更换借款用途不应影响夫妻双方之共同责任；三是家事代理为法定代理，即在夫妻一方处理日常家事时，法律不可反驳地推定其为代表双方的共同意思，而共同意思表示已足以形成共同债务，故实际用途不影响家事代理的成立；四是依据当然解释“举重以明轻”的法律解释与适用方法，[①]“共债解释”将基于共同意思表示的超出家事范围的大额借款也界定为共同债务，故小额借款即使用途不符更应认定为共同债务。

2. 债权人证明难的救济

除了尽可能地保存原始证据之外，对债权人而言，诉讼中其还可以通过以下方式解决手中证据不足问题，而人民法院在这一方面也有相应的法定职责。

其一是调查取证申请与调取。

对债务人及其配偶的银行账户往来明细、不动产登记情况、监控录像等证据，债权人仅凭自身能力确实无法调取。对这些证据，债权人可以依据《民事诉讼法》第 64 条的规定，申请法院调取。法院对此类申请，应当审查是否属于“民诉法解释”第 94 条规定的由国家有关部门保存，或涉及国家秘密、商业秘密或者个人隐私等情况，并对符合规定的予以调取。

其二是文书提出命令的申请与审查。

“民诉法解释”第 112 条规定，书证在对方当事人控制之下的，当事人可以申请人民法院责令对方当事人提交，对方当事人无正当理由拒不提交的，人民法院可以认定申请人所主张的书证内容为真实。这一规定从积极方面解决了当事人之间收集证据的问题，不同于《证据规定》第 75 条

① 当然解释就是法律虽无明文规定，但依据规范目的衡量，其事实较之法律所规定者，更有适用之理由，而径行适用该法律规定。杨仁寿：《法学方法论》，中国政法大学出版社，1999，第 159 页。

的证明妨害规则从消极方面解决问题的做法。[①] 这一新规定从正反两个方面明确了对方当事人配合提供证据材料的义务与责任，有利于督促持有证据者如实提供证据材料，有利于法院查明事实真相。民间借贷纠纷中，债权人提出此项申请的，法院依法审查准许后，应责令举债人及其配偶提供相应书证，否则可认定债权人主张之事实。

对于债权人的这一申请，重点与难点均在于法院如何进行审查。个人认为，审查应围绕以下事项展开：首先，该书证与待证事实有无关联性，是否属于明显重复的证据，有无进入诉讼之必要；其次，该书证是否属于相应民事法律行为或交易行为所必然产生或正常应当形成的书证，如原始发票、财务凭证、账簿、转款或取款存根等；再次，该书证是否曾在诉讼内外某场合，明确地被提出、被引述或印证过；最后，依据在案其他相关证据，或根据生产经营或社会交往、家庭生活之常规，该书证是否为对方所持有。

其三是事实推定与免证。

在夫妻共同债务纠纷中，借款的用途是争议焦点，也是证明的难点。事实推定的运用，有助于缓解这一难题。法院依已明了之事实（如已被证明之事实，或无争执之事实，或显著之事实——间接事实），根据经验法则，依自由心证，而推认其他有争执之事实（应证事实），此即所谓事实上之推定。[②]“民诉法解释”第 93 条中规定，根据已知的事实和日常生活经验法则推定出的另一事实（待证事实），当事人无须举证证明。该条文明确了事实推定在缓解债权人的举证难问题上的作用。

事实推定又称裁判上的推定和诉讼上的推定，强调这是法官运用生活常识和日常经验法则，通过逻辑推理的方式所做的判定，而不是运用法律规定的结果。典型情况如，夫妻一方以买房为由举债，债权人持有汇款凭证，可以证明汇款到举债人账户，但无法持有可证明该款项用于购房的证据。此时，如果该款项举债人直接转账给开发商，依据前述方式，债权人

---

① 宋春雨：《新民事诉讼法司法解释中若干证据问题的理解》，《人民司法》2015 年第 13 期。

② 骆永家：《民事举证责任论》，台湾商务印书馆，1981，第 112 页。

可申请法院取证或要求对方提供账户往来明细予以证明；但如果举债人是将款项取出，另行汇款给开发商，仅仅调取转账证明就不足以证明款项流向，但如果两笔款项的数额相同且时间异常接近，则债权人可主张依据常理，应推定借款已经用于夫妻购房。法院采纳债权人之事实主张的，即为依据事实推定而予以认定。

（三）举债人配偶的提出反证责任

就此反证责任问题，个人认为，有以下几个事项需要特别予以厘清。

1. 举债人配偶提出证据抗辩、反证与抗辩之本证的区分

就债权人关于涉案债务为夫妻共同债务的事实主张及证据，举债人之配偶在证据法上，有三种不同的自我保护路径：一是证据抗辩，指举债人配偶针对债权人所提交的证据材料本身的真实性、合法性、关联性提出异议，如“共签共债”的借条中自己签名的真实性；二是反证，指举债人配偶为证明该事实不存在或不真实而提供其他相反证据，如债权人主张举债人举债用于购房并提供汇款单据，举债人配偶可提供证据证明汇款被举债人转给了其兄妹做生意；三是抗辩之本证，即举债人可提出其他借贷关系变更、消灭或者权利受到妨害的主张并加以证明，如涉案债务已经偿还完毕，或相应款项实为对方支付的特定货款、工程款等。在诉讼中，正确区分三者的不同性质与内容，对于确定举债人配偶的具体举证责任的范围、证明标准等具体要求具有重要意义。

2. “共债解释”下配偶提出反证责任的变化

与“第二十四条”相比，“共债解释”并未取消或否定举债人之配偶的提出反证责任，只是配偶承担反证责任的要求与之前有根本性区别，表现在：其一，提供反证的时机变化，“第二十四条”为法律上推定，纠纷一进入诉讼，债权人即可凭此规定主张推定之效果而占据优势地位，举债人之配偶即应当承担反证责任，举证反驳此推定，而在“共债解释”之后，债权人需首先举证，之后才可能引发举债人之配偶提供反证的需要；其二，提供反证的条件的变化，“第二十四条”直接将举债人之配偶置于必须提出反证、反驳该推定的不利地位，“共债解释”

取消此推定之规定后，债权人必须举证证明涉案债务为夫妻共同债务，只有在其举证达到了“高度盖然性”的程度的情况下，举债人之配偶才需提供反证；其三，反证的证明标准的变化，第二十四条为推定规则，而“推定在有反证前属实”，[①] 虽然对方当事人可以提出反证反驳，但证据必须足以推翻该推定，其难度可见一斑，而“共债解释”下，举债人配偶的反证只要能动摇法官的心证，使债权人所提出的事实的真实性及证据的证明力下降，不再处于“高度盖然性”的高点即可，即达到了“民诉法解释”第108条规定的，人民法院根据反证认为待证事实真伪不明的，应当认定该事实不存在的效果。

3. 配偶反证的具体方法

结合“共债解释”中所规定的形成夫妻共同债务的具体类型及其相应的事实要件，结合《婚姻法》《合同法》《民事诉讼法》的相关规定，配偶的反证可围绕以下内容进行：①债权债务关系本身存在的问题，如举债人欠缺行为能力、借款未实际给付而属虚假债务、借款属赌债等非法债务、约定利率过高、超出诉讼时效等；②己方与举债人的关系问题，如是否确有婚姻关系或仅为同居关系、朋友关系，婚姻关系是否存在无效、可撤销事由，或者虽为夫妻关系但双方为分别财产制等；③自己未作出借贷的意思表示，如欠条的签字为假冒签名、自己未作出追认等；④借得的相关款项被举债人转作他用，未用于家庭生活；⑤举债人借款的数额与类型不属于日常家事范围；⑥相关款项未用于共同生产经营或相关经营项目非双方共同经营事项，举债人的经营所得未形成共同财产、未用于家庭生活等。

① 郑玉波：《法谚》（一），法律出版社，2007，第193页。

New Change and New Thought of Confirmation of Joint Liabilities between Couples

—Some Problems in the Application of the Interpretation of Common Debt

Huang Haitao

Abstract: In this paper, the application of the new judicial interpretation on the determination of joint debts between husband and wife promulgated by the Supreme Court is discussed as follows: Firstly, combining with the provisions of the General Principles of Civil Law on the mode of expression of will, it is argued that the judicial authority should boldly identify the oral expression or the type of implicature of the debtor's spouse, and carefully identify the pure silence; The second is to discuss the legal basis and essence of the family agency system, taking the occasion, purpose and amount of debt as the specific criteria to determine the scope of the family agency; the third is to affirm the applicability of the apparent agency system, and to explore how to strictly grasp the recognition of the appearance of the authorized agency; the fourth is to discuss this in detail. The problems of proof in class disputes, such as burden of proof, consensual joint debt, family joint debt, different proof items of interest joint debt, insufficiency and remedy of creditor's proof ability, specific requirements of debtor's spouse's counterevidence responsibility, etc.

Keywords: interpretation of common debt; expressions of intention; family agent; agency by estoppel; burden of proof and counterevidence

网站隐私声明的效力与解释规则[*]

万　方[**]

摘要： 目前我国仅从个人信息保护角度对网络经营者处理用户个人信息的行为进行约束。但是隐私声明的法律性质尚不明晰，由此带来的关于其效力及解释等问题也存在争议，导致网络用户的选择权、知情权及个人信息权益落空。对于实践中常出现的同一份隐私条款的中英文版本以及触屏版及电脑版之间内容不一致，认定应当按照合同的解释原理选择不利于格式合同提供者以及最有利于保护消费者个人信息权利的方式来选择适用版本。

关键词： 隐私声明　消费者权益　个人信息　格式条款

一　网站隐私声明的分类及性质分析

一般认为，网站的隐私声明可以分为两类。一类为单一的隐私保护承诺。由于适用该类型隐私保护承诺的主要作用为简单的内容介绍，其所收集的用户资料相对有限，且用户与该类型网站并无任何交易行为，通常认为该类型的隐私保护政策只能作为一种单方声明，是一种单方的意思表示，体现出说明、承诺、选择方案、拒绝的后果等内容，而此种“告示”并非合同，也无须额外取得用户的同意。另一类是附载在某种网络服务之上的隐私声明条款，由于该部分条款一般无法事先与用户进行协商，但是如果用户选择拒绝该条款的内容则会直接导致其无法获得相应的产品或服

* 本文为2018年度国家社科基金重大项目“大数据时代个人数据保护与数据权利体系研究”（批准号：18ZDA146）的阶段性成果。

** 万方，北京外国语大学法学院副教授。

务。第二种隐私声明模式常出现于经营性网站之中，这是由于该类网站出于开展经营活动的需要不可避免地存在某些收集、储存或使用用户个人信息的行为。《全国人大常委会关于加强网络信息保护的决定》规定网络服务提供者和其他企业事业单位在业务活动中收集、使用公民个人电子信息不得违反法律、法规的规定和双方的约定。此处的"约定"用语可推导出立法机关对于隐私声明性质的态度——将其视为合同。另外，《最高人民法院公报》中来云鹏与北京四通立方公司服务合同纠纷案的判决书中将新浪网在网站页面上向用户展示的网站服务条款内容认定为格式条款的合同。由此，可以将第二种类型的网站隐私声明之性质界定为格式合同。

我国《网络安全法》明确要求网络运营者收集、使用个人信息，应当遵循合法、正当、必要的原则，公开收集、使用规则，明示收集、使用信息的目的、方式和范围，并经被收集者同意。① 违反此项规定的网络运营者、网络产品或者服务的提供者以及直接负责的主管人员和其他直接责任人员应当依法承担相应的责任。目前我国并未对各经营性网站的隐私声明进行直接规定，仅从个人信息保护的角度对网络经营者处理用户个人信息的行为进行约束。因此，隐私声明的法律效力尚不明晰，由此带来的关于其解释及适用等问题也存在一定争议，导致网络用户的选择权、知情权及个人信息等部分权益落空。本文拟从网站隐私声明的法律性质入手，针对其在现实生活中产生的各种问题进行分析并明确其效力及解释规则。

二　我国《合同法》与《消费者保护法》双重视角下的格式条款

虽然，根据前文所述，隐私声明在性质上属于格式合同，但是我国对格式合同的法律适用在《合同法》与《消费者权益保护法》的两个立法层面上还存在一定的衔接问题。

我国《合同法》从 39 条到 41 条依次规定了格式条款的定义、格式条

① 《网络安全法》第 41 条。

款提供方的说明义务、格式条款的效力以及解释规则。在实践中，由于法律径行规定当格式条款的提供方未合法履行说明义务时该条款一律无效，显然对格式条款免责或限制责任的情形在处理上没有顾及自由，仅能由我国《合同法》第 41 条的解释规则予以平衡，赋予当事人一定的解释空间使当事人自由协商的非格式条款成为矫正格式条款的不公平的依托。[①] 后最高人民法院又试图以司法解释的方式来调和其中因一刀切而导致的不公平问题，于是又赋予了相对人在格式条款提供方违反合理提示说明义务时的撤销权，以及当格式条款提供方同时违反《合同法》第 39 条及第 40 条的规定时法院应当认定该部分格式条款无效。至此，司法解释实际上直接否定了一直以来对于未向相对方提示说明免除或限制其责任的条款视为未订入合同一说[②]，而直接认可该类合同的效力。这不仅是为了消除普通消费者无法理解已经载入合同文书中的条款被规定为“未订入”的逻辑混乱，也符合《合同法》上对于重大误解、显失公平等情形下相对人的有权请求法院予以撤销的法理依据。

我国《消费者权益保护法》（以下简称《消法》）第 26 条也对格式条款提供方的提示说明义务以及格式条款的效力作出了规定。该次《消法》修订的一大特色是，经营者收集、使用消费者个人信息的原则及方式亦被纳入其中。具体而言，网站的经营者所发布的隐私政策不仅需要符合格式条款的提示说明义务，也需要同时满足收集、使用消费者个人信息的要求。未尽到说明提示义务的经营者不仅需要承担民事责任，若涉及侵害消费者个人信息权利的情形还需要承担罚款、停业整顿等行政责任。

虽然两部法律都对格式条款进行了规定，但是针对网站的隐私协议的法律适用仍然存在一定差别。

首先，两者的价值取向不同。《合同法》针对的是更广泛的交易类型，因此从宏观角度关注格式条款提供方说明义务的具体履行方式，是否在合

---

① 周清林：《论格式免责条款的效力层次——兼谈《合同法》及其司法解释之间的矛盾及其协调》，《现代法学》2011 年第 4 期，第 187 页。

② 王宏军：《论格式条款的无效情形》，《云南财经学院学报》2004 年第 6 期，第 64 页；吴一平：《论格式条款的成立与效力》，《江苏社会科学》2014 年第 6 期。

同订立时采用了足以引起对方注意的文字、符号、字体等特别标识，并以此作为衡量义务履行程度的标尺。而《消法》为了倾斜性保护消费者的权利则选择以列举的方式罗列出需要对消费者予以说明的与消费者有重大利害关系的内容。同时，《消法》的保护范围更广，不仅格式条款，通知、声明、店堂告示等方式都不能对消费者权利有所限制或排除，也不能减轻或免除经营者自身的责任。那么本文文首所列的两种隐私声明，无论是单一的隐私保护承诺还是作为格式合同的隐私政策都应当符合我国《消法》的内容要求，否则该违反的部分无效。从这个角度而言，《合同法》和《消法》的规定并无抵触，而两者互相配合适用能更好地勾勒出经营者在隐私政策中需要承担的责任范围。

其次，两者的义务内容不同。虽然都是从格式条款提供方的说明提示义务着手，但是两部法律规范的内容及主体略有不同。《合同法》要求双方遵循公平原则拟定条款，并要求格式条款提供方提请相对人注意免除或者限制其责任的条款。而《消法》除需满足《合同法》中的告知义务要求之外还对条款的实质内容之公平性进行审查，若其格式条款内容含有作出排除或者限制消费者权利、减轻或者免除经营者责任、加重消费者责任等对消费者不公平、不合理的规定，甚至利用格式条款及借助技术手段强制交易的，该内容均无效。此时，《消法》实际上综合了《合同法》中关于格式合同以及《合同法》第 54 条可变更、可撤销合同的相关规定。不同的是，《消法》更为严格且直接地规定在此种情形下合同中部分内容均被归为无效。

《合同法》中的义务主体一般为合同的相对人。而在针对消费者个人信息的存储层面，《消法》将经营者及其工作人员均列为义务的主体，均需向消费者承担严格保密，不得泄露、出售或者非法向他人提供消费者个人信息的义务。该规定突破了合同相对性的限制，对于其他在信息处理环节中有可能侵害消费者个人信息的行为予以纠正，可产生更好的保护消费者个人信息权利的效果。

最后，两者的效力类型不同。《合同法》上格式条款按照其内容的不同及格式条款制定方是否履行告知义务可分为有效、无效及可撤销三种情形。而反观《消法》，只有有效及无效两种情形。两种法律产生效力的差异出现在一种情形之下，即《合同法司法解释二》第9条规定的情形：当提供格式条款的一方当事人违反提示说明义务导致对方没有注意到免除或限制自己责任的条款时，例如，在人身保险合同中，明确规定某种疾病不在承保的范围内，并不能因为保险人违反说明、提示义务而直接认定无效，格式条款接受方可以根据自己的实际情况向法院主张撤销该条款，或由法院依职权认定无效。[①]

两者虽然在义务的内容及效力上略有不同，但并不会造成适用体系上的混乱局面。《消法》在告知义务上的规定对于保护消费者权益具有重大意义，补齐了我国《合同法》上对于告知义务规定过于简单难以操作的短板，为消费者维权提供了法律依据。从特殊法优先适用的角度而言，对于格式条款的效力往往直接按照《消法》的相关规定进行认定。[②] 具体来说，针对提供隐私声明的网站经营者而言，不仅需要按照《合同法》的要求采取合理的方式向对方履行告知提示义务，还需要依据《消法》的规定遵守保密义务，公开其收集、使用消费者个人信息的规则，不得违反法律、法规的规定和双方的约定收集、使用信息。

三　网站隐私声明的成立之反思

无论何种类型的网站，只要网络用户打开网页开始浏览就立即会留下浏览足迹。对于部分经营性网络服务提供者[③]而言，网络用户点开其网页即可成立合同。另外一些情况下[④]需要网络用户以点击“同意”的方式确认使用。

合同的成立须存在多方当事人，同时当事人之间应当达成合意。实际

① 庞景玉、何志：《最高人民法院合同法司法解释精释精解》，中国法制出版社，第54页。

② 万方：《我国〈消费者权益保护法〉经营者告知义务之法律适用》，《政治与法律》2017年第5期，第153页。

③ 《互联网信息服务管理办法》第3条规定经营性互联网信息服务，是指通过互联网向上网用户有偿提供信息或者网页制作等服务活动。

④ 如在某些智能手机等移动设备上下载的第三方应用程序。

上，细细阅读各网站的隐私声明会发现其成立往往遵循两种模式，存在不同的问题。

第一种，点击即成立模式。

在对各网站的隐私声明进行实体调研期间，笔者发现一种属于行业普遍规则却充斥着剥夺消费者权利的规定普遍存在于各大商品服务及信息服务类网站的隐私声明之中。例如，某购物网站的隐私声明规定如下：一旦您开始使用本网各项产品或服务，即表示您已充分理解并同意本政策。①某占国内市场主导地位的搜索引擎之隐私声明亦云：如果您不同意本隐私声明的任何内容，您应立即停止使用本产品和/或服务；当您使用本公司任一产品和/或服务时，则表示您同意且完全理解本隐私声明的全部内容。②

以上述某购物网站的隐私声明为例。消费者打开网站页面等同于开始使用其服务，而首次进入该网站的消费者根本无从知晓其隐私声明所包含的具体内容，如何能强令其因点击行为而直接授权网站获取其个人信息？对于消费者而言，更希望获得的是便捷和舒适的消费体验，而网站的隐私声明往往设置于页面最末端极其不显眼之处，不煞费苦心往往不得寻也。如此一来，消费者打开网站即为同意且知情的推定演变成了一场“巧取豪夺”，无论其是否真实知情或同意都已经开始被适用网站的隐私条款。消费者往往在不知情中甚至尚未开始交易就被经营者免费获取了诸如设备信息、日志信息以及搜索偏好等与个人相关的信息。

而在前述搜索引擎的隐私声明中更列明了如消费者不同意其隐私声明的任何内容则应当停止使用其产品或服务的规定。此处并未提及且直接规避了该搜索引擎由于用户的前期使用而遗留给网站的个人信息的处置问题。相比较而言某些旅游预订网站的隐私声明条文就显得对消费者较为友善，如“本隐私声明适用于在本网站上收集的数据”。③ 此种以信息数据

---

① 2018 年 11 月 1 日发布，见 https://terms. alicdn. com/legal - agreement/terms/suit_ bu1 _ taobao/suit_ bu1 _ taobao201703241622 _ 61002. html? spm = a21bo. 50862. 1997523009. 37. 601c5594YRfrHA。

② https://www. baidu. com/duty/yinsiquan. html.

③ 《亿客行网隐私政策》，2018 年 2 月 22 日发布，见 https://www. expedia - cn. com/p/info - other/privacy - policy. htm。

为指向性规范对象的隐私声明相对打开页面即为同意的规定而言能更好地保护消费者的利益。

消费者的同意或继续使用该产品或服务的行为性质上属于承诺。由于网站的隐私条款明确列出使用网站的行为即视为同意其隐私声明，那么消费者打开网页的行为完全符合我国《合同法》第 22 条及第 26 条的规定，即根据交易习惯或者要约表明可以通过行为作出承诺，且该承诺自根据要约的要求作出承诺的行为时即生效。使得承诺之行为发生法律效力之前提是该行为属于民事法律行为，而民事法律行为以意思表示为要素，即一个适格的承诺行为应当是建立在消费者对隐私声明充分知情且认可的基础上之行为，是基于其自觉将其内部意思外部化的作为。缺乏意思表示的要件无法成立民事法律行为。从时间上来说，该打开网页的行为不可能早于对该网站隐私声明的知情，因此该行为不具有表达知情且同意条款内容的意思要件，不会也不可能产生承诺的效力。

第二种，点击同意才成立模式。

按照前文对于隐私声明的分类，在非经营性互联网信息服务中属于“告示”类的隐私声明无须用户同意可直接生效，但其中涉及处理用户个人信息的问题依然需要遵照《网络安全法》的规定。在经营性互联网信息服务网页上所附载的隐私声明属于合同，因此用户首次点击打开网页的行为并不能直接令该隐私声明产生效力。经营性互联网服务商一般会要求网络用户注册会员以接受其服务，此时网站的隐私声明条款被列入注册协议的一部分，当用户点击“同意”时即视为接受了该协议的全部内容。此时的注册协议亦为无法协商的格式条款，其中如有对消费者有重大利害关系的内容，网络经营者应当进行解释说明，否则该条款可被撤销；如协议中还含有排除或者限制消费者权利、减轻或者免除经营者责任、加重消费者责任等对消费者不公平、不合理的规定，则该条款可能被归为无效。

实际上，以上困境可以从技术的角度找到出路。例如，可通过调整点击网页使用网站服务和阅读隐私声明之间的顺序。2011 年 5 月通过的欧盟指令赋予了个人拒绝网站使用 Cookies 的权利。具体而言，各网站需在用户首次打开并浏览页面之前在弹出的界面上选择是否赋予网站使用 Cookies 的权利，即使用户选择“否”也不会影响其对网站服务的后续使用。目前大多数国内网站并没有使用这种醒目的方式提醒用户关注其隐私声明，少数以弹出方式提醒用户注意内容的也并非涉及隐私声明内对个人信息之提取问题。而且即使赋予了消费者以选择权，若其选择“不同意”，往往会直接导致无法浏览页面或无法使用网站的后续服务。我国 2019 年发布的《个人信息安全规范》已经意识到该问题，并对网络信息控制者剥夺消费者选择权的这种“捆绑式”行为作出了一定的规制。

四　网站隐私声明的效力

合同成立以后，当事人不得对自己的要约与承诺随意撤回，合同生效以后当事人需按照合同的约定履行。已经成立的法律行为推定有效，除非存在某些违反强制规范而产生某些效力瑕疵。① 网站隐私声明的效力主要受其格式条款的性质的影响。

网站的隐私声明一般包括经营者因提供商品或服务收集、使用及共享个人信息的类型、方式和用途，消费者权益意识较强的企业往往还会在网站中告知或以即时提示的方式在收集、使用及共享个人信息时给予用户明示选择权，并在产品设置中允许用户即时撤销授权。由于隐私声明属于格式条款，根据《合同法》第 39 条的要求，需对涉及免除或限制自己责任的条款进行重点提示。网络经营者往往采取将此类内容文字部分进行黑体加粗或者标下划线处理。但是，对于该部分条款是否产生效力，不仅要做形式上的考察，还需要对其部分内容进行审查，看其是否属于对消费者不公平、不合理的规定。以某购物网站的隐私条款为例，② 该网站以黑体加粗的形式明确标示出无须征得消费者授权同意但仍可收集其个人信息的情

① 朱庆育：《民法总论》（第二版），北京大学出版社，2016，第 121 页。

② 《京东隐私政策》，2017 年 8 月 20 日发布，https://about.jd.com/privacy/#b-f6。

形，包括但不限于：与国家安全、国防安全有关的；与公共安全、公共卫生、重大公共利益有关的；学术研究机构基于公共利益开展统计或学术研究所必要，且对外提供学术研究或描述的结果时，对结果中所包含的个人信息进行去标识化处理的；以及法律法规规定的其他情形。这些规定虽然在客观上是对于经营者告知义务的免除，但是若从各项内容单独分析则不难得出消费者权益并未因这些保护其他重要利益而受到侵害的结论。因此，该部分条款有效。

在某些特殊情况之下本应当由网络运营商承担的责任，由于其使用语言进行“巧妙”包装，从实体上将责任和风险转嫁给了网络用户，将隐私声明变为免责声明。例如，某网站在隐私声明中用醒目的方式列出对于未成年人保护的内容：本网站非常重视对未成年人个人信息的保护。若您是18周岁以下的未成年人，在使用本网站的服务前，应事先取得您家长或法定监护人的书面同意。① 该声明并非本着保护未成年人利益的初衷，而是将本应当由网络运营商承担的告知及获取同意之义务转嫁给未成年人，实际上降低了自身的责任，对于后续可能发生的未成年人信息泄露等问题采取了回避态度，因而该文字的性质更接近免责声明。② 某招聘网站同样用黑体字标示出其责任免除的部分内容③：尽管本网站已经采取了相应的安全防范措施，仍可能不可避免某一第三方躲过了我们的安全措施并进入我们的数据库查找到您的简历。本网站认为在您把您的简历放入我们的数据库时，您已经意识到并同意承担这样的风险。对于因此而引起的任何法律纠纷，本网站不承担任何法律责任。此项声明违反了工信部颁布的《电信和互联网用户个人信息保护规定》（后文简称《保护规定》）中厘定的电信业务经营者、互联网信息服务提供者对其在提供服务过程中收集、使用的用户个人信息的安全负责原则，体现出对消费者权益的漠视态度。同

① 《法律投诉与隐私声明》，中关村在线，http://service.zol.com.cn/user/privacy.php。

② 《中华人民共和国消费者权益保护法》第26条：经营者不得以格式条款、通知、声明、店堂告示等方式，作出排除或者限制消费者权利、减轻或者免除经营者责任、加重消费者责任等对消费者不公平、不合理的规定，不得利用格式条款并借助技术手段强制交易。格式条款、通知、声明、店堂告示等含有前款所列内容的，其内容无效。

③ 《58同城隐私条款》，http://about.58.com/395.html。

时也不符合《保护规定》中对于用户个人信息泄露后的操作规程[①]，与我国保护网站用户个人信息安全的态度背道而驰。对于这些直接侵犯消费者权益的内容应当按照《消法》第26条的规定，认定以格式条款的方式减轻免除了经营者之责任的条款内容无效。

条款的无效与合同整体的效力是分离的，单独合同条款的无效不会导致合同整体无效因而不会完整影响当事人之间的权利义务关系。相反，确认条款的无效甚至可以被视作为保全合同整体效力的“截肢”行为。若按照我国《合同法》的规定，显失公平应当是基于整个合同对于当事人双方权利义务分析得出的结论。单独对某个条款进行是否显失公平进行判断是危险的，会导致当事人为达到逃避履行合同义务而人为肢解合同的各部分。从判定公平性的角度而言，合同本身应当被视为一个整体，不应当也无必要单独评价各条款是否具有完全的公平性。对于合同无效的规定应当作出趋严适用，这是由于合同本身是双方合意的结果。由外力来干涉合同效力的行为会在一定程度上影响到合同的稳定性，因此对于合同绝对无效的标准应当慎之又慎。一般若合同不具有影响到第三人利益或双方恶意串通损害国家及社会公共利益的情形不宜直接认定合同无效。即使出现对于一方不甚公平的条款，若直接认定无效反而容易造成违法一方当事人逃避合同责任的途径。法经济学家也从不同角度得出坚持履行合同往往比不履行合同更有效率的结论。[②] 在格式条款的情形下，一方当事人由于完全未参与条款的制订，欠缺合同成立所需的合意要件，此时以法律规定的方式来平衡双方的权利义务关系给予未参与制订条款一方更多的选择利益反而是出于对公平的斟酌。

---

① 《电信和互联网用户个人信息保护规定》第14条：电信业务经营者、互联网信息服务提供者保管的用户个人信息发生或者可能发生泄露、毁损、丢失的，应当立即采取补救措施；造成或者可能造成严重后果的，应当立即向准予其许可或者备案的电信管理机构报告，配合相关部门进行的调查处理。

② 转引自 See Charles A. Sullivan，“The Puzzling Persistence of Unenforceable Contract Terms”，Set on Hall Public Law Research Paper No. 1373841，*Ohio State Law Journal*，April 6，2009。

五　管窥网站隐私声明的解释规则

（一）何谓“明确”的使用目的？

根据我国《网络安全法》的规定，网络运营者收集、使用个人信息，应当遵循合法、正当、必要的原则，公开收集、使用规则，明示收集、使用信息的目的、方式和范围。网络运营者往往以发布隐私声明的方式来履行其告知义务。“明确”的使用目的，又称“目的限制”原则（purpose limitation），如何界定隐私声明中所称的“明确”使用之目的是判断其是否遵守法律规定以及约定的重要参考因素。

目的限制原则是欧洲的数据保护的基本原则之一。一般认为，目前GDPR中所使用的目的限制原则源自《欧洲人权公约》（ECHR）第8条关于隐私的保护，后欧洲理事会（Council of Europe）发布了《关于个人数据自动化处理的个人保护公约》（Convention for the Protection of Individuals with regard to Automatic Processing of Personal Data，下称《公约》或“108号公约”）更为明确地规定了除非法律另有规定，所收集的信息需被严格限定的原则。这种严格限定体现在：首先，不得以未明确的目的而存储信息，此时目的是否明确由国家制定法律来进行规范；其次，处理数据的目的不得与初始目的不相容（incompatible）；另外，该原则与数据最小化原则产生积极联动，以保障收集的数据足够、相关且不得超出其存储的目的之范围；最后，决议也提及若能将数据匿名化则不受以上原则的约束。[①] GDPR的第5条第1款直接将目的限制原则表述为：个人数据的收集应当具有具体的、清晰的和正当的目的，对个人数据的处理不应当违反初始目的。同时该条款也适当保留了一项例外情形，即因为公共利益、科学或历史研究或统计目的而进一步处理数据，不视为违反初始目的。

我国已生效的国家标准《信息安全技术个人信息安全规范》中首次清

① The Principle of Purpose Limitation P8.

晰地规定了目的明确原则，即处理个人信息需要具有合法、正当、必要、明确的处理目的。① 中国消费者协会发布的《100 款 App 个人信息收集与隐私政策测评报告》称，在调查中发现首要的问题就是 App 过度收集和使用个人信息的情况。100 款 App 中，59 款 App 涉嫌过度收集“位置信息”，过度收集或使用个人信息的情况较多，另外“通讯录信息”“身份信息”“手机号码”也是用户个人信息过度收集或使用较多的内容，在受测评中分别有 28 款、23 款、22 款 App 涉嫌存在此类情况。除此之外，用户的个人照片、个人财产信息、生物识别信息、工作信息、交易账号信息、交易记录、上网浏览记录、教育信息、车辆信息以及短信信息等均存在被过度使用或收集的现象。② 实际上，除部分未制定隐私声明的 App，许多被调查的 App 的隐私声明也大多并不符合目的明确原则。虽然，网站经营者往往已将收集用户个人信息的内容及目的公布于其隐私声明之中，但是往往由于声明中的语言太过于晦涩，目的并不明确。隐私政策笼统不清，对收集、使用个人信息的目的、方式、范围、保存期限和地点等未明确说明不仅违背了目的明确原则，同时也使隐私协议的效力受到影响。即使用户点击了“同意”，也会由于该告知义务本身的瑕疵而使得处理个人信息不具有合法性。

但是，随着大数据的使用越来越广泛，目的限制原则本身也受到了诸多质疑。其中最知名的一个例子是谷歌流感趋势预测。预测流感趋势并非团队收集信息的初衷，只是在对大量数据分析的基础之上偶然所得。当然，仅仅从成本收益的角度来看判断是否应当继续适用目的限制原则会忽略个人数据的人格权属性。由于个人数据信息与自然人的人格独立性、完整性休戚相关，因此其一旦遭到泄露滥用会直接影响到自然人的日常生活，甚至造成巨大的精神利益上的损害。这种损害无法直接量化并以数字的形式体现在成本分析之中，也就无从以此为基础研究该原则存废的合理

① 《信息安全技术个人信息安全规范》第 4 条 b。

② https://mp. weixin. qq. com/s? ____biz = MzA5MTg4MjA2Mw = = &mid = 2685963067&idx = 1&sn = f52ba48cd8d01757592a81fddd517d36&chksm = b599bc1b82ee350d25ddaa0c15910c7e819ac4781d27fef4c9bff45410ddd4db43632f35f4f1&mpshare = 1&scene = 1&srcid = &pass_ ticket = uii%2FZXV7MSERTUjptaKXRn2ocY74hC697irs%2F8I4ce3FTHCEskM5Iyno9QSV4Llk#rd.

性。目前，具有参考性的是美国所采取的“风险性评估”手段，风险性评估实际上从理论上跨越了个人信息处理的目的限制原则，突破了将信息的使用限定于原始收集目的的约束，能够让个人信息的价值在社会生活中产生最大化效应。①

合理地明确使用目的，应当从三个维度着手。首先，考虑收集个人信息目的的合法性要求，即不得收集法律法规明令禁止收集的个人信息。其次，考虑信息收集目的的具体性。例如所收集的信息类型是否与实现产品或服务的业务功能有直接关联，即无该信息的参与产品服务本身的全部功能无法合理实现。最后，要衡量采集个人信息的行为是否与目的相符。这就需要考察个人信息收集的频次以及数量是否为实现产品业务功能所必需，否则即为超出使用目的的信息收集行为。

（二）不同版本隐私声明的解释规则

1. 中英文版本不一致的隐私声明之解释规则

目前，由于许多网站涉及大量的境外用户，因此在网页设计上采用了多语言文本的方式。此时，网站的主体内容均存在不同的语言文字版本，但文字所体现的内容具有一致性。通过对比分析，笔者发现部分网站的隐私声明中英文版本并不一致。虽然在文字上并无直接相互抵触的内容，但是英文版本往往会承诺更多的义务，同时赋予消费者更多的信息披露选择权。

例如，某网站的英文版隐私声明：顾客可删除或根据自己的偏好重新设定自己的账户信息。但其中文版的隐私声明中并未包含此项内容。同时，该网站英文版的隐私声明详细地列明了该网站将会提取的消费者相关信息及数据，包括 IP 地址、浏览页面以及浏览时间等信息用于内部商业运营及市场营销目的，这些目的包括但不限于：①应客户要求提供产品及服务；②为网页提供个性化的营销提供素材；③为客户提供特殊产品以及推荐新产品。而对应的中文版本中却丝毫未提及对于以上用户信息的使用问题。

出现这样的现象，一方面是不同国家及地区对于个人信息权利保护及

① 参见万方《隐私政策中的告知同意原则及其异化》，《法律科学》2019 年第 2 期，第 67 页。

隐私声明的立法有较大差别，导致对不同地域消费者的最低保护标准有差别。以欧盟及美国为例。欧洲法模式以制定统一的个人信息保护法为特征，因此又称统一模式。[①] 在此立法模式下，欧盟通过制定综合性的个人信息保护法律对个人信息全生命周期进行管理。美国则采用分散立法和行业自律相结合的模式，对个人隐私保护进行分散立法。

各国关于隐私声明的立法要求及适用范围均有所不同，直接导致了网络隐私声明的区域化差异。具体而言，美国联邦层面并没有针对隐私声明的统一立法，仅在儿童隐私保护方面有所关注并推出了美国儿童网络隐私保护法（COPPA）。在州立法层面，加利福尼亚州网络隐私保护法案（CalOPPA）对隐私声明问题作出了明确规定。该法案不仅适用于所有加州地区提供互联网服务的企业，也同时能对使用境外网络服务的本地用户起到保护作用。加拿大政府推出了个人信息及电子数据法案（PIPEDA），该法案仅对加拿大公司适用，要求所有处理个人信息的网络及实体企业均采用隐私声明的方式向用户进行披露。英国的 1998 年数据保护法仅对英国企业有约束力，要求企业任何收集、储存及使用个人信息的行为需满足法令要求，同时贯彻最小使用原则。[②] 欧盟对于网站隐私声明的规制最为严格，适用范围最广（适用对象为所有欧盟国家公民）。2012 年欧盟监管机构曾要求谷歌公司大幅修订其隐私声明，尤其针对其内部平台对于用户个人数据的分享问题，如拒绝执行则将对其进行制裁。之后，谷歌公司根据欧盟的要求对其隐私条款作出了广泛和全面的修改。美国的个人信息保护是从消费者保护法的角度入手，要求企业必须以消费者实际使用的终端上容易阅读的形式，提供关于隐私声明的告知。

我国的《网络安全法》虽并未明确要求网络运营者必须在网站设置隐私声明，但是在《网络安全法》第 22 条及第 41 条中明确规定了网络运营者收集、储存及使用用户信息的方式，并需要满足向用户明示且取得用户同意的要求。同时，工信部颁布的《保护规定》中还要求电信业务经营

---

① 王利明：《论个人信息权的法律保护——以个人信息权与隐私权的界分为中心》，《现代法学》2013 年第 4 期，第 62 页。

② https://termsfeed.com/blog/gdpr/#How_to_comply_with_GDPR-2.

者、互联网信息服务提供者在自己经营、服务场所或者网站上公布用户信息收集及使用情况。除此之外，2017 年 7 月中央网络信息办公室、工信部、公安部、国家标准委四部门联合开展隐私条款专项工作，对十款网络产品和服务的隐私条款进行评审。由此可见，我国实际是以要求提供经营性互联网信息服务的网络运营商在网站设置隐私声明的方式履行向用户披露信息收集、储存以及使用情况之义务的。但是，实际上对于提供非经营性互联网信息服务[①]的网络运营者并没有此类强制设立隐私条款的要求。由此可以推定并得出结论：我国目前仅对于提供经营性互联网信息服务的网络运营者有强制设置隐私声明的要求。但是对于具体向用户告知信息的内容和方式并没有作出更为细化的规定，同时，许多网站并没有按照法律规定在取得用户信息时征得用户的同意。

经营者出于对成本的考量以及对消费者权益的漠视而提供不同语言版本之间无法对应的隐私声明条款，那么，在各文本并未标示出特定的适用对象的前提下，不同语言版本的隐私声明究竟属于不同的合同还是属于一份合同的不同文本？笔者认为如在隐私声明中无对于适用地域及人群的特别保留，则无论哪种文本的隐私声明对于消费者而言都可以平等适用，并不能因为国内的用户更习惯使用中文页面而自动排除英文版隐私声明的适用空间。

根据我国《合同法》第 125 条的规定，合同文本采用两种以上文字订立并约定具有同等效力的，对各文本使用的词句推定具有相同含义；各文本使用的语句不一致的，应当根据合同的目的予以解释。该隐私声明的订立目的自然是为了保护消费者的合法权益，保障其个人信息及相关的数据不被不合理地泄露及使用。在此种语境之下，自然是应当适用对消费者权利保护更为周延的英文版本之隐私声明。另外根据《合同法》第 41 条的规定，对于格式条款的理解产生争议的，应当作出不利于格式条款提供方之解释。对于提供格式条款的网络经营者而言，直接适用英文版本的隐私

① 《互联网信息服务管理办法》规定，“非经营性互联网信息服务，是指通过互联网向上网用户无偿提供具有公开性、共享性信息的服务活动。例如，出版社网站”。

声明对其约束更多、要求更高。因此，无论是根据《合同法》第 125 条抑或《合同法》第 41 条，均会导致对消费者知情权和个人信息权保护更为完备的英文版本隐私条款的适用。

2. 触屏版与电脑版内容不一致的隐私声明效力

虽然在技术框架和操作系统上存在差异，但无论是在移动触屏版通信设备还是在电脑的使用过程中，服务提供商均有收集所需个人信息的技术支持。但是，不同设备所收集的信息种类及用途会略有不同。例如，手机等设备的客户端会记录所下载使用的 App 启用频次，以及调用手机用户的位置信息，甚至访问收集通讯录，而此类信息对于电脑版而言既无必要有时也无收集的可能。因此，触屏版和电脑版网络由于其使用系统不同、提供内容不同、收集信息侧重点不同，确实存在不同的隐私声明的适用空间。

欧盟委员会于 2017 年 1 月 10 日提出一项新法案《隐私与电子通信条例》（Regulation on Privacy and Electronic Communications）以加强对于电子通信数据的监管。该法案将即时通信、VoIP 等 OTT 服务纳入监管范围，规定任何电子通信数据如短信、电子邮件、通话等的收听、截取、存储、监控、扫描或者其他类型的拦截行为均需被禁止。对我国而言，考虑到触屏版和电脑版网页的使用主体的一致性以及国家对于个人信息保护的强制性要求，两者虽然可以允许有部分内容上的差异，但是仍然需要满足明确告知用户收集、使用信息的目的、方式和范围，查询、更正信息的渠道以及拒绝提供信息的后果①等要求，并以适当的方式获取信息主体的明确同意。因此，同一主体从不同渠道（触屏版电子设备或电脑）登录网站界面时，网络经营者可以根据不同的设备所提供的服务提供不同版本的隐私声明，但是底线要求是仍需要履行我国《网络安全法》第四章所规定的网络经营者对主体的个人信息保护义务。

六　结论

近些年来，随着我国对于网络安全和个人信息保护的重视逐渐提高，

① 参见《电信和互联网用户个人信息保护规定》第 8 条。

人们开始越来越多地关注网站提供的隐私声明。网站的隐私声明既是网络经营者与网络用户就收集、存储和使用用户个人信息的行为进行的约定，同时也是网络经营者履行其按照法律规定的强制信息披露义务的途径。强制披露的告知义务之履行与网络用户的知情权保障之间仍然存在一定的鸿沟，网络经营者仍有可能以晦涩的语言表述、不同文字版本的说明等方式规避其应当履行的义务，但是合理利用格式条款的规制规则以及合理的法律解释可以尽可能缩减其间的差距，真正实现保护网络用户个人信息安全的初衷。

The Legal Effect and Rule of Interpretation for the Privacy Policy

Wan Fang

Abstract: At present, China managed to regulate the behavior of network operators in dealing with personal information from the perspective of personal information protection. However, the legal nature of privacy policy remains unclear, and there are also disputes about the effectiveness and interpretation thereof, which hinder the protection of consumers' right of choice, right to be informed. The personal information rights and interests of the entities are also at risk. As for the inconsistency between the Chinese and English versions of the same privacy policy as well as the touch screen version and the computer version, it is concluded that the applicable version should be chosen according to the interpretation principles of the contract law.

Keywords: privacy policy; consumer protection; personal information; standard terms

审视与解困：未成年人直播打赏纠纷的裁判路径

——以责任承担为视角

邓青菁　郭　琳*

摘要：本文以一起未成年人直播打赏纠纷为切入点，梳理未成年人重金打赏的金额、年龄分布、权利主张等情况，通过再现直播打赏的登录、操作流程及资金流向，深入分析未成年人巨额直播打赏合同归于无效之后各方应承担的责任。

关键词：直播打赏　未成年人　责任承担

引　言

新时代背景下，直播已成为新一代现象级应用和网络文化的表现形式。2017 年，我国网络直播市场整体营收规模达 304.5 亿元，[①] 用户逾 4 亿。据腾讯调查数据，目前每个直播平台均约有 15% 为未成年人受众。在为年轻人带来多元体验的同时，未成年人巨额打赏的相关报道也频繁见诸媒体。打赏究竟是赠与还是消费行为？打赏者与主播和直播平台各是什么关系？若合同无效，各方应承担怎样的责任？审判中对这些问题的处理，不仅关系到巨额赏金能否退回及各方利益的衡平，而且对于规范平台经营、引导未成年人合理消费影响深远。

---

* 邓青菁，北京市第三中级人民法院民三庭审判员、庭长助理，北京大学硕士研究生；郭琳，北京市第三中级人民法院民三庭法官助理，中国政法大学司法文明协同创新中心诉讼法学（司法文明方向）在读博士。

① 《2017 中国网络直播行业发展报告：全年营收 304.5 亿，生态链逐渐成型》，36 氪网，http://36kr.com/p/5114710.html。

一　现象透视：未成年人重金打赏纠纷频出

（一）救济升级：未成年人巨额打赏纠纷频出

2017 年底，一则《“00 后”女孩打赏男主播 65 万元，其母起诉直播平台要求退钱》[①] 的新闻引起了大家的关注。刘女士称，其“00 后”女儿小雅（化名）在加拿大留学期间迷上映客直播，三个月内打赏男主播花掉 65 万余元。刘女士以女儿名义起诉映客直播的经营企业北京蜜莱坞网络科技有限公司要求退钱，一审败诉，二审法院根据不同的时间段区分了不同当事人的责任承担。[②] 黑龙江、贵州、广东、河南[③]等地也出现了类似的案情，但裁判思路却并不相同。

（二）案件背景：未成年人重金打赏索赔难

在百度网页搜索“未成年人 + 打赏”，显示的搜索结果约 270 万个，搜索“未成年人 + 直播打赏”，显示的结果也有约 230 万个。据统计，截至 2017 年 11 月，因未成年人在直播平台重金打赏引发的纠纷被公开报道的至少有 29 件。其中 12 岁及以下的小学生占比最高，占 52%；其次是 13 ~ 15 岁的中学生，占 45%；16 ~ 18 岁的高中生占比最低，为 3%（见图 1）。

关于重金打赏的金额，在统计的 29 件重金打赏的案例中，62% 的未成年人的打赏金额集中在 5000 元至 4 万元，34% 的未成年人打赏金额是 4 万元以上（见图 2）。[④]

---

① 周蔚：《“00 后”女孩打赏男主播 65 万，其母起诉直播平台要求退钱》，澎湃新闻，https://www.thepaper.cn/newsDetail_forward_1909618。

② 北京市第三中级人民法院（2018）京 03 民终 539 号民事判决书。

③ 详见（2018）黑 0603 民初 4 号、（2018）黔 04 民终 710 号、（2017）粤 0113 民初 3284 号、（2017）豫 0102 民初 7661 号等民事判决书。

④ 江山、袁文幻：《16 岁少年偷钱打赏清纯女主播 40 万：害怕但停不下来，现在后悔了》，中青在线，http://news.cyol.com/content/2017-11/07/content_16666631.htm。

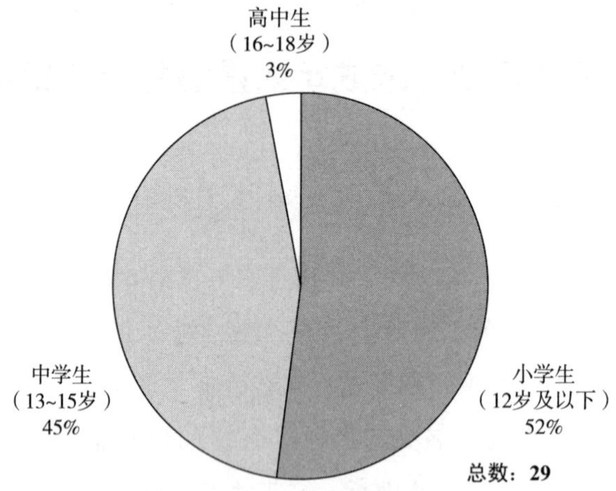

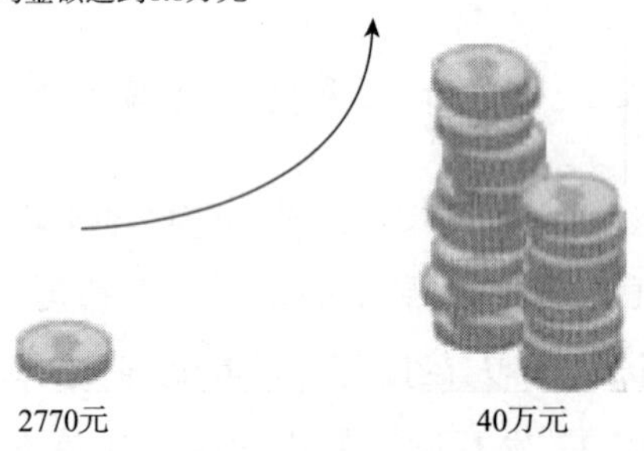

图 1　重金打赏主播未成年人的年龄及打赏金额范围

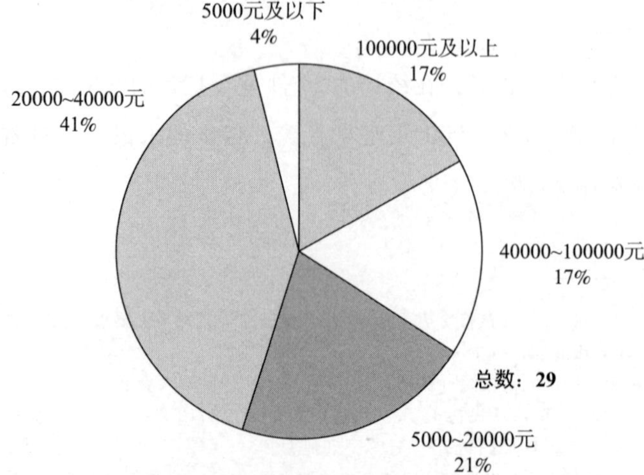

图 2　未成年人重金打赏的金额分布

笔者选取近期媒体报道中有代表性的案例整理如表 1 所示。

表 1　媒体报道的代表性案例

序号	年龄（岁）	打赏金额（万元）	支付方式	直播平台	是否退回
1	16	65	支付宝、微信	映客	诉讼中
2	16	40	支付宝	熊猫直播	否
3	11	9	—	快手	否
4	10	5	支付宝	快手	正在办理退款
5	10	0.6	微信	酷狗音乐	否
6	9	5	—	虎牙	否
7	9	1.2	—	火山	警方介入，退回大部分
8	9	7.8	信用卡	美拍	否
9	9	5.8	支付宝	快手	否
10	8	8	支付宝	—	否

综上，目前参与重金打赏的未成年人年龄多在 8 岁至 12 岁，属于限制民事行为能力人。支付方式多为绑定父母的支付宝、微信账号购买平台的虚拟货币，用虚拟货币换取虚拟礼物，进而打赏主播。同时，这些虚拟货币也可以在淘宝等网络平台购得。未成年人打赏的频率高，短期之内多次重金打赏的现象普遍，有的甚至在两天之内花去近 10 万元，[①] 给监护人和其家庭带来巨额损失。但是，当家长选择与平台或主播进行沟通，希望要回打赏金时，除非新闻造成的社会影响较大，或者警方介入，直播平台多以并无证据证明打赏的主体是未成年人为由拒绝向未成年人及其监护人退还打赏金额。

（三）操作流程：登录与支付过程分析

为方便后文分析，我们主要以多起未成年人直播打赏纠纷中涉及的映客直播 App 为例，梳理一下直播打赏的操作流程。

① 孔令晗：《12 岁男孩为主播 5 秒钟刷了 6 万元礼物　直播打赏纠纷半年涉 890 余万》，上观网，https://www.shobserver.com/news/detail? id=46042。

1. 登录流程

下载映客直播客户端并打开，首先会显示一个登录的页面，可以选择通过微信号、手机号、QQ 号以及微博号四种登录方式中的一种进行登录。若此时不登录，也不影响进入各个直播间进行观看，但是参与方式受到严格限制，只能观看，不能打赏、评论等。若要参与打赏，点击打赏按钮，又会弹出登录页面。选择一种登录方式，然后为自己设计昵称，选择性别，即可完成登录。

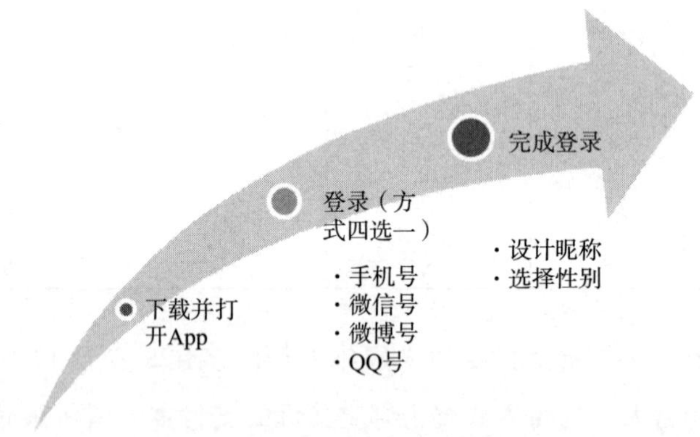

图 3　映客直播 App 登录流程

2. 打赏流程

点击主播右下方的打赏按钮，会出来打赏可选择的种类，有红包及标注为不同名称、不同价格（以虚拟货币计）、不同图案的虚拟礼物。无论选择哪一个，点击“发送”，都需要先为账户充值。充值选项从 10 钻石[①]

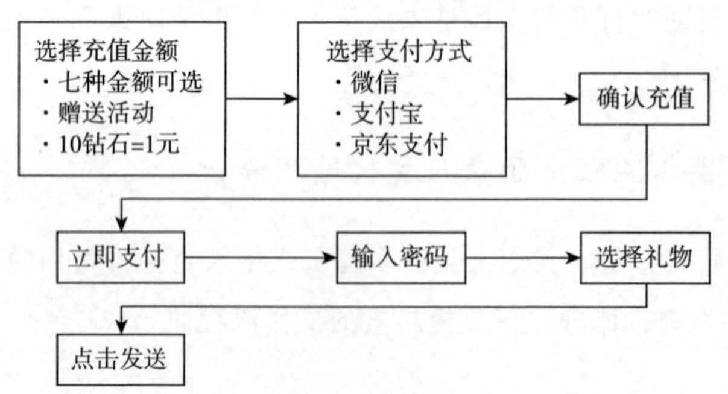

图 4　打赏流程

① 映客用户使用的虚拟货币。

到 29980 钻石不等，钻石与人民币的比值为 10∶1。充值在 98 元以上，还有赠送活动。支付方式可供选择的有三种：微信、支付宝与京东支付。在手机已经绑定了支付方式的情况下，整个打赏过程只需 2～3 秒。

二　抽丝剥茧：直播打赏中各方法律关系分析

（一）能否返还：探寻打赏性质的意义所在

根据我国《民法总则》第 144 条、第 145 条[①]以及《合同法》第 47 条第 1 款[②]的规定，无民事行为能力人订立的合同无效；除纯获利益的合同或者与其年龄、智力、精神健康状况相适应而订立的合同以外，限制民事行为能力人订立的合同为效力待定的合同。即限制民事行为能力人原则上由其法定代理人代其订立合同，若要独立订立合同，除纯获利益的合同或者与其年龄、智力、精神健康状况相适应而订立的合同以外，均须经其法定代理人同意或追认方为有效。

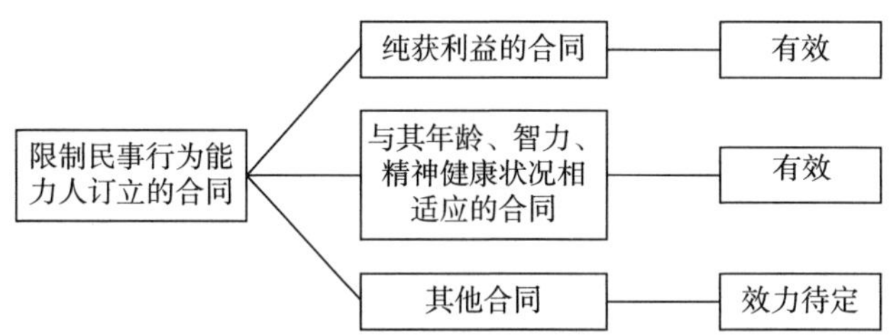

图 5　限制民事行为能力人订立合同的效力归纳

巨额打赏行为显然并非纯获利益的合同，亦与未成年人的年龄、智力

---

① 《民法总则》第 144 条规定："无民事行为能力人实施的民事法律行为无效。"第 145 条规定："限制民事行为能力人实施的纯获利益的民事法律行为或者与其年龄、智力、精神健康状况相适应的民事法律行为有效；实施的其他民事法律行为经法定代理人同意或者追认后有效。相对人可以催告法定代理人自收到通知之日起一个月内予以追认。法定代理人未作表示的，视为拒绝追认。民事法律行为被追认前，善意相对人有撤销的权利。撤销应当以通知的方式作出。"

② 《合同法》第 47 条第 1 款规定："限制民事行为能力人订立的合同，经法定代理人追认后，该合同有效，但纯获利益的合同或者与其年龄、智力、精神健康状况相适应而订立的合同，不必经法定代理人追认。"

与精神健康状况不相适应。打赏后，限制行为能力人的法定代理人均拒绝追认，那么未成年人签订的涉直播巨额打赏的合同均归于无效。根据我国《合同法》第 58 条[①]，在合同无效的情况下，当事人各付返还义务，并由有过错的当事人承担相应的赔偿责任。各方当事人之间合同关系的性质不同，对能否返还以及责任承担的判断也并不相同。

（二）用户与主播的法律关系

1. 观点争鸣：赠与还是购买服务

关于打赏用户与主播的关系，主要有赠与合同关系与服务合同关系两种观点。“赠与合同说”认为，用户将自己的财产无偿给主播，主播接受赠与，双方成立赠与合同的关系。用户作为转让财产的一方，在此为赠与人。主播是接受财产的一方，是受赠人。因此，在未成年人的直播打赏行为无效的情况下，主播作为受赠人应当向打赏者返还被赠与的财产。“服务合同说”认为，主播提供表演、授权升级等服务，用户通过打赏满足自己的心理需要，有时还能获得赞赏、表彰、听歌等与主播更为亲密的互动，双方成立服务合同的关系，打赏者通过打赏购买的是一种特殊的服务。未成年人在享受了主播提供的表演服务之后，再反过来要求退还费用，严重违背公平原则，因此已经不能返还或者没有必要返还。

关于赠与合同与服务合同的区别，《合同法》第 185 条规定，赠与合同是赠与人将自己的财产无偿给予受赠人，受赠人表示接受赠与的合同。赠与合同属于单务无偿合同，服务合同是双务有偿合同。赠与合同的无偿决定了赠与合同规则的基础，也决定了赠与合同与一般双务有偿合同存在差异，甚至是根本性的差别。[②]

笔者认为，主播在直播间面对不特定的用户进行表演，并非只对打赏用户提供表演服务，是否打赏全凭用户的个人意愿。打赏者不要求获得任

① 《合同法》第 58 条规定：“合同无效或者被撤销后，因该合同取得的财产，应当予以返还；不能返还或者没有必要返还的，应当折价补偿。有过错的一方应当赔偿对方因此所受到的损失，双方都有过错的，应当各自承担相应的责任。”

② 孙晓、赵志毅：《论赠与合同的性质及其适用》，《法律适用》2002 年第 6 期。

何对价、代价或报酬而把自己的财产赠与他人，受赠主播不需要支付任何对价、代价或报酬就可获得打赏者的赠与，双方应属于赠与合同关系。

2. 回应质疑：打赏行为的无偿性

（1）行为无偿：精神获益不属于有偿。

赠与的无偿性是指赠与人为赠与行为时，不要求利己的对价这一事实要素。[①] 无偿性的构成要件有三：一，自愿；二，动机善意，即赠与人应当出于善良的利他动机，纯粹地给予他人财产；三，行为的利他性，此种利他性一定要符合“增减”的条件，即在财产利益上，受赠人增加，赠与人减少。[②]

用户希望并确实通过打赏获得了精神的满足，目的的利己性成分和精神的获益是否影响对于无偿性的判断？

首先，打赏者怀有的特定的目的与“动机善意”并不矛盾。关于打赏的目的性，赠与人为发生一定预期结果而为的赠与，其在经济上并不是利己，这与“动机善意”并不矛盾。任何赠与都不是没有目的的。因此，打赏者出于满足自己心理需要而打赏主播，此动机并不具有经济上的利己性。

其次，打赏者精神获益的结果与“行为利他性”并不相悖。行为的利他性是指赠与行为使赠与人和受赠人在财产利益方面此消彼长，而不是说赠与人不能通过打赏行为经济上间接获益或得到精神享受、心理安慰。

（2）附义务赠与：次要义务不构成对价。

首先，应当明确通过打赏获得的反馈可以分为两部分：一部分来源于主播，主要有“感谢”、加微信等，无明文约定，形式不固定，甚至时有时无；另一部分实质上来源于平台，有授权当“房管”、身份升级、有权私信等，形式固定，此将在后文予以讨论。

其次，在主播接受打赏之后给予打赏者预期反馈的情况下，用户与主播成立的赠与合同可以理解为附义务的赠与。所谓附义务赠与，又称附负担赠与，是指受赠人负有一定给付义务的赠与。此处受赠人所负的一定给付义务

---

① 万金湖、陈光华：《赠与的无偿性之本质探析》，《湖南政法管理干部学院学报》2002年第4期。

② 兰美海：《无偿性对赠与合同规则的影响》，人民法院出版社，2016，第26~30页。

与赠与人所负的给付义务无对价关系。我国《合同法》第 190 条[①]对此有明文规定。

那么，如何判定是否存在对价？判断对价的根本标准应是交易标的具有合乎法律规定的，并为当事人所认同和接受的价值或者说当事人所认同的法律上的价值。对价不必相当，也就是客观上不一定得等价，但必须充分。所谓必须充分是指：①对价必须出于自愿；②对价必须是针对相对人的给付所支付的代价，并足以满足对方当事人已明确于合同中的要求；③对价必须是合法的。[②]

主播在收到重金打赏之后表达感谢、唱歌、加打赏者微信以及与打赏者进行其他形式的互动等，这些一般均不会在合同中明确约定，不属于对方当事人已明确于合同中的要求，且具体形式因人因时因事而异，因此并不属于充分的对价，并不影响打赏行为本身的无偿性。

故打赏用户与主播之间成立赠与合同的法律关系。即使打赏者通过打赏获得精神慰藉及与主播更多的互动，这些也都不构成打赏行为的对价，不影响对于赠与合同的性质判断。赠与合同属于单务无偿合同，在未成年人打赏纠纷中，主播应当向未成年用户返还虚拟货币和虚拟礼物。

（三）打赏用户与直播平台的法律关系

打赏用户与直播平台之间的法律关系分为几种情况。

其一，服务合同关系。平台为用户提供信息技术、管理服务。在平台上，无论是否打赏，用户均可以观看不同主播的节目，打赏特定虚拟礼物之后会出现特效，打赏者拥有更多的权限，这些均是平台通过提供信息服务、技术支持、规则制定等进行管理的体现。在服务合同关系下，用户并未支付服务费用，因此不涉及返还事项。

其二，买卖合同关系。一方面，在向账户充值的过程中，直播平台将

---

① 《合同法》第 190 条规定："赠与可以附义务。赠与附义务的，受赠人应当按照约定履行义务。"

② 万金湖、陈光华：《赠与的无偿性之本质探析》，《湖南政法管理干部学院学报》2002 年第 4 期，第 27 页。

虚拟货币转移于用户，用户向直播平台支付价款，双方各负权利义务，因此成立买卖合同的关系；另一方面，在购买礼物打赏的过程中，用户向平台支付虚拟货币，平台给付虚拟礼物，双方各负权利义务，同样成立买卖合同关系。在合同归于无效的情况下，平台与未成年人各负返还义务，平台向未成年人返还人民币，未成年人向平台返还虚拟礼物、虚拟货币。

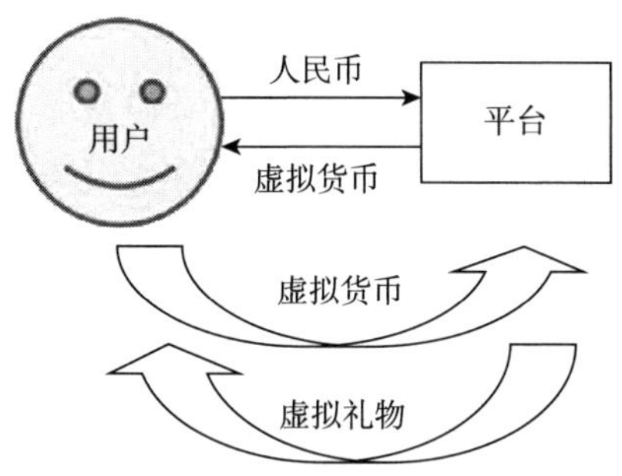

图 6　用户与平台买卖关系示意图

其三，消费赠与行为。消费赠与行为是指经营者在商品交易中，附带地向交易对方无偿提供一定数量的现金和物品的行为。直播平台向用户销售虚拟货币时，有时设置一些优惠活动，如“充值 980 钻石（即 98 元）送 10 钻石”，此即属于消费赠与。提供赠品的经营者与交易对方存在双重法律关系，即交易关系和赠与关系。其中交易关系是主关系，赠与关系是从关系。[①] 因此，在未成年人与平台之间的买卖合同关系归于无效的情况下，赠与合同亦无效，未成年人应当返还平台赠与的虚拟货币。

综上，用户与直播平台存在服务合同关系。由于直播平台提供的管理和信息服务不需要花钱购买，因此双方不负返还义务。同时，用户和平台还存在买卖合同关系以及消费赠与行为，用户应当向平台返还购买和受赠的虚拟货币，平台应向用户返还购买虚拟货币所用的资金。

对于从他处购买虚拟货币的用户而言，未成年打赏者应当将主播退还的虚拟礼物退还给平台，平台向打赏者退还虚拟货币。由于用户并不是在平台购买的虚拟货币，故其无权要求平台退还虚拟货币对应的人民币。此

① 马强：《消费赠与问题研究》，《法律适用》2005 年第 9 期。

虽使未成年人及其监护人维权成本提升，但此类事件中未成年人及其监护人亦有过错，因此其应当为此付出代价亦有合理性。

三　综合衡量：承担缔约过失责任的裁判路径

根据《合同法》第 58 条，合同无效或者被撤销后，有过错的一方应当赔偿对方因此所受的损失，双方都有过错的，应当各自承担相应的责任。此种情形下，过错方承担的责任属于缔约过失责任。

（一）缔约过失责任概述

缔约过失责任是指在合同订立过程中，一方因违背其依据诚实信用原则所负担的先合同义务致另一方遭受损失时所应承担的损害赔偿责任。① 缔约过失责任制度保护的是当事人的信赖利益。“契约的缔结产生了一种履行义务，若此种效力因法律上的障碍而被排除时，则会产生一种损害赔偿义务。因此，所谓契约无效者，仅指不发生履行效力，非谓不发生任何效力。简言之，当事人因自己的过失致使契约不成立者，对信其契约为有效成立的相对人，应赔偿基于此信赖而产生的损害。”②

缔约过失责任的成立，需要具备以下要件。①缔约人一方违反先合同义务。所谓先合同义务，是指缔约双方为签订合同而互相保护、互相通知、诚实信用等义务。②相对人受有损失。③违反先合同义务与该损失之间有因果关系。④违反先合同义务者有过错。③

过错是构成缔约过失责任的主观要件。德国著名法学家耶林曾说：“使人负损害赔偿的，不是因为有损害，而是因为有过失，其道理就如同化学上之原则，使蜡烛燃烧的，不是光，而是氧一般的浅显明白。”④ 所谓过错，即行为人未尽自己应尽和能尽的注意义务，为法律所不能容忍的

① 郭明瑞：《民法》，高等教育出版社，2007，第 409～410 页。

② 王泽鉴：《民法学说与判例研究》（1），中国政法大学出版社，1998，第 88～89 页。

③ 崔建远：《合同法》，法律出版社，2016，第 84 页。

④ 转引自王泽鉴《民法学说与判例研究》（2），中国政法大学出版社，1998，第 144 页。

行为意志状态，包括故意和过失。按照民事责任的一般归责原则，应由受害人来承担对方过错的举证责任。但是由于主观意志的抽象与无形，在难以直接判断的情况下，实践中有时采用过错推定，即根据客观的行为与事实来推定一方是否存在故意或过失。另外，因果关系的判断多采用相当因果关系说，即在通常情形下依社会的一般经验认为有可能性即认为有因果关系，“无此行为，虽不必生此损害，有此行为，通常即足生此种损害者，是为有因果关系”。[①] 因此，判断各方是否存在缔约过失责任，过错与因果关系不难认定，关键在于考量各方是否违反了先合同义务以及是否信赖利益受损。

（二）要件审查：各方是否违反先合同义务并具有过错

1. 直播平台

笔者认为，直播平台有义务对于用户的身份充分进行审核，进而排除未成年人直播打赏。首先，直播平台具有审核相对方是否具有完全民事行为能力的注意义务。正如任何经营场所在出售烟酒前对于购买者是否为未成年人具有审核义务，直播平台也应当采取必要的技术措施进行审核，禁止未成年人直播打赏；其次，限制未成年人参与和其年龄、智力不相适应的经济活动也是企业应当承担的社会责任的一部分。

一种观点认为，要求直播平台通过审核用户身份来杜绝未成年用户参与打赏过于苛责，且烦琐的审核程序会影响直播娱乐的即时性。笔者不同意此种看法。首先，直播平台有能力在审核用户身份方面更为审慎。且不说网上证券开户中用户需要经历身份认证、安装数字证书、风险测评等一系列复杂的程序，单在网上投保大多需要用户上传手持身份证的照片。直播平台完全有能力对于注册用户，至少是打赏超过一定金额的用户尽到更为审慎的审核义务。其次，恰当地履行更为严格的审核程序不会对直播行业的用户体验、效率、盈利有较大影响。直播行业的健康、可持续发展也需要直播平台在赢得丰厚利润的同时坚持诚实信用原则。

---

① 王泽鉴：《侵权行为法》（第一册），中国政法大学出版社，2001，第191页。

目前，直播平台采取的措施主要是在合同中排除未成年人与之订立合同的资格。例如，映客在“用户充值协议”中载明：“请确认您具有完全民事行为能力……否则请您停止注册或使用本协议项下的服务。”但是，此行字在冗长的格式合同中并未突出显示，没有起到充分的提示作用。而且未成年人很可能像很多成年人一样根本不阅读格式条款，径直在“已阅读”前打钩，急切地去参与打赏。此外，一些平台采取分级管理的模式，如快手上线家长控制模式，[①] 在此模式下未成年人无权打赏，但效果也未完全达到预期。[②] 个别情况下用户的注册信息显示其年龄为未成年，平台却并未对其打赏权限进行限制，也有的平台并未要求用户填写年龄信息。

综上，直播平台作为用户打赏的主要受益者，有义务、有能力对于用户的身份进行充分审核却选择了不作为或少作为，违反了先合同义务。通过其对于未成年人打赏的放任态度，可以推定直播平台在身份审核方面具有过错。

2. 未成年人

关于未成年人在登录账号、进行充值时是否隐瞒年龄信息，笔者认为应当分情况探讨。一方面，对于快手这类众所周知的已实行分级管理的平台而言，若未成年人利用漏洞去获取仅属于成年人的打赏权限，确实属于隐瞒了重要事实，依据《合同法》第 42 条[③]第 2 项、第 58 条的规定，应承担缔约过失责任。另一方面，像映客这类并未要求用户填报年龄，仅在格式合同中以未突出显示的方式限制未成年人缔约的平台而言，可以视为未成年人并未对其隐瞒身份，此种情况下未成年人并未违反先合同义务且无过错。

3. 主播

不同于直播平台拥有技术、管理优势，主播只能通过评论、私信等途

---

① 陈宇曦：《快手上线家长控制模式：关闭未成年人直播打赏，隔绝低俗内容》，澎湃网，https://www.thepaper.cn/newsDetail_forward_2074137。

② 红印儿：《亲测：快手新推的“家长控制模式”可能并没啥用》，芥末堆网，https://www.jiemodui.com/N/93099.html。

③ 《合同法》第 42 条第 2 项规定：“当事人在订立合同过程中有下列情形之一，给对方造成损失的，应当承担损害赔偿责任：……（二）故意隐瞒与订立合同有关的重要事实或者提供虚假情况。”

径获知用户的年龄信息，要求其对于每位打赏者主动询问年龄也不切实际，因此主播仅在知道或者应当知道打赏者为未成年人的情况下违反先合同义务，具有过错。

4. 未成年人的监护人

未成年人的监护人是未成年人直播打赏的最终受害者。虽然其并非直播打赏法律关系的一方主体，但未成年人绑定监护人的第三方支付平台账号进行打赏与监护人未尽到监护义务直接相关，且未成年人的权利最终要通过其监护人代理被监护人实施民事诉讼行为来实现。

监护人有义务通过约束被监护人的行为，避免被监护人的违法行为给他人造成损失，保护其他人的合法权益。[①] 在未成年人直播打赏纠纷中，监护人因疏忽致未成年人掌握监护人的支付账号和密码后重金打赏，未成年人的行为是否属于盗窃我们暂且不论，其至少存在对于监护人财产的无权处分行为。因此，监护人因过失违反监护义务，造成未成年人无权处分监护人的财产，重金打赏主播，在合同归于无效之后对方产生信赖利益损失，监护人一方面应当对于未成年人可能存在的缔约过失责任承担替代责任，另一方面应当基于自身的过失对于被监护人给他方造成的损失承担赔偿责任，赔偿的总金额不应超过平台方因此而遭受的信赖利益损失的数额。

（三）损失计量：直接损失与利息

缔约人违反先合同义务造成的损失大多为信赖利益的损失，主要表现为缔约费用、准备履行所支出的费用以及支出上述费用所失去的利息等。[②]

由于打赏者与主播是赠与合同的关系，主播并未履行对待给付义务，因此主播并无损失，或者微小的损失可以忽略不计。直播平台在与未成年用户订约的过程中基于服务合同与买卖合同提供了技术、流量、管理等方面的支持，均可以转化为具体的财产金额来主张。未成年人一方的损失，主要是利息损失。

---

① 胡建：《对未成年人之监护人的民事责任的研究》，《广西政法管理干部学院学报》2009年第2期。

② 崔建远：《合同法》，法律出版社，2016，第85页。

（四）举证责任：在各主体之间合理分配举证责任

审理此类纠纷时，应当依据直播打赏的模式以及各方的举证能力合理分配举证责任。由于相关案件预计多以未成年人及其监护人索要巨额赏金的形式出现，故仅分析此模式下的举证责任。首先，关于未成年人参与打赏的事实的证明，应由未成年人及其监护人就打赏的主体是未成年人及打赏的金额、利息损失进行举证。手机归属及型号、社交账号注册信息、GPS 定位地点等都可以作为证据提交。如果未成年人及其监护人能够证明相关证据由直播平台或者主播掌握的，直播平台或主播应当就此承担举证责任。尤其是直播平台相比于未成年人及其监护人一方具有技术、数据、信息等优势，其应当根据个案情况承担更多的举证责任。其次，关于各方是否承担缔约过失责任，直播平台应当对于自身已对用户身份进行了充分审核以杜绝未成年用户参与打赏进行举证。同时，未成年人及其监护人应就主播知晓打赏者系未成年人进行举证，以进一步向主播主张缔约过失责任。

综上，未成年人直播打赏纠纷中，平台存在违反先合同义务的行为，根据其履行能力、盈利模式等，可推定其有过错，在未成年人受有利息损失，且平台违反先合同义务与该损失之间有因果关系的情况下，平台应当返还未成年人购买虚拟货币的资金，并赔偿未成年人的利息损失；主播在返还被赠与的虚拟货币之后，是否应当向未成年人承担缔约过失责任要根据具体情况判断；未成年打赏者是否应当向主播及平台承担缔约过失责任，应当依据未成年人是否向主播及平台隐瞒年龄信息进行判断；未成年人的监护人既要在未成年人承担缔约过失责任的情况下承担替代责任，又要依据自身违反监护义务的程度赔偿直播平台的信赖利益损失，赔偿的范围包括平台在与未成年人订约的过程中因打赏而在技术、流量、管理等方面提供支持所支出的费用。关于举证责任分配，应由未成年人及其监护人就打赏的主体是未成年人及打赏的金额进行举证。如果能证明相关证据由直播平台掌握，直播平台应当就此承担举证责任。

四　结语

未成年人直播打赏纠纷是未成年人生活状态变化的缩影，反映出互联网时代司法机关在界定各方法律关系、判定责任承担时面临的困境，亦肩负未成年人权益保护之重任。此类纠纷的审理，应在明晰未成年打赏者与主播之间的赠与合同关系、与平台之间的服务合同关系和买卖合同关系以及单方赠与行为的基础上，根据实际情况认定各方是否需负返还义务及承担缔约过失责任，使司法继续充当保护未成年人之盾牌。

Review and Solution: The Referee's Path for Juveniles Reward Live Broadcast Disputes

—From the Perspective of Responsibility

Deng Qingjing　Guo Lin

Abstract: This article takes a minor's reward live broadcast dispute as a starting point, sorts out the amount of money, age distribution, and claims of minors. By reproducing the landing, operation process and capital flow of live rewards, this article provides an in-depth analysis of the responsibilities of the parties after the minors' contracts on huge reward live broadcast are invalid.

Keywords: live reward; juveniles; responsibility bearing

规制与调整：互联网股权融资非法集资犯罪问题研究

王世洋*

摘要：如何廓清互联网股权融资语境下合法融资和非法集资之间的界限，正确进行刑事规制，是事关普惠金融合规发展、保护投资者权益、防范金融风险、维护经济秩序的一个非常重要的刑法问题。本文厘定了互联网股权融资相关概念，根据非法集资司法解释关于股权融资入罪的有关规定，侧重讨论了当前刑事规制下融资者及融资平台的罪名适用问题。同时，因我国未经批准的"股权众筹"天然符合非法集资的特征，且尚无专门规范性文件规制互联网非公开股权融资，为避免碰触刑法禁止的"高压线"，需设立相关刑事犯罪的"缓冲带"。本文借鉴国内外证券、私募资产管理业务的立法、实践经验，对互联网股权融资非法集资刑事规制有关问题进行了研讨，提出了一些建议。

关键词：互联网　股权融资　非法集资犯罪

引　言

在"互联网 +"的指引下，互联网股权众筹被引入我国，自 2011 年第一家股权众筹平台——天使汇成立以来，互联网股权众筹呈现出快速生长的势头。根据世界银行的预测，到 2025 年，我国的众筹融资额有望达

* 王世洋，北京市第三中级人民法院助理审判员，北京大学法律硕士。

到460亿～500亿美元。[①] 2015年7月，中国人民银行等十部门联合发布的《关于促进互联网金融健康发展的指导意见》（以下简称《互联网金融指导意见》）专门提及互联网股权众筹融资，提出应当发挥其在构建多层次资本市场中的积极作用，为大众创业、万众创新服务。互联网股权融资在发挥普惠金融积极作用的同时，对于刑法也提出了新的课题。笔者认为，对于这种新的股权融资形态不应一律入刑，而是应当思考如何有所为有所不为。

一 现状观察：我国互联网股权融资的实践形态

（一）相关概念之界定

《互联网金融指导意见》第一次正式使用"股权众筹"概念并界定了其含义，即通过互联网形式进行公开小额股权融资的活动。其后，证监会界定了"股权众筹"的三个特征——公开、小额、大众，并指出，目前一些市场机构开展的冠以"股权众筹"名义的活动，是通过互联网形式进行的非公开股权融资或私募股权投资基金募集，不属于《互联网金融指导意见》规定的股权众筹融资范围。[②] 2016年4月，证监会等十五个部门联合发文提出："规范互联网股权融资行为，……切实发挥互联网股权融资支持大众创业、万众创新的积极作用。"[③] 这是官方第一次明确提出了"互联网股权融资"的概念。

通过以上文件可以看到，我国互联网股权融资的界定已基本清晰，包括股权众筹、互联网非公开股权融资、互联网私募基金募集。其关系如图1所示。

---

① 王淑娟：《互联网股权众筹呼唤监管加力》，《国际商报》2016年第8504期，第A2版。

② 证监会办公厅：《关于对通过互联网开展股权融资活动的机构进行专项检查的通知》（证监办发〔2015〕44号）。

③ 证监会、中央宣传部、中央维稳办、国家发展改革委、工业和信息化部、公安部、财政部、住房城乡建设部、中国人民银行、工商总局、国务院法制办、国家网信办、国家信访局、最高人民法院、最高人民检察院：《股权众筹风险专项整治工作实施方案》（证监发〔2016〕29号）。

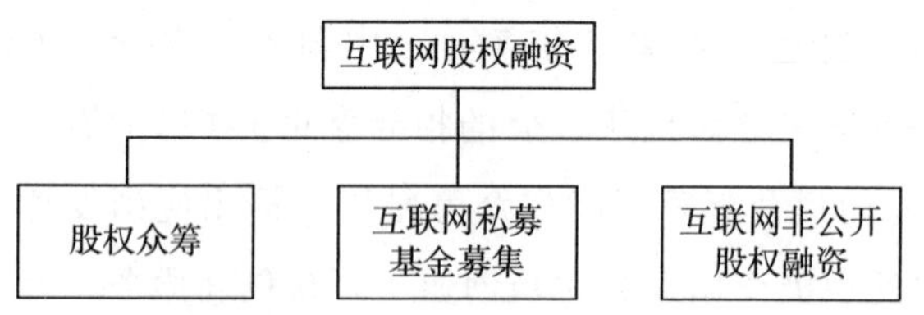

图 1　相关概念之间的关系

鉴于私募基金方面已有《私募投资基金监督管理暂行办法》等成文规定，对以互联网为募集渠道的私募基金同样适用，故本文不作讨论。本文主要探讨股权众筹和互联网非公开股权融资两种形态。

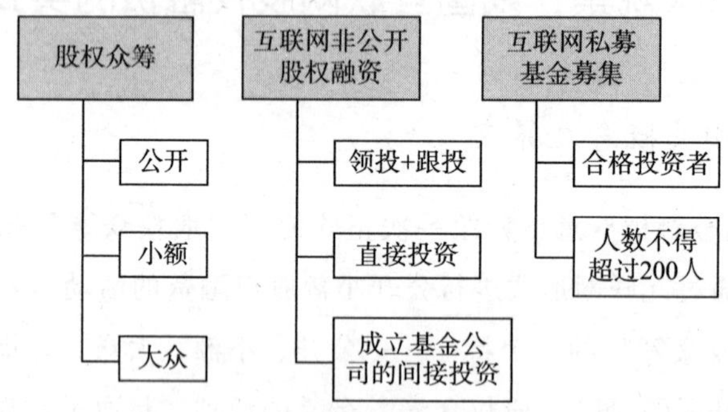

图 2　各概念的不同特征

（二）互联网股权融资之现状

人创咨询发布的《2017 年中国众筹行业发展年报》显示，截至 2017 年年底，我国共上线过众筹平台 834 家，其中正常运营的为 294 家；全年共有 76670 个众筹项目，其中成功项目有 69637 个；全年成功项目的实际融资额约为 260 亿元，比 2016 年成功项目融资额增加了 42. 57 亿元，同比增长 19. 58%。[①] 可以说，我国股权众筹从建立至今的 6 年多时间里其融资额已经进入百亿元级别，这种股权融资模式的发展促进了我国经济的发展，在一定程度上满足了民众日益增长的投资需求，解决了一大批初创企业的融资难题。

但互联网股权融资存在高度的风险性，抛开经济风险，在合规方面容

① 《2017 年中国众筹行业发展年报》，http://www. weiyangx. com/276760. html。

易游走在非法集资的边缘。2013 年底，我国爆发了“P2P 平台自融第一案”：“东方创投”网络平台邓某、线某向公安机关投案自首，2014 年 7 月，二人被以非法吸收公众存款罪定罪处刑，涉案金额达 1.2 亿余元。[①] 2015 年下半年爆发了“E 租宝”案件，涉案资金高达人民币 598 亿余元。2017 年 11 月，北京市高级人民法院对钰诚集团以及丁某、张某等 26 人二审公开宣判，丁某被判处无期徒刑，张某等分别被判处有期徒刑 3 年至 15 年不等。[②] 2017 年 12 月底，又发生南京“钱宝网”实际控制人张某投案自首事件，被认为是继“E 租宝”之后第一大非法吸储案件。[③] 上述案例中所涉犯罪数额之巨、涉众面之广、社会影响之深远，易造成系统性金融风险和社会治安隐患。笔者认为，上述案例为我们预判互联网股权融资可能的非法集资风险提供了可资预警的深刻教训，必须加以刑事规制。

二　实然分析：我国对互联网股权融资的刑法规制

我国《刑法》及 2010 年最高人民法院《关于审理非法集资刑事案件具体应用法律若干问题的解释》（以下简称《非法集资司法解释》）是处理非法集资犯罪的主要法律依据。实践中，非法集资的主要特征如下（见图 3）。

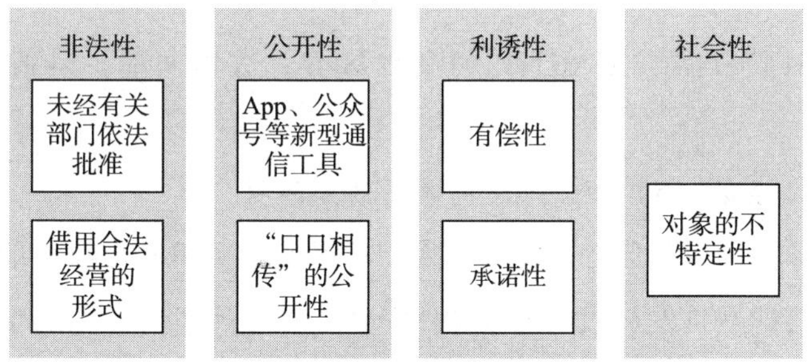

图 3　非法集资的特征

---

① http://wenshu.court.gov.cn/content/content?DocID=56e63f40-635e-4d5a-8353-dd4d1c0fa94f&KeyWord=深罗法刑二初字第 147 号。

② http://legal.people.com.cn/n1/2017/1129/c42510-29675088.html.

③ http://www.xinhuanet.com/2017-12/28/c_1122176704.htm.

根据上述特征，若互联网股权众筹未经批准，完全符合非法集资之“四性”。那么，应如何适用罪名呢?《非法集资司法解释》主要规定了非法吸收公众存款罪，集资诈骗罪，擅自发行股票或公司、企业债券罪，非法经营罪。《刑法》还规定有擅自设立金融机构等罪名。鉴于集资诈骗罪是非法集资的加重罪名，本文对该罪不作讨论。

（一）融资者罪名适用问题

根据《非法集资司法解释》，有两种情形可以构成以“股权回报”形式非法吸收公众存款，此外，该解释还规定了擅自发行股票罪，具体如下（见表1）。

表1　非法吸收公众存款罪与擅自发行股票罪之比较

罪名	条文	具体内容
非法吸收公众存款罪	第2条第（5）项	不具有发行股票、债券的真实内容，以虚假转让股权、发售虚构债券等方式非法吸收资金的
	第2条第（8）项	以投资入股的方式非法吸收资金的
擅自发行股票罪	第6条	未经国家有关主管部门批准，向社会不特定对象发行、以转让股权等方式变相发行股票或者公司、企业债券，或者向特定对象发行、变相发行股票或者公司、企业债券累计超过200人的

互联网股权融资语境下如何准确区分、适用两罪，是值得研究的问题。

1. 第2条第（5）项情形下的两罪区分问题

此情形下两罪的区分主要在于发行股票或者变相发行股票的基本事实是否属实，即擅自发行股票罪仅适用于违法但真实发行股票的情形；而非法吸收公众存款罪的客观表现形式是以虚假转让股权、发售虚构债券等方式非法吸收资金。

2. 第2条第（8）项情形下的两罪区分问题

此情形下两罪的区分标准存在一定争议。有观点认为，两罪的本质区别在于利诱性上。非法吸收公众存款罪中的承诺还本付息或给付回报具有对价性、必然性，而股权融资情形下并不保证还本付息，即两罪的根本区别在于是否允诺“必然”给付回报。[①] 笔者对此不能完全赞同。回报包括固定回报，也包括非固定回报，在市场经济条件下，其表现形式非常丰富，可以是货币，也可以是股权、预期份额、债权等多种形态，只要属于经济利益，均属于回报的范畴。[②] 股权本身就足以构成回报，从非法吸收公众存款罪利诱性的条文表述来看，股权回报方式并未要求在给予股权之外，还需再给予固定回报承诺。即使集资人对集资参与人作出还本付息的承诺，也并不影响股权本身已经构成回报。

笔者认为，股权融资情形下，区分非法吸收公众存款罪和擅自发行股票罪，应注意三点：①发行股票或者变相发行股票的基本事实是否属实；②集资主体是不是股份有限公司，犯罪对象是不是《公司法》上的股份或股票，一般主体不能构成擅自发行股票罪；③是否需要经过证监会审批，是否侵害了《证券法》规定的证券发行监管制度。

主要理由有三。（1）从法律体系上看，《公司法》已明确“股权”“股票”的概念内涵。《公司法》规定，有限责任公司股东出资形成的股东权称为股权，股份有限公司股东出资形成的称为股份，股票是股份有限公司签发的证明股东所持股份的凭证。而在刑法谈及股权众筹或者互联网股权融资时，往往笼统使用“股权”一词。同一法律体系内，不同部门法就同一概念分别采不同的含义，易造成法律适用的不统一。笔者认为，非法集资案件中，可以尝试将“股权”和“股票”作为两种不同法律形态的回报方式，以此区分罪名的基本界限。

（2）从司法实践来看，《非法集资司法解释》中擅自发行股票罪的制定背景是猖獗的“原始股”活动，而“原始股”系股份有限公司的股份或者股票，并非有限责任公司股权。2010 年第 9 期《最高人民法院公报》上的案例——上海市浦东新区人民法院审理的上海安基生物科技股份有限公司、郑某擅自发行股票案，其裁判要旨亦指出，非上市股份有限公司在

① 刘宪权：《互联网金融股权众筹行为刑法规制论》，《法商研究》2015 年第 6 期。

② 赵秉志、杨清惠：《涉私募基金非法集资犯罪司法治理研究》，《北京师范大学学报》（社会科学版）2017 年第 6 期。

未经证券监管部门批准的情况下，转让股权的行为属于擅自发行股票，侵犯了国家对发行股票的管理秩序，应当以擅自发行股票罪定罪处罚。

（3）从非法性（犯罪客体）上看，擅自发行股票罪“未经有关部门依法批准”，侵犯了国家对股票发行的管制秩序，而非法吸收公众存款罪并不存在上述表现形式。我国《证券法》《证券投资基金法》规定，在涉及股票发行、交易构成证券业务时，才需经证监会批准，而有限责任公司的股权转让不同于股份有限公司的股票，只适用《公司法》，无法纳入《证券法》的调整范畴，其犯罪客体上也就不存在破坏监管制度的问题。故有限责任公司在非法性上只能表现为“借用合法经营的形式”，构成非法吸收公众存款罪。

（二）互联网平台罪名适用问题

互联网平台作为股权融资交易的居间方，其罪名适用问题也需要采取二分法，予以区别讨论。

1. 擅自设立金融机构罪与非法经营罪的牵连犯

我国《证券法》规定，设立证券公司，以及证券公司的营业范围，都必须取得证监会的审查批准。因此，从事证券经纪代理业务，必须取得批准。最典型的案例是 2009 年第 1 期《最高人民法院公报》上的案例——浙江省宁波市人民检察院诉宁波利百代投资咨询有限公司（以下简称“利百代公司”）、陈某、王某、郑某非法经营案。该案表明，第一，集资的四家单位均为股份有限公司，进一步证明了擅自发行股票罪的适用问题，即集资主体只有销售的是股份有限公司的股份（股票），才能适用《证券法》，才能构成擅自发行股票罪。第二，关于利百代公司，其行为不仅是超出工商管理部门核准的经营范围的问题，而且由于这种代销股票的行为已经构成《证券法》上的“证券经纪”业务，由于我国证券市场实行证券业务许可制度，未经核准，不得经营各类证券业务，因此其擅自从事证券经纪业务，公开地向社会不特定的普通群众代理销售非上市股份有限公司的股份（股票），属于擅自从事证券经纪活动，构成非法经营罪。

互联网股权融资语境下，《刑法》的适用也并无二致。互联网平台如果从事代销股份有限公司股票的经营活动，则与上述投资咨询机构利百代公司同质，主体性质上构成证券公司，行为性质上属于证券经纪业务，都需要依照《证券法》获得证监会审批。根据《刑法》第 174 条第 1 款的规定，自行设立证券经纪公司的，足以独立构成擅自设立金融机构罪；擅自从事证券代销业务行为的，或者超越批准范围经营证券业务的，将触犯《刑法》第 225 条第 3 项之规定，构成非法经营罪。笔者认为，两者属于手段行为与目的行为的牵连关系，应适用处罚较重的罪名，由于非法经营罪法定刑较高，故应认定为非法经营罪。

2. 擅自发行股票罪与非法经营罪的想象竞合

根据共同犯罪理论，未获证券从业许可的互联网平台作为商事主体，理应对国家证券管理制度有所了解，它主观上对进行融资的股份有限公司擅自发行股票的违法性应当是明知的，若其客观上代销股票，获取居间报酬，会与股份有限公司构成共同故意，构成擅自发行股票罪的共犯。此时即发生擅自发行股票罪与非法经营罪的竞合问题。这种竞合属于想象竞合还是法条竞合呢？笔者认为，非法经营罪中的“非法经营证券业务”，指的是平台未经批准，实施的以他人证券为标的的居间销售活动；而擅自发行股票罪，指的是发行方未经批准，发行自己的证券，两罪的构成要件本身没有重合关系，故两罪不构成法条竞合，而应属于想象竞合犯。此时，应当适用处刑较重的罪名。

证监发〔2008〕1 号文认为，[①] 非上市公司和中介机构共谋擅自发行股票的，构成擅自发行股票罪的共犯。但应注意的是，实践中要根据融资者和互联网平台各自在非法集资中的地位和作用来认定主从犯，确定刑事责任。互联网平台虽然是居间方，不是直接为自己吸收资金，但如果其所发挥的经纪作用巨大，收取服务费用数额巨大，或者有教唆实施欺诈等其他严重情节的，可以认定在犯罪中起到主要作用，构成主犯。此时，因擅自发行股票罪只有一个量刑幅度，其与非法经营罪的第一个量刑幅度的法

① 最高人民法院、最高人民检察院、公安部、中国证券监督管理委员会：《关于整治非法证券活动有关问题的通知》（证监发〔2008〕1 号）。

定最高刑相同，故具体案件中，如果量刑事实是在该量刑幅度范围内时，可以认定为擅自发行股票罪的共犯；但若案件的量刑事实已经达到非法经营罪的第二个量刑幅度时，擅自发行股票罪已无法体现罚当其罪，互联网平台则应被认定为独立的非法经营罪，在五年以上处刑。

综上，从事股票经销业务的互联网平台，有可能涉嫌三个非法集资个罪：其一，擅自设立金融机构罪；其二，擅自发行股票罪（共犯）；其三，非法经营罪。关于罪数问题，无论是牵连犯、想象竞合犯，都应适用从一重处断原则。

3. 非法吸收公众存款罪及其共犯

如果互联网平台经纪代理的是一般有限责任公司的股权，或者其他性质的股本募集，如前所述，笔者认为，因其主体、行为上并无相应的需要审批核准的准据法，无法构成上述各罪。刑法应恪守谦抑性，不得随意介入。当然，抛开犯罪对象或者回报形态不论，此种情形的行为特征与擅自发行股票基本一致，因此，在融资者逾越有关股权融资红线，构成非法吸收公众存款罪的情况下，互联网平台可能构成共犯，并且可以因其在非法集资犯罪中的地位和作用构成主犯。

另外，如果平台利用关联交易自融，从事“资金池”业务的，则独立构成非法吸收公众存款罪。

三　调整完善：刑法规制与司法认定精准化

未经批准的股权众筹明确属于非法集资，已碰触到《刑法》禁止规范的“高压线”，但若打击宽泛，则可能损及新兴的互联网股权融资行业，故有必要梳理互联网股权众筹行为的刑法规制规则。而就互联网非公开股权融资，目前仍无任何专门规范性文件予以规制，为引导其健康发展，有关界限标准问题亦需研究。

（一）特定对象问题

在互联网非公开股权融资领域，应如何界定特定对象，是认定合法融资或非法集资的一个核心问题。

1. 实名注册作为前提要件

“全国股权众筹第一案”——飞度公司与诺米多公司众筹融资交易合同纠纷案中，一个主要意见是该案的投资人均为平台的注册会员，属于特定对象且投资人不超过《证券法》第 10 条规定的 200 人，融资合同有效。笔者认为，以实名注册与否界定是不是特定对象并不适当。利用互联网进行线上融资，和线下融资一样，都是人与人之间真实的财产投资关系，都要考虑股权投资的高度风险性，乃至投机性，因此，在适用《证券法》的基本立法宗旨上，应具有同一性，即保护投资者利益，防范金融风险，维护经济秩序。作为一种非公开融资，网上注册认证，只是一种技术限制措施，充其量“勉强地”解决了非法集资中“公开性”的问题，实际上也并未解决，因为任何人都可以上网进行实名注册，结果还是所有人都可以毫无限制地看到融资信息，仍可能构成变相公开推介。因此，网上实名注册是判断特定对象的前提要件，并不能体现出保护投资者权益、防范金融风险、维护社会经济秩序的价值取向，线上注册不是互联网股权融资合法化的“挡箭牌”。

2. 建立合格投资者审查制度

我国信托业务、资产管理业务、私募投资基金等领域基本建立了合格投资者制度。互联网非公开股权融资领域，也应根据自身风险程度、行业特性建立起合格投资者制度，以区分合格投资者和公众投资者，作为界分特定对象和不特定对象的标准，包括：①拥有的资产规模或者收入水平；②具备的风险识别能力和风险承担能力；③认购金额。

基于互联网股权融资之普惠金融、“草根金融”的天然特质，笔者认为，互联网非公开股权融资合格投资者的个人年均收入或者持有的金融资产价值可以借鉴上述四项私募金融业务中标准较低者确定，过高可能会阻碍金融创新；关于认购金额标准，基于互联网股权融资的小额特性，不应规定最低投资金额，而应规定最高投资限额，以体现普惠理念和保护投资者利益原则。当然这还需要监管层科学斟酌。

另外，笔者认为，《非法集资司法解释》已将亲友和单位内部人员列为特定对象，该界定考虑到亲友和单位内部实施的集资行为，投资人对于相关信息和潜在风险往往都有充分的了解，有一定的合理性，故对该标准不需舍弃，而是应在亲友和单位内部人员之外增设合格投资者标准，“双轨”认定。

（二）人数标准问题

1. 具体实践中投资人人数限额

《证券法》第 10 条、《证券投资基金法》第 88 条对公募、私募的人数标准限制以 200 人为限。但由于《证券法》《证券投资基金法》界定的证券外延较为狭窄，并不能完全囊括互联网非公开股权融资情形，笔者认为，互联网非公开股权融资的合格投资者累计人数不应一概适用《证券法》《证券投资基金法》的 200 人标准，而应适用《公司法》《合伙企业法》的各自规定，不同法律形态不得超过各自的股东或合伙人人数上限，即股份有限公司 200 人，有限责任公司 50 人，有限合伙企业 50 人。

就普通合伙企业形态，由于投资者均为财务投资者，与项目没有实际接触，不会参与共同经营，也极少愿意承担无限连带责任，这种方式在股权投资领域被采用的极少，故对其人数问题也不作讨论。就契约型项目，在私募基金领域，因《私募投资基金监督管理暂行办法》对契约型私募基金的人数上限未作规定，仍适用《证券投资基金法》第 88 条的 200 人的标准，较有限责任公司制、有限合伙制私募基金的人数大为提高，且无须工商注册登记，仅需合同约定即可，操作灵活，颇受基金市场欢迎。笔者建议，互联网非公开股权融资领域，契约型项目也可以借鉴私募基金经验，以 200 人为限。

2. “穿透式监管”下应逐渐提高投资者人数上限

一般来讲，人数限制相对比较简单，直接点人头即可。① 但实践中情况比较复杂，比较常见的突破投资者人数限额的方式有如下四种情形。

---

① 蒋惠岭：《“诺米多”诉飞度“人人投”股权众筹合同纠纷案评析》，《中国法律评论》2016 年第 2 期。参见该文中的学者点评部分：彭冰：《“股权众筹第一案”评析》。

（1）项目拆分（或分期）。项目拆分（或分期）指融资者将某一项股权融资需求拆分成多个融资项目，在多个平台分散发行，或者在一个平台变换名目分期发行，单次项目投资者人数控制在标准之下，累计总数超过人数限制。

（2）嵌套。嵌套属于监管套利的典型方式。嵌套有两种情形。一是产品嵌套，指银行理财产品、券商资管、信托计划、私募基金等资产管理产品，一个产品投资另一个产品，相互组合，实现资产管理业务的跨金融机构、跨市场交叉，其目的主要是规避银监会和证监会的分业监管。二是主体嵌套，两人以上组建一个法律主体，该主体再投资成为另一个法律主体的股东或者合伙人，最终呈现的融资主体不突破人数限制。

（3）收益权份额转让。收益权份额转让指成为初创项目股东或合伙人的投资者，不直接转让“原始股”，而是将其所谓股权或财产份额中的“收益权”等额拆分，向新的投资者转让收益权份额，大大增加实际投资人数。收益权或分红权属于其股权的最主要、最核心的权能，从刑法实质解释论的角度看，转让收益权份额具有转让“原始股”的本质特征。因此股权收益权份额转让，构成《非法集资司法解释》第 6 条中的“转让股权”或者第 2 条中的“投资入股”。如果向社会公众转让股权收益权份额或者向合格投资者转让收益权份额超过人数限制的，则涉嫌非法集资犯罪。

（4）股权代持。股权代持是指多个投资人通过签订代持协议，约定由某一个或几个投资者作为代表登记成为融资主体的股东，其他大多数投资人实际投资，但不显名。股权代持行为在民商事领域也是允许的。但是，在股权融资领域，如果不加规制地使用这种方式，多数投资者隐身幕后，显名股东代表的实际投资者突破了法定的人数限制，易引发质变。

2016 年，中国人民银行组织开展互联网金融领域的专项整改治理，明确提出了“穿透式监管”，即按照“实质重于形式”的原则甄别业务性质，根据业务功能和法律属性明确监管原则和责任。笔者认为，这一观点与刑事司法中的实质审查方法是一致的。具体到互联网非公开股权融资非法集资案件的认定中，也要解构其交易模式，调查行为人设计各种模式的主观动机、客观行为和实际后果，确定最终投资者人数。但鉴于互联网股权融资多针对中小型企业，其众筹的目的是解决融资难问题，200 人已不能满足当下经济发展的需要，应适时提高融资人数标准限制。

（三）融资额度问题

1. 建立小额公开募集豁免制度

从域外经验来看，西方主要国家在传统募股立法体系之内，设立了小额公开募股豁免规则。比如，美国创业企业促进法案规定一年内众筹资金总额不能超过 100 万美元；法国规定发行人 12 个月内融资总额不超过 100 万欧元；意大利规定最大募集额每年不超过 500 万欧元；澳大利亚规定一个项目在 12 个月内，融资金额应低于 200 万澳元。德国、日本的众筹立法也都有类似规定。①

我国 P2P 网络借贷领域已对融资额度进行了设置。《网络借贷信息中介机构业务活动管理暂行办法》第 17 条根据借款主体不同、平台不同规定，同一个人在同一平台不得超过 20 万元；同一个人在不同平台不得超过 100 万元；同一单位（法人、其他组织）在同一平台不得超过 100 万元；同一单位在不同平台不得超过 500 万元。笔者经比对，其额度标准直接来源于《非法集资司法解释》规定的个人及单位非法集资入罪的数额较大起点和数额巨大起点。

笔者认为，可以借鉴域外和我国已有经验，设计小额公开募集豁免制度，对众筹资金数额、投资人投资数额作出限制，以降低投资者的投资风险。也就是说，应将符合小额公开募集豁免制度的股权融资行为排除出犯罪圈，擅自发行股票罪只适用于融资数额超过限额的行为。

2. 提高相关犯罪的入罪门槛

第一，升格入罪标准。我国设立非法吸收公众存款罪的初衷，在于弥补当时相对薄弱的金融管理制度，保护群众的合法财产。随着金融体制的完善和经济的发展，学界产生了废止非法吸收公众存款罪的呼吁。诚然，

---

① 杨东、文诚公：《互联网 + 金融 = 众筹金融》，人民出版社，2015，第 265 ~ 292 页。

在未取消非法吸收公众存款罪前，我们仍需继续适用这一罪名，但因刑法作为社会防卫的最后一道防线，应保持谦抑性，必须严格限定公开平台上筹资行为的“非法”性。笔者认为，在互联网股权融资领域，应适当提高追诉标准，在现有基础上，将吸收公众存款数额、吸收公众存款户数以及给存款人造成直接经济损失的数额均予以较大幅度的提高。

第二，修改入罪模式。前文已述，融资平台面临的罪名之一是擅自设立金融机构罪。当前，该罪是行为犯，不以开展金融业务活动为前提，也不需要达到一定的严重情节。据此，擅自设立金融机构罪亟须设置“缓冲带”，只有在行政手段无法管制时，才应动用刑罚来管控。笔者建议，将该罪变更为情节犯，将“情节严重”作为入罪的必要条件。而“情节严重”的标准，需参考其他罪名的入刑标准确定，如吸收公众资金数额巨大、涉及人员众多、严重扰乱社会经济秩序等。事实上，笔者认为，擅自发行股票罪、非法吸收公众存款罪也应同样修改入罪模式，将“情节严重”作为入罪的必要条件，以区分“违法”和“犯罪”。

四　结语

一个新的金融模式的法律构建和规制，是一个系统工程。在互联网股权融资迅猛发展的背景下，如果不能清楚区分违法和犯罪，将会对经济发展造成消极影响。为保证金融创新与金融规制的协调平衡，应建立完善系统化的监管体系，为互联网股权融资的发展提供必要的“缓冲带”；只有在穷尽行业准则以及其他部门法的规制办法、造成严重扰乱金融市场秩序等危害后果时，才可以将刑法作为最后手段进行适用。由于我国前期监管体系尚不成熟，法律又具有滞后性，故亟须相关法律的规范指引，以为金融创新留足释放能量的空间，促使其播撒更多的普惠福利，更好地满足人们日益增长的金融需求。[①]

---

① 张杰：《互联网众筹融资模式的刑法风险与规制》，上海社会科学院博士学位论文，2015。

Research on the Crime of Illegal Fund Raising in Internet Equity Financing

Wang Shiyang

Abstract: Clearing the boundary between legal financing and illegal fund-raising in the context of Internet equity financing, and correctly carrying out criminal regulation is a very important criminal law issue that concerns the development of inclusive financial compliance, protects investors' rights, prevents financial risks, and maintains economic order. This paper determines the concept of Internet equity financing. According to the relevant provisions of the illegal fund-raising judicial interpretation on the financing of equity financing, it focuses on the application of the crimes of financiers and financing platforms under current criminal regulations. As the unapproved "equity crowdfunding" naturally meets the characteristics of illegal fund-raising, and there is no special normative document to regulate Internet non-public equity financing, in order to avoid violating the criminal law, a "buffer zone" for criminal offences needs to be established. This paper draws on the legislation and practical experience of domestic and foreign securities and private equity management business, and discusses the issues related to the criminal regulation of illegal fund raising of Internet equity financing, and puts forward some suggestions.

Keywords: the internet; equity financing; illegal fundraising crime

国际法与国别法研究

越南2013年宪法：背景、变化与影响*

米　良　孙云霄**

摘要：越南于2013年11月颁布了新的宪法。新宪法的颁布根植于特定的时代背景，一是需要调整政治结构以保持政权稳定；二是需要调整经济制度以促进经济增长；三是适应国际局势的变化，在积极融入国际社会的过程中维护自己的价值观、意识形态和政治制度；四是协调、平衡社会各政治力量的对比关系。2013年宪法的主要变化也集中于对以上背景的回应，政治上回应社会各界的政治诉求，达成根本原则不动摇基础上的相互协调；经济上在巩固国有经济的主导地位的同时，明确各种经济成分的平等地位，以及明确土地使用权受法律保护并只能在特定条件下予以征用；引入人权理念，提升人权和公民权一章的地位，表明其开放包容的态度。概括地讲，越南2013年宪法，旨在巩固越南共产党的执政地位，坚持社会主义道路，调整经济制度以便继续实施"革新"政策。

关键词：越南　2013年宪法　革新

一　引言

虽然以规范宪法学和政治宪法学为主要学派的现代宪法学对宪法诸多层面的理解不尽相同，但无论是规范宪法学还是政治宪法学，都不否认宪

* 本文系世界亚洲研究信息中心2014年立项课题成果。感谢北京外国语大学亚非学院博士生龚敏收集整理相关资料。

** 米良，北京外国语大学法学院教授、博士生导师；孙云霄，北京外国语大学法学院国际法律与区域治理专业博士。

法是现代国家的根本法律，在法律体系中享有最高地位。规范宪法学鼻祖凯尔森从规范位阶理论出发，认为宪法就是国内实证法秩序的最高等级，也就是以基础规范组成的金字塔式层级结构的塔尖;① 而国内著名的政治宪法学学者陈端洪教授通过对宪法属性的分解，也认为其包含三个子命题，分别为：宪法是法律；宪法是根本法；宪法是最高的法律。② 正是因为宪法所具有的根本性和最高地位，宪法相对于一般法律规范而言，更具有权威性和稳定性，宪法形态的变化更为严格。宪法理论发展到如今，认为常态的宪法变动包括宪法的修改、解释和变迁等。③ 而在施密特关于宪法变动的概述中，列举了五种形态，包括宪法的废弃、宪法的废止、宪法的修改（修正）、宪法的打破和宪法的临时中止。④ 在林来梵教授的理解中，只有宪法修改是常态的宪法变动，其他四种变动形式都是不正常的或非常态的。⑤ 但是，深入了解施密特对宪法废止的解释，可以认为宪法的废止也可以归类为常态的宪法变化。在施密特的解释中，宪法的废止与宪法的废弃有着根本区别，因为宪法的废弃意味着制宪权的废除，也就是制宪主体的变更，往往伴随着革命，而宪法的废止只是现行宪法被废止，制宪权并没有受到破坏，国家依然保持着连续性。⑥ 对一国宪法形态变化的研究有助于认识该国的宪法特点及其发展，以及其政治、经济、社会和文化结构的变迁。

越南社会主义共和国是东南亚尤其是中南半岛的重要国家，与中国自古以来便有着千丝万缕的联系，更是当今中国重要的政治、经济、社会、文化等各方面的交流与合作伙伴，“一带一路”倡议中举足轻重的共建国家。因此，有必要加强对越南的政治、经济、社会、文化等各方面的认识和理解，包括对越南宪法及其变迁的研究。从国内目前的研究状况看，学

---

① Lars Vinx, *The Guardian of the Constitution: Hans Kelsen and Carl Schmitt on the Limits of Constitutional Law*, Cambridge University Press, 2015, p. 27.

② 陈端洪：《宪法的法律性阐释及证立》，《清华法学》2016 年第 3 期。

③ 林来梵：《宪法学讲义》，法律出版社，2015，第 116 页。

④ 〔德〕卡尔·施密特：《宪法学说》，刘锋译，上海人民出版社，2005，第 112 ~ 114 页。

⑤ 林来梵：《宪法学讲义》，法律出版社，2015，第 116 页。

⑥ 〔德〕卡尔·施密特：《宪法学说》，刘锋译，上海人民出版社，2005，第 105 ~ 112 页。

界对越南宪法的关注多停留在 1992 年及以前的宪法版本，其中的研究角度包括对越南宪法发展史的梳理，[①] 从越南宪法修改的角度观察越南共产党对共产主义的认识，[②] 人民主权原则在越南宪法中的体现[③]等。而实际上，越南在 2013 年又颁布了一部新的宪法，意味着 1992 年宪法的废止，也意味着越南社会经历了一场无关制宪权变更的变革。目前有限的研究成果仅仅关注到此次宪法更迭所体现的越南法治文化建设的现状和态势，[④] 以及其中的主要争论。[⑤] 因此，有必要对此次宪法更迭的背景、内容及其影响进行梳理，以充分了解越南社会形态的变化和走势。需要厘清的是，许多学者将越南 2013 年宪法视为 1992 年宪法的修正案，虽然 2011 年越共十一大提出的是对 1992 年宪法进行重新研究、修订和补充，成立的委员会也被称为“宪法修订起草委员会”，但最终是以颁布新宪法的形式替代 1992 年的宪法文本，并在宪法序言中明确：“为了社会主义过渡时期国家建设的纲领体制化，在继承 1946 年、1959 年、1980 年和 1992 年颁布的宪法的基础上，为了实现民富、国强、民主、公平、文明的目标，越南人民制定、施行和捍卫本宪法。”因此，2013 年宪法不能被视为 1992 年宪法的修正案，而应被视作一部新宪法。

二　越南 2013 年宪法颁布的背景

自 1945 年 9 月 2 日胡志明在河内巴亭广场宣读《独立宣言》，宣布越南民主共和国成立以来，越南共颁布了五部宪法，分别是越南民主共和国制定的 1946 年宪法、1959 年宪法和越南社会主义共和国制定的 1980 年宪

① 参见伍光红《越南宪法发展史》，何勤华主编《外国法制史研究》（第 18 卷），法律出版社，2016。

② 参见蒋玉山《从越南宪法的修改看越南共产党对社会主义认识的逐步深化》，《东南亚纵横》2008 年第 1 期。

③ 参见陈文胜《人民主权原则在越南宪法中的体现》，《学理论》2011 年第 29 期。

④ 参见陈飞、崔桂田《越南法治文化建设的现状及态势》，《当代世界社会主义问题》2015 年第 3 期。

⑤ 参见陈新明、杨耀源《越南修订 1992 年宪法引发的争论及思考》，《当代世界与社会主义》2016 年第 1 期。

法、1992 年宪法和 2013 年宪法。每一部宪法的颁布都在绝对意义上体现了越南社会的变革。1946 年宪法的主要任务是在最高法意义上为越南民主共和国的建立提供合法性以及巩固新生的国家政权；1959 年颁布新宪法的背景在于越南经历抗法战争只实现了北方的独立，国家任务转变为在北方建立社会主义国家并争取国家统一；1980 年宪法则是在 1976 年南北统一实现以及越南由民主共和国向社会主义共和国的转变中，需要新的宪法来确立和重新安排国家的各项根本制度；1992 年宪法意味着越南社会主义共和国从根本意义上对 1986 年越南共产党第六次全国代表大会上确立的革新开放的基本政策的认可，其主要变化体现在经济领域。那么，2013 年，越南面临怎样的社会变革，需要通过宪法的更迭来适应新的形势呢？

（一）政治核心长期争论，需要调整政治结构

由于越南的建国历史和南北差异，在政治结构上始终存在派系之分，形成了所谓以党的总书记、国会主席、政府总理、国家主席四个权力中心为代表的“四驾马车”多头政治架构。虽然其领导体制为集体领导制，但也造成了“党和国家最高权力层缺乏领导核心，高层政治领导人和部门扩张自身权力，导致党和国家最高权力分散化，民主集中制受到削弱”。[①] 这“四驾马车”代表的派系则分为经济系、文宣系和国防—公安系或北方系和南方系，其中，经济系主张改革传统政治经济体制，实行对外开放，特别是向西方经济发达国家开放；文宣系负责意识形态和思想宣传，在国家政治生活中掌握巨大话语权；国防—公安系是党所掌握的重要武装力量，在高层政治权力体系中具有举足轻重的地位。南北系之分则体现在不同的路线和政策偏好上，北方派相对保守，秉承传统的社会主义思想，亲中国；南方派则倡导激进的市场化改革，积极向西方国家靠拢。因此，根据不同时期政治、经济、社会发展的不同侧重，相对占据优势地位的政治

① 房宁等：《民主与发展——亚洲工业化时代的民主政治研究》，社会科学文献出版社，2015，第 201 页。

力量便会寻求宪法上的政治结构调整。

由于经济问题突出，2011 年 1 月产生的越共十一届中央委员会 14 名委员中以经济系的居多，2013 年宪法的起草过程也根本上由这一届委员掌控。由于西方自由主义思想的传播和影响，越南共产党的领导地位在重新制定宪法过程中饱受争议，甚至出现部分越南籍海外知名知识分子、离退休政府官员和教授联合向政府提交“72 名知识分子宪法草案”，呼吁取消对越南共产党是国家和社会领导力量的规定，实行多党制、三权分立和军队非政治化等。在其他政治安排上，也有人提出宪法更迭的全民公投、实行宪法审查等问题。在以经济系中央委员居多的情况下，西方民主的一整套体系和逻辑在起草委员会和征求意见过程中得到了充分讨论。

（二）经济增长的可持续性逐步减弱，需要改革经济政策

自越共六大以来，越南经济恢复迅速，很快从战争的阴影中走出来。虽然受 1998 年金融危机的影响，但越南经济在中国这个世界经济引擎的带动下迅速增长，从 1998 年到 2013 年，GDP 增长大部分时间徘徊在 5% 以上，但已逐步显示出后劲乏力、可持续性逐步减弱的态势。政策制定者在寻求其原因的时候，发现宪法中存在两个根本要素，成为经济改革的潜在阻碍。第一，1992 年宪法第 19 条规定的“国有经济在国家经济中起主导作用，关键部门和领域中的国有经济成分应该得到加强和发展”，导致土地和信贷准入上，私营和外资企业相比国有企业处于弱势地位。① 而经过近 30 年时间的革新开放，私营和外资经济在产出、投资、出口和雇佣领域占有较高比例。尤其是 2010 年越南加入环太平洋伙伴关系协定（TPP）谈判，需要进一步向外资开放国内市场。宪法的这项规定限制了私营和外资经济的进一步发展。第二，1992 年宪法第 17 条规定：“土地、森林……及其他由法律规定的财产属于国家，由全体人民享有其所有权。”第 18 条规定：“国家根据计划和法律管理所有土地……授予组织和个人以稳定和持

---

① Edmund Malesky, “Vietnam in 2013: Single - Party Politics in the Internet Age”, *Asian Survey*, Vol. 51, No. 1 (January/February 2014).

续的使用……他们可以转让由国家授予的使用土地的权利。”由此可见，个人并不享有所有权，根据土地法，组织和个人从国家进行为期 20 ~ 50 年的租赁，凭土地使用权证使用。由此产生三个问题需要重新考虑宪法中规定的土地政策：其一，第一批颁发的土地使用权证即将到期，对于如何续约官方还没有确定说辞；其二，2008 年的次贷危机导致不动产财产价值急剧下降，投资者并不想在遭受损失期间出售；其三，地方官员滥用权力没收土地使用权主体的土地，导致了一些游行和暴力事件。[①] 模棱两可的土地权属使经济发展中的土地使用，尤其是私营和外资经济的土地使用面临极大的不确定性。

（三）积极融入国际社会

1986 年越南开始实行革新改革，逐步融入国际社会，致力于利用国际资源发展国内经济，其中的重要方面体现在与美国的经贸关系中。1994 年 2 月，美国取消对越长达 19 年的贸易禁运，并于 1995 年 7 月宣布与越南建立外交关系。但是，宣布建交并不意味着双方经贸关系的正常化，由于美国并未给予越南以最惠国待遇，高额关税使得越南对美出口受到极大限制。在遭受 1998 年金融危机后，越南决定进行经济改革，这就催生了 2001 年 12 月被美国国会批准的《美越贸易协定》，越南对美出口关税可以减少 30% ~40%。在进一步的贸易谈判中，越南寻求与美国建立永久正常贸易伙伴关系以及加入世界贸易组织（WTO），美国则要求越南改善人权，在诸多方面向西方民主体制靠拢。经过多年周旋，越南于 2005 年 5 月承诺在一定程度上放宽对民众宗教信仰自由的限制，成功获得美国的永久正常贸易关系地位，并于 2007 年 1 月加入 WTO。2010 年，越南在美国的邀请下加入 TPP 谈判，意味着越南以更为积极的态度融入国际市场、融入西方国家主导的国际事务，也意味着越南需要在经济体制上作出更多的调整，因为“美国在与越南加深合作的同时，也加大了对越南在人权、民

---

① Edmund Malesky，“Vietnam in 2013：Single - Party Politics in the Internet Age”，*Asian Survey*，Vol. 51，No. 1（January/February 2014）.

主等领域的施压，比如，将改善人权记录与全面解除对越南的武器禁运相挂钩等”。①

三　越南2013年宪法的主要变化

经过3次国会会议审议、3次越南共产党中央执行委员会会议讨论，以及广泛征求意见，2013年11月28日，越南社会主义共和国第十三届国会第六次会议通过了新的《越南社会主义共和国宪法》，即越南2013年宪法。从宪法的主要内容来看，对上述社会形势的变化有所回应，但并未触及根本原则底线，比如越南共产党的领导地位、国有经济的主导地位、土地所有权仍然归属国家等。此次宪法的主要变化体现在以下三个方面。

（一）调整政治体制和国家权力机构

在2013年宪法中，为了平衡社会各界的不同诉求，在坚持根本原则的基础上，对政治体制和国家权力机构进行了一些调整。

首先，基于民众对贪污腐败的厌恶及党风廉政建设的需要，增加了国家权力需接受监督的条款。其一，对越南共产党的权力体系实行监督和强化法律约束。具体表现为增加条款“越南共产党与人民紧密相连，为人民服务，接受人民的监督，在自身的决定上对人民负责”，以及将1992年宪法中规定的“越南共产党的所有党组织应当在宪法和法律的范围内从事活动”改为“越南共产党的所有党组织和越南共产党党员应当在宪法和法律范围内从事活动”，增加越南共产党党员依法活动的内容，体现出对越南共产党加强了监督和法律约束。其二，明确国家机构的相互监督，并将专门的监督机构入宪。相比1992年宪法，2013年宪法在第2条第3款中增加规定“国家机关在行使各种立法权、执法权、司法权时，既有统一，又有分工，相互配合，相互监督”。除阐明立法权、执法权和司法权的相互关系以外，确立了权力之间的相互监督。此

① 李春霞：《越南对美国政策的演变及走向》，《国际论坛》2016年第4期。

外，2013 年宪法还新增“国家选举委员会、国家审计署”一章，为第十章，虽然置于“地方各级政府”之后，不符合“中央政权在前，地方政权在后”的逻辑，但这是“国家选举委员会、国家审计署”首次入宪，体现出对公权力监督的宪法认可。其三，提升司法体系的地位。属于国家司法体系的“人民法院和人民检察院”在 1992 年宪法中被置于“地方各级政府”之后，为第十章，2013 年宪法将其提升至“地方各级政府”之前，体现出司法体系在国家机构中的重要程度有所提升。在有关人民法院和人民检察院的具体规定中，还明确了法院和检察院的独立地位，尤其取消了 1992 年宪法中规定的地方法院院长有责任向人民委员会报告工作的规定。其四，增加“直接民主”的概念，在 2013 年宪法第 6 条中规定“人民通过直接民主的途径，通过国会代表民主、人民议会代表民主的途径，通过国家其他各个机关行使国家权力”，将直接民主设定为最重要的人民行使国家权力的途径。

其次，作为对保守派的让步，相比 1992 年宪法，2013 年宪法增加了人民武装力量对越南共产党的忠诚义务，具体为第 65 条：“人民武装力量绝对忠诚于祖国、人民，忠诚于党和国家，具有捍卫祖国独立、主权、统一、领土完整、国家安全、社会秩序和社会安全的职责；捍卫人民、捍卫党、捍卫国家和社会主义制度；同全民一起建设国家和履行国际义务。”其中，不仅规定人民武装力量对党的绝对忠诚，还规定其具有捍卫党的义务，从而进一步确保了越南共产党的执政党地位。除了建立越南共产党与人民武装力量之间的联系以外，还扩大了国家主席对军衔的授予权限，在第 88 条中规定国家主席“决定授予、晋升、降、剥夺将官、海军准将、海军中将、海军上将的衔级；任免越南人民军队的总参谋长、总政治局主任”。而根据 1992 年宪法，国家主席只决定授予上将和大将军衔，少将和中将的军衔则由政府总理决定并授予。新宪法的规定将所有将领的军衔授予权授予国家主席。另外，2013 年宪法将 1992 年宪法的第二章“经济体系”与第三章“文化、教育、科学和技术”合并为一章，为 2013 年宪法的第三章，加入“工艺与环境”的概念，变为“经济、社会、文化、教育、科技、工艺与环境”，虽然此章的大部分内容都是关于经济制度的论述，但无疑给人以经济问题在宪法中弱化的感觉。

（二）调整经济制度，进一步形成开放型经济体

针对经济发展可持续性受到制约，2013 年宪法对经济制度有所调整。一方面，将 1992 年宪法中对国有经济单独成条文的强化地位进行削弱，仅仅列入新宪法第 51 条关于经济基础的说明之后，具体为“越南的经济基础是多种所有制经济、多种经济成分并存的社会主义定向市场经济；国有经济占据主导地位”。不仅删除了 1992 年宪法关于国有经济需要在关键领域得以巩固、发展，在生产和销售过程中享有自主权等规定，紧接着还在第 51 条第 2 款中规定“各种经济成分都是国民经济基础的重要组成部分。属于各种经济成分的各个主体平等、合作、依法竞争”，以此削弱国有经济的强势地位，形成多种经济成分平等共存的局面。另一方面，虽然仍然延续 1992 年宪法中土地所有权归属国家的原则，但对土地使用权进行了更为细致的确权，明确土地使用权受法律保护，国家收回土地需要遵循一定的原则，具体为“对于组织、个人从国家手中承包、租赁的土地，国家承认其土地使用权。土地使用人可以依法转让土地使用权，可行使各种权利和履行各种义务。土地使用权受法律保护”，以及规定了国家“收回土地事宜必须公开、透明，并且依法给予相关方补偿”。由此，有助于提升私营经济和外资经济对土地使用的安全性和信任度。此外，在 2013 年宪法中新增“由国会依批准成立特别行政经济单位”（第 110 条第 2 款），特别行政经济单位在制定经济政策上具有更大的自主性，有助于特殊地区根据自身特点发展经济。由此，越南的经济体系更具有开放性和包容性。

（三）引入人权概念，提升人权和公民权地位

越南 2013 年的新宪法引入“人权”概念，将 1992 年宪法的“公民的基本权利和义务”一章变为“人权、公民的基本权利和义务”，并从第五章提升至第二章，其宪法地位仅次于“政治制度”。在第 14 条中明确“在越南社会主义共和国，国家承认公民的人权，以及政治、民事、经济、

文化、社会方面的公民权，依照宪法和法律的规定对其予以尊重、保护、保障”。但是，此条同时规定：“只有在出于国防、国家安全、社会秩序、社会安全、社会道德、公共健康需要的情形下，才能依法限制人权、公民权。”以及在第 15 条中规定：“行使人权、公民权不得侵犯国家、民族的利益，以及他人的合法权益。”因此，虽然人权和公民权的宪法地位得到提升，显示出越南对于西方理念的接受和重视，但其中所提出的限制条件又为国家掌握主动权提供了合宪依据。

四　越南 2013 年宪法的影响

越南 2013 年宪法颁布以后，对越南的社会发展产生了深远的影响，主要体现在政治和经济领域。在政治领域，越南共产党在代表权力中心的“四驾马车”中占据主导地位。越南共产党中央委员会总书记阮富仲于 2015 年访问美国，与时任美国总统奥巴马举行会谈，成为越南共产党首位访问美国的最高领导人。奥巴马在白宫椭圆办公室接见阮富仲的象征性姿态，分析人士认为实际上传递了美国已经认可越共是越南实际上的最高领导力量。[①] 2016 年 1 月越共十二大召开以后，越南共产党通过反腐、党的重建与强化等行动开启了巩固权力和加强领导地位的进程，[②] 效果明显，越共中央总书记阮富仲于 2018 年 10 月在第十四届国会第六次会议上被选举为国家主席，意味着他占据了权力中心“四驾马车”中的两驾，其决策影响力可见一斑。

在经济领域，越南实现了 GDP 的稳步增长，尤其在引进外资、出口领域表现颇佳。

由表 1 可以看出，2014 ~ 2018 年，越南 GDP 增长率除 2014 年接近 6.00%，为 5.98% 以外，其余年份都超过 6.00%，甚至在 2018 年达到 7.07%。

---

① 《越共总书记访美：越美关系的虚虚实实》，http://www.xinhuanet.com//world/2015 - 07/08/c_127999207.htm。

② Nguyen Manh Hung, “Power Consolidation, Domestic Reforms, and Coping with New Geopolitical Challenges”, *Southeast Asian Affairs* (2018), pp. 407 - 428, Published by ISEAS - YusofIshak Institute, Vietnam, 2017.

表1　越南GDP增长率（2014～2018）

单位：%

年份	GDP年度增长率
2014	5.98
2015	6.68
2016	6.21
2017	6.81
2018	7.07

由表2可以看出，2014～2018年，越南的进出口贸易普遍保持贸易顺差，只在2015年呈现贸易逆差，但其出口额逐年上涨。

表2　越南出口额较上一年增长率和贸易顺差额（2014～2018）

年份	出口额较上一年增长率（%）	贸易顺差额（亿美元）
2014	13.7	21.4
2015	7.9	-32
2016	9	26.8
2017	21.2	31.7
2018	13.2	68

由表3可以看出，2014～2018年，越南引进外资金额逐年增多。

表3　越南引进外资额（2014～2018）

单位：亿美元

年份	引进外资额
2014	近220
2015	227.6
2016	243
2017	358.8
2018	超过350

经过2013年新宪法调整的经济制度，为越南发展外向型经济奠定了基础。新宪法对不同经济成分平等地位的确定和对土地权的法律保护和征

用条件及补偿的明确，都加强了外资进入越南的信心和稳定预期，由此越南通过进一步发展外向型经济促进了国内经济的增长。

五　总结

越南 2013 年宪法的出台具有其特有的时代价值。1992 年宪法运行 20 余年后，已经不适应时代变迁所带来的政治、经济、社会、文化的新变化，在政治、经济和国际环境都发生深刻变化的情况下，越南适时颁布新宪法。新宪法的主要内容在于顺应时代变迁，回应社会各界的政治诉求，调整和稳定政治结构；调整经济制度，使其有助于发展外向型开放型的经济，促进经济增长。概括而言，2013 年宪法巩固了越南共产党的执政地位，维护了胡志明确立的社会主义政治制度，调整了经济制度和社会管理制度，使之更加适应新形势下越南“革新”的需要。

The 2013 Constitution of Vietnam: Background, Changes, and Effects

Mi Liang　Sun Yunxiao

Abstract: Vietnam issued a new constitution in November 2013, called the 2013 Constitution of Vietnam. The issuance of the new constitution based on a specific era background. Firstly, it was necessary to adjust the political structure maintain political stability; secondly, the economic system needed to be adjusted to promote economic growth; thirdly, it had to adapt to changes in the international situation, to maintain its values, ideology and political system in the process of actively integrating into the international community; and lastly to coordinate and balance the comparative relationship between the political forces. The main changes of the 2013 Constitution also focused on responding to the above background. Politically responded to political demands from different communities and achieved a coordination rooted in the unwavering of fundamental principles; economically consolidated the dominant position of the state-owned economy, clarified the equal status of various economic components, and indicated that land usage right was protected by law and could only be expropriated under certain conditions; the introduction of the concept of human rights, the promotion of the status of human rights and citizenship showed its open and inclusive attitude. In summary, the 2013 Constitution of Vietnam aimed to consolidate the ruling status of the Communist Party of Vietnam, adhere to the socialist road, and adjust the economic system in order to continue implementing the reform policy.

Keywords: Vietnam; the 2013 Constitution; reform

韩国海洋立法和对我国的借鉴意义*

马　光**

摘要：韩国的海洋基本法虽然涉及内容比较有限，但是也能给我们提供了不少可借鉴的内容。我国现在尚缺一部海洋基本法，而这种基本法到底是采用韩国式的纲领化立法还是采用越南式的法典化立法？个人觉得采用前者更为合理，因为在已经具有初步涉海立法体系的前提下，没有必要全部推倒重来，这样会导致内容的重复。

关键词：海洋立法　海洋基本法　纲领化立法　法典化立法

一　引言

韩国在1996年批准了《联合国海洋法公约》（以下简称《公约》），尽管《韩国宪法》第6条第1款规定，“根据宪法缔结、公布的条约及普遍得到承认的国际法规具有与国内法同等的效力”，但这并不意味着《公约》的所有条款都能够在韩国国内得以直接实施。为了履行《公约》的义务，韩国相继制定了多部法律。本文将介绍韩国的海洋相关立法，并在此基础上提出一些对我国的借鉴意义。

韩国法的渊源包括成文法和不成文法，不成文法包括习惯法和条理①等；而成文法包括宪法、法律、具有法律效力的总统命令（包括紧急财政命令、紧急经济命令和紧急命令）、条约、行政立法（包括总统令、总理

* 本文系“中央高校基本科研业务费专项资金资助”和“国际合作区域拓展计划— 一带一路国家合作项目经费”研究成果。

** 马光，浙江大学光华法学院副教授。

① 韩国法渊源中所说的“条理”与中国法渊源中所说的“法理”属于相同概念。

令和部令）、自治法规（自治条例和自治规则）、国会规则、大法院规则、宪法裁判所规则、中央选举管理委员会规则等。[①] 本文的研究范围仅限于韩国的涉海相关法律。

韩国的法律包括一般法、特别法、特别措施法、特例法、临时特例法、临时措施法等。其中，特别法是对一般法的体系和秩序的例外事项作出规定的，因此，其制定较为慎重。并且，因为特别法是与一般法相对应的概念，所以在制定特别法时，将会确认一般法的规定或内容。在属于特别法的事项中，伴随着加重处罚等特别措施的立法，将适用特别措施法的名称；而就刑事处罚程序、预算程序、事业运营等特例的立法，则采取特例法的名称；对于特定需要迅速处理的事项，采取临时特例法的名称；而对于特定事项或在特殊情况下，规定有临时措施的，采取临时措施法的名称。[②]

二　韩国的海洋政策和海洋管理体制

为了有效管理海洋，韩国国内一直呼吁确立综合性海洋政策并统一管理海洋，基于这种要求，有必要组建专门的具有海洋水产相关职能的政府机构。在韩国政府成立初期，依据 1948 年的《政府组织法》，海洋水产业务分散在商工部（水产局）、交通部（海运局）、内务部（海警队）。1955 年，随着《政府组织法》的修订，在商工部下面成立了具有水产、海运、港湾、海洋警备等海洋水产职能的海务厅。但是，随着 1961 年的《政府组织法》修订，海务厅遭到解散，海洋水产业务又重新分散到农林部（水产局）、交通部（海运局）、内务部（海警队）。之后，随着韩日邦交正常化，两国间缔结了渔业协定，从而水产业得到大力发展，在 1966 年，农林部水产局升格为水产厅，在 1976 年，又成立了交通部管理的港湾厅（之后更名为海运港湾厅）。[③]

① 韩国国会法制室：《立法理论和法制实务》，韩国国会出版社，2008，第 235～236 页。

② 韩国国会法制室：《立法理论和法制实务》，韩国国会出版社，2008，第 47～252 页。

③ 〔韩〕姜闰镐、崔成斗：《合并行政体系的逻辑和方向》，《韩国行政学会夏季学术发表论文集》，2012，第 3～5 页。

韩国的海洋水产职能相关政府机构经历了反复合并和分散过程，而随着《公约》的生效，海洋的重要性得到确认，韩国在 1996 年成立了海洋水产部，并且，警察厅下属海洋警察厅成为海洋水产部管理的厅。海洋水产部将分散在各个行政机关的海洋水产职能合并到一处，韩国则成为专门组建海洋相关职能部门的国家之一。但随着 2008 年李明博政府上台，海洋水产部解体，其中海洋相关职能转移到国土海洋部，水产相关职能转移到农林水产食品部。之后，随着 2013 年朴槿惠政府上台，海洋水产部再次得以组建，而在 2014 年“世越”号沉船事件发生以后，海洋警察厅被归入新设的国民安全处海洋警备安全本部。① 2017 年 7 月，国民安全处被新成立的行政安全部吸收，而在海洋水产部管理下又重新设立了海洋警察厅。

韩国成立海洋水产部是受到了主张对海洋进行综合管理的世界潮流之影响，还受到了《公约》生效后各国间海洋纠纷的深化，当然也受到部分韩国国内政治的影响。②

三　韩国的海洋立法

韩国海洋水产部网站显示，目前韩国的涉海法律多达 104 部，除此之外还有 109 部总统令和 84 部海洋水产部令涉及涉海内容。③ 下面将对这些法律从领海和毗连区相关、专属经济区相关、大陆架相关、机构设立相关、其他相关五个方面进行阐述。

（一）领海和毗连区相关立法

韩国的《领海法》制定于 1977 年 12 月 31 日，而在 1995 年 12 月 6 日被修订为《领海和毗连区法》。

---

① 〔韩〕李锡龙：《东北亚各国的海洋法与政策》，《日鉴法学》2016 年第 1 期，第 415 页。

② 〔韩〕姜闰镐、崔成斗：《合并行政体系的逻辑和方向》，《韩国行政学会夏季学术发表论文集》，2012，第 5～6 页。

③ http://www.mof.go.kr/law/list.do? menuKey = 880.

韩国的领海宽度主要采用12海里，而在特定水域允许依据总统令设定12海里范围以内的其他领海宽度。[①] 基于此规定，在朝鲜海峡一部分水域设有3海里的领海，[②] 意图是防止他国船舶和航空器的过境通行，[③] 而且韩国意识到对于作为国际海峡的朝鲜海峡，自己很难单方面进行规制，即使进行了规制，也有可能引发与大国的纠纷。[④] 韩国政府曾在1995年考虑过扩大朝鲜海峡的领海宽度，而最终因各个部门未能达成一致意见，继续维持了3海里宽度。[⑤]

韩国的领海基线混用了正常基线和直线基线，[⑥] 其中除了东海岸之外，大部分采用了后者。[⑦]

除非有另行合意，韩国与周边国家的领海划界采用中间线方法。[⑧] 因为朝鲜海峡只规定了3海里领海，此方法目前尚未得到适用。而有韩国学者认为，这一规定在朝韩两国统一后有可能在解决与中国和俄罗斯领海划界问题时得以适用。[⑨]

外国船舶在不损害韩国的和平、公共秩序或安全保障的前提下可以在韩国领海行使无害通过权，潜水航行、捕鱼、调查、测量等13种行为则被明确列入除外情况。除此之外，在国家安保认为必要的限度内可通过总统令指定特定区域暂停无害通过，其权利则由国防部长经国务会议的审议和总统的认可后实施，并且要马上告示暂停期间和暂停理由。外国军舰和非商用政府船舶在通过韩国领海前应事先通告。[⑩]

---

① 《领海和毗连区法》第1条。

② 《领海和毗连区法施行令》第3条、附表2。

③ 〔韩〕朴永佶：《韩国国内法中海洋法公约履行问题研究》，《东西研究》2014年第4期，第100页。

④ 〔韩〕朴椿浩、柳炳华：《海洋法》，民音社，1986。

⑤ 〔韩〕李昌伟：《韩日两国的国家管辖权扩大：以韩国的专属经济区法和日本的海洋相关基本法为视角》，《国际法学会论丛》1997年第2期，第167页。

⑥ 《领海和毗连区法》第2条。

⑦ 《领海和毗连区法施行令》第2条、附表1。

⑧ 《领海和毗连区法》第5条、《领海和毗连区法施行令》第7条。

⑨ 〔韩〕朴永佶：《韩国国内法中海洋法公约履行问题研究》，《东西研究》2014年第4期，第101页。

⑩ 《领海和毗连区法》第4条。

韩国的毗连区宽度是从领海基线量起 24 海里，依据总统令可以在特定水域设定小于 24 海里的毗连区，① 而目前在总统令中尚未有相关规定。问题是，如果在韩日隔海相望的朝鲜海峡适用 24 海里的毗连区，将会覆盖部分日本领海，② 这意味着其在此处实际实施可能性较小。

（二）专属经济区相关立法

韩国的《专属经济区法》制定于 1996 年 8 月 8 日，仅有 5 个条款，具有基本法的性质，细节内容则规定在各个部门法中。

韩国的专属经济区范围是从领海基线量起 200 海里的水域中排除其领海的部分。③ 当韩国与他国的专属经济区重合时，除了与他国之间的条约有规定，韩国在中间线以外不行使专属经济区权利，④ 此规定似乎也能解释成韩国要在中间线以内行使相关权利，可能是基于此，韩国对位于中韩专属经济区重叠但处于中间线以东的苏岩礁进行着各种建设和管理，这也引发了与我国在苏岩礁附近海域的争议。

对于在专属经济区内渔业的管理，韩国制定有《渔业资源保护法》《水产业法》《水产资源管理法》《在专属经济区内对外国人渔业等的主权权利行使法》等。

《渔业资源保护法》制定于 1953 年 12 月 12 日，其所规定的管辖水域中包括韩日之间争议岛屿独岛/竹岛。《水产业法》则规定了渔业许可和渔业权，培育水产业等，起到防止渔业行为无序进行的效果。

与生物资源的保护和利用关系最为密切的应是《水产资源管理法》，其制定于 2009 年 4 月 22 日。该法的立法目的是确立水产资源管理规划，规定水产资源保护和恢复等所需事项，有效管理水产资源，从而贡献于渔业的持续发展和渔民的收入增长。⑤ 依据该法，海洋水产部长官应每 5 年

① 《领海和毗连区法》第 3 条之 2。

② 〔韩〕朴永佶：《韩国国内法中海洋法公约履行问题研究》，《东西研究》2014 年第 4 期，第 104 页。

③ 《专属经济区法》第 2 条第 1 款。

④ 《专属经济区法》第 5 条第 2 款。

⑤ 《水产资源管理法》第 1 条。

制定一次水产资源管理基本规划，并为了履行该规划，每年制定实施规划。[①] 为了保护水产资源，可以建立禁渔区，也可以设定渔船数量限制和容量限制，或禁止特定渔具的使用。[②] 海洋水产部长官认定为水产资源的恢复和保存有必要的，可以指定鱼种和海域来确定总许可渔获量，此时应考虑相关水产资源的精密调查和评价结果，以及其他自然和社会条件。[③]

《在专属经济区内对外国人渔业等的主权权利行使法》是规制外国人在韩国专属经济区捕鱼行为的法律。在韩国的专属经济区内，除了与外国签订的协定中另有约定的，该法优先适用于《水产业法》和《水产资源管理法》。对在韩国专属经济区进行的外国人渔业活动按照总统令的规定，排除部分法令的规定，[④] 但至今总统令并未对其进行规定。在总统令为渔业资源的保护或渔业调整而划定的特定禁区内，外国人不得从事渔业活动，[⑤] 该法的施行令[⑥]将与朝鲜临界水域和划定 3 海里领海的朝鲜海峡专属经济区部分设定为禁区，其实设定禁区的更大目的在于安保。为了保护和管理在韩国内水面产卵的洄游性鱼类资源，在专属经济区外部水域对该鱼类资源享有优先利益和责任。[⑦] 该法的第 17 条以下则规定了罚则和保证金交纳等事项。

《远洋产业发展法》则规定了远洋渔业者在海外水域所不能实施的行为，[⑧] 从事远洋渔业的所有船舶在出港前都要设置船舶远程监控管理系统。[⑨] 该法第 33 条则规定了徒刑和罚金等罚则。

《海事安全法》第 2 条第 15 项将海洋设施定义为：以资源的勘探和开发，海洋科学调查，船舶的停靠、修理、卸货，海上居住、观光、休闲等目的固定在海底的桥梁、隧道、缆索、人工岛、设施或海上浮游构筑物

---

① 《水产资源管理法》第 7 条、第 8 条。

② 《水产资源管理法》第 3 章“水产资源的保护”。

③ 《水产资源管理法》第 36 条。

④ 《在专属经济区内对外国人渔业等的主权权利行使法》第 3 条。

⑤ 《在专属经济区内对外国人渔业等的主权权利行使法》第 4 条。

⑥ 施行令即为总统令，而施行规则则为部令。

⑦ 《在专属经济区内对外国人渔业等的主权权利行使法》第 15 条。

⑧ 《远洋产业发展法》第 13 条第 2 款。

⑨ 《远洋产业发展法》第 15 条。

（船舶除外）。在海洋设施附近海域，为了船舶的安全航行和海洋设施的保护，可设置保护水域，其范围由总统令规定，入渔许可等所需事项则由海洋水产部令规定。① 而依据施行令，保护水域的范围要考虑《海洋法公约》下的国际标准，因而可推断该范围是从海洋设施终端各点量起 500 米以内的水域。

《海洋科学调查法》制定于 1995 年 1 月 5 日，其适用范围包括韩国内水、领海、专属经济区和大陆架。海洋科学调查的定义是：为了研究和查明海洋的自然现象，以海底面、底土、上部水域和邻接大气为对象的调查或勘探等行为。② 外国人等想在韩国的专属经济区或大陆架进行海洋科学调查的，应在预定实施日 6 个月前将调查计划经外交部长官提交给海洋水产部长官，③ 该法的第 7 条第 4 款则规定了拒绝他国调查的 7 种理由，其中包括了对等原则。

《空间信息的构筑及管理法》第 2 条区分了水路测量和水路调查。前者是指对海洋的水深、地球磁力、重力、地形、地质的测量和海岸线及其附属土地的测量；而后者是指以海上交通安全，海洋的保全、利用、开发，海洋管辖权确保，海洋灾害预防为目的的水路测量、海洋观测、航路调查和海洋地名调查。

（三）大陆架相关立法

韩国并未对大陆架专门立法，这与之前将《领海法》修订为《领海与毗连区法》的情况相异，理由是韩国政府认为没有此必要。④

韩国在 1970 年 1 月 1 日制定了《海底矿物资源开发法》，该法的制定目的是勘探和开发大陆架，而其适用范围是邻接朝鲜半岛和其附属岛屿的海域或韩国能行使所有权利的大陆架。⑤ 海底矿物是指存在于韩国大陆架

---

① 《海事安全法》第 8 条。

② 《海洋科学调查法》第 2 条第 1 款。

③ 《海洋科学调查法》第 6 条。

④ 〔韩〕朴永佶：《韩国国内法中海洋法公约履行问题研究》，《东西研究》2014 年第 4 期，第 112 页。

⑤ 《海底矿物资源开发法》第 1 条。

上的天然资源中的石油和天然气等。[①] 该法的施行令设置了7个海底矿区,[②] 除了在其他矿区内侧的第5矿区外，5个矿区采用了等距离线方式确定了外部界限，第7矿区则采用了自然延伸方式确定了外部界限。这也与韩国对我国主张等距离线，而对日本则主张自然延伸的立场相一致。

（四）机构设立相关立法

韩国还制定有一些涉海机构设立的相关法律，包括《国立海洋博物馆法》《国立海洋生物资源馆设立、运营法》《韩国海洋科学技术院法》《韩国海洋水产研修院法》《韩国海洋少年团联盟培育法》《韩国海洋振兴公社法》等。其中，海洋科学技术院（KIOST）是从事海洋和海洋水产资源的体系化研究、开发、管理、利用，并培养海洋领域优秀专门人才的机构，其资金投入来自韩国中央和地方政府以及公共机构，在1973年其前身海洋开发研究所成立以来进行了很多相关研究。除此之外，依据《政府出资研究机构设立、运营和培育法》的相关规定成立的韩国海洋水产开发院（KMI）对海洋、水产和海运港口产业的发展和与此相关的各部门课题进行调查和研究，其前身是1984年成立的韩国海运技术院。

（五）其他相关立法

除了上述法律外，韩国的涉海立法还有《岛屿开发促进法》《无人岛的保全和管理法》《海洋警备法》《海洋事故的调查与审判法》《4·16世越号惨案损害救济和支援法》《对国际航行船舶等的海盗行为损害预防法》《海运法》《海洋产业园区的制定和培育特别法》《海洋水产生命资源的确保、管理及利用法》《海洋生态界的保全和管理法》《海洋深层水的开发和管理法》《海洋环境管理法》《海洋环境保全和利用法》《南极活动和环境保护法》《河北精神号漏油事故受害居民扶持和海洋环境复原法》《海洋空间计划和管理法》《海洋水产科学技术培育法》《水产种子产业培

---

① 《海底矿物资源开发法》第2条。

② 《海底矿物资源开发法施行令》第3条、附表。

育法》《水产业、渔村发展基本法》《水产科学技术振兴试验研究法》《沿岸管理法》《港口法》《船舶法》等数十个。这些法律涉及海洋、水产、海运物流、海事安全、环境保护、港口等多个领域。

四　韩国海洋基本法主要内容

韩国在 2002 年 5 月 13 日制定了其海洋基本法《海洋水产发展基本法》，该法至今经过 9 次部分修订。该法于当年 11 月 14 日正式实施。为了实施好该法，韩国在同年 11 月 20 日又制定了《海洋水产发展基本法施行令》，至今经过 15 次部分修订。该法的目的是：确定政府在海洋及海洋水产资源的合理管理、保全、开发、利用和培育海洋水产业方面的基本政策和方向，从而致力于国家经济的发展和国民福祉的提高；① 而其基本理念是：营造追求海洋水产业知识化、信息化、高附加值化的环境，保护国民在海洋中的生命和财产，追求对海洋水产资源亲环境和可持续开发、利用，传给未来世代富饶和充满生命力的海洋。②

该法将“海洋”定义为：韩国的内水、领海、专属经济区、大陆架等韩国的主权、主权权利或管辖权所及海域和依据韩国《宪法》缔结或公布的条约或被普遍得到承认的国际法规，韩国的政府或国民能够参与开发、利用、保全的海域。③

与其他法律的关系上，《海洋水产发展基本法》处于优先地位，即在制定或修订有关海洋水产的其他法律时，应符合《海洋水产发展基本法》的目的和基本理念。④

该法还规定了海洋水产发展基本规划的制定。政府应设定关于海洋及海洋水产资源的合理管理、保全、开发、利用和培育海洋产业的中长期政策目标和方向，并应按总统令的规定，每十年制订和实施海洋水产发展基

① 《海洋水产发展基本法》第 1 条。
② 《海洋水产发展基本法》第 2 条。
③ 《海洋水产发展基本法》第 3 条第 1 项。
④ 《海洋水产发展基本法》第 4 条。

本规划。按照基本规划，政府每年要制订和实施海洋水产发展实施规划。如有依据其他法令所制订的部门规划时，应将其反映在实施规划中。[①] 依据此条款，韩国在 2010 年 12 月制订了第 2 次基本规划（2011 ~ 2020），并每年制订实施规划，最近的实施规划则在 2018 年 7 月制订。基本规划优先于按照其他法令所制订的规划，并成为其基础，但是军事和能源相关规划除外。[②]

该法在海洋水产部长官下成立了海洋水产发展委员会，[③] 其功能是审议基本规划的制订事项、海洋开发等有关国家目标设定和制度发展的事项、海洋开发等重要政策调整事项、海洋水产业的培育和扶持事项、海洋环境相关重要政策和规划制定事项、海洋安全相关政策的制定和调整事项、海洋科学调查计划相关事项、岛屿政策的制定和调整事项、海洋空间相关政策的制定和调整事项、其他法律中规定由委员会审议的事项、其他委员长提交审议的事项。[④]

该法的第 3 章规定了海洋开发，包括海洋的管理和保全、海洋水产资源的开发和利用、海洋水产资源的培育、营造海洋水产发展基础及环境等内容。

五　韩国的海洋战略

财团法人韩国海洋战略研究所是 1997 年经海洋水产部许可成立的非营利法人，其通过对海洋战略、安保、海洋法、海洋史、海洋经济的调查及信息交流，增进理解和宣传，向国家和社会提示海洋的重要性，并提示海洋政策和海洋战略的发展方向。其提示了如下的韩国五大海洋战略。[⑤]

第一，实现健康、安全的海洋利用、管理，包括：①建立海洋污染源

---

① 《海洋水产发展基本法》第 6 条。

② 《海洋水产发展基本法》第 6 条之 2。

③ 《海洋水产发展基本法》第 7 条。

④ 《海洋水产发展基本法》第 9 条。

⑤ 以下内容参考韩国海洋战略研究所出版的《韩国海洋战略现状与发展》《21 世纪海洋纠纷和韩国的海洋战略》两本书。

的综合管理体制；②制订海洋生态系统服务质量提高方案；③打造综合性沿岸、海洋空间管理基础；④建立沿岸地区气候变化适应、恢复体制；⑤促进海上安全管理体制的先进化和高端化；⑥推进海上安全领域国际化。

第二，为了创造新的增长动力，开发海洋科学技术，包括：①未来海洋资源开发；②海洋产业的核心技术开发；③为了绿色增长，开发海洋环境保全、探测技术；④加强海洋科学的技术开发力量。

第三，培育未来型高品质海洋文化观光，包括：①发掘和培育多样化的海洋休闲活动；②海洋观光资源的保全和利用；③营造和整备海洋观光空间；④树立海洋观光政策的综合推进体系；⑤海洋文化内容的多样化。

第四，伴随东亚的经济发展，推进海运、港湾产业的先进化，包括：①主导世界海运市场，加强国际合作；②培育有竞争力的海运、港湾物流企业；③实现绿色海运、港湾；④打造世界超一流中心港湾；⑤开发亲环境休闲城市型附加价值港湾；⑥伴随港湾移交地方，建立港湾开发管理体系；⑦港湾运营的效率化；⑧培养海事人才。

第五，加强海洋管辖权，确保全球海洋领土，包括：①应对国际环境变化，加强海洋领土管理能力；②通过开拓海洋领土，加强全球海洋经营；③营造加强朝韩海洋合作的基础。

六　对我国的借鉴意义

从立法体系上来看，韩国的立法较为全面，一般在制定法律后会陆续出台施行令和施行规则，从而形成较为完善的体系，而且韩国的涉海立法总体上较为多样化，所规定的内容也较为完善。我国目前海洋相关立法本身较为有限，而且现有的立法也因缺乏实施条例和细则，可操作性不强。

韩国非常重视海洋，专门成立了涉海部门，即海洋水产部，而且把海洋相关的职能逐步统一到该部门。在此方面，我国是否也可以考虑单独列出一个部委专门管理海洋相关事务。

韩国的海洋基本法虽然涉及内容比较有限，但是也能给我们提供不少可借鉴的内容。我国现在尚缺一部海洋基本法，而如果要立法，这种基本法到底是应采用韩国式的纲领化立法还是采用越南式的法典化立法？个人觉得采用前者更为合理，因为在已经具有初步涉海立法体系的前提下，没有必要全部推倒重来，而且这样会导致内容的重复。

ROK's Marine Legislation and Its Implication to China

Ma Guang

Abstract: Although the basic law of the sea in ROK is limited in content, it can also provide us with a lot of implication. At present, China still lacks a basic law of the sea, and whether this basic law adopts the Korean-style programmatic legislation or the Vietnamese-style codification legislation is not clear. Personally, I think it is more reasonable to adopt the former, because it is not necessary to repeat it all on the premise that there is already a preliminary maritime legislation system, which will lead to duplication of content.

Keywords: marine legislation; basic law of the sea; programmatic legislation; codification legislation

我国在 GPA 谈判中对“以市场换市场”界限的把控

许俊伟*

摘要： 我国目前加入 GPA 的谈判正在抓紧进行，但加入 GPA 后的机遇与挑战无疑是并存的。所以，为了消除加入 GPA 后可能带来的不利影响，我国要在加入 GPA 的谈判中主动出击，在守住安全底线的同时让政府采购市场真正成为“中国制造 2025”战略落实的有力载体。鉴于美国是 GPA 的主要参加方且拥有详备的政府采购限制措施，我国理应学习其成功经验，在 GPA 谈判中合理利用弹性规则将对他国供应商的限制措施融入进出价清单的附录及相应注释中，建立健全国家安全法律体系和购买国货程序以实现与 GPA 规则的合法化衔接，使政府采购政策发挥出更大价值。

关键词： 出价清单　GPA　自主创新　国家安全

一　问题的提出

伴随各国经济的发展，全球政府采购市场蕴藏无限商机，[①] 以美国为首的西方发达国家也看中了此块市场，积极推动政府采购纳入多边贸易体制。所以，《政府采购协议》（The Agreement on Government Procurement, GPA）是在世界贸易组织（World Trade Organization, WTO）框架内的一

* 许俊伟，安徽大学法学院博士研究生。

① 关兵：《从美国自由贸易协定看其政府采购市场的开放趋势》，《财会月刊》2018 年第 4 期，第 168 页。

项重要诸边协议。[①] 其于 1994 年乌拉圭回合谈判时签署，WTO 成员自愿加入。[②] GPA 的产生最早可追溯至 1979 年在关税及贸易总协定（General Agreement on Tariffs and Trade）主持下的东京回合谈判，而后经过 1987 年、1993 年以及 2012 年的修订，逐渐形成了当下依然使用的 GPA 文本。作为规范参加方政府采购行为、扩大参加方政府采购市场的国际规则，GPA 的发展可谓 WTO 在 20 多年成长中的一大亮点，在促进全球贸易自由化方面发挥了关键作用。[③] 目前，GPA 的参加方共计 14 个。相较于 1994 年的 GPA 文本，WTO 第 8 届部长级会议在 2011 年底通过的文本则更能全面反映出经济全球化的发展和科学技术的进步，标志着 GPA 日益走向成熟。2012 年的 GPA 文本增加了鼓励政府采购电子手段应用的相关规定，强调了防治腐败的重要性，修改了发展中国家加入 GPA 的过渡性措施和附件结构，具有跨越式的时代意义。2007 年底，我国政府向 WTO 秘书处提交了加入 GPA 的申请和首份出价清单，正式开启了加入 GPA 的谈判，至今我国已向 WTO 提交了 6 份出价清单，加入 GPA 的进程正在紧锣密鼓地进行。2018 年 4 月，我国商务部、财政部分别表示将进一步改进出价，尽早加入 GPA。并且，在分析我国提交的第 6 份出价清单后不难发现，门槛价明显下降、次中央实体明显增多。但即便如此，GPA 参加方仍不满我国出价。

以政府采购工程项目门槛价为例，我国第 6 份出价虽然将联合国《主要产品分类》中的工程项目全部列入，可参加方依然要求我国将工程门槛价降至 500 万特别提款权（Special Drawing Right，SDR），这与我国承诺在过渡期限后的 1500 万 SDR 工程项目门槛价之间存在较大分歧。GPA 中的参加方之所以重点关注我国政府采购中的工程类采购，主要原因就是工程类采购在我国政府采购中占有很大比重（见图 1），潜力巨大。但工程

① 孔庆峰、董虹蔚：《中国加入 GPA 谈判的困境与对策——一个博弈论的经济分析》，《东岳论丛》2015 年第 9 期，第 169 页。

② 张幸临：《WTO〈政府采购协定〉国内救济规定研究》，《中国高校社会科学》2016 年第 3 期，第 96 页。

③ 赵勇、史丁莎：《我国加入 GPA 的机遇与挑战》，《国际商务》2014 年第 3 期，第 73 ~ 74 页。

类采购对我国政府采购政策实施的影响同样重大，这也意味着我国的 GPA 谈判进程很难一帆风顺。由此可见，GPA 谈判的实质其实就是“讨价还价”。而且，2012 年版的 GPA 文本明确要求各参加方考虑到发展中国家的需要，给予特殊和差别待遇。至于特殊和差别待遇的获得，那就得看各发展中国家的谈判能力了。质言之，2012 年版 GPA 文本当中的被涵盖实体、最低门槛价以及适用范围都属于发展中国家在谈判中可以尽量争取的内容。所以，在此探讨“以市场换市场”的界限把控具有广泛且深远的价值。

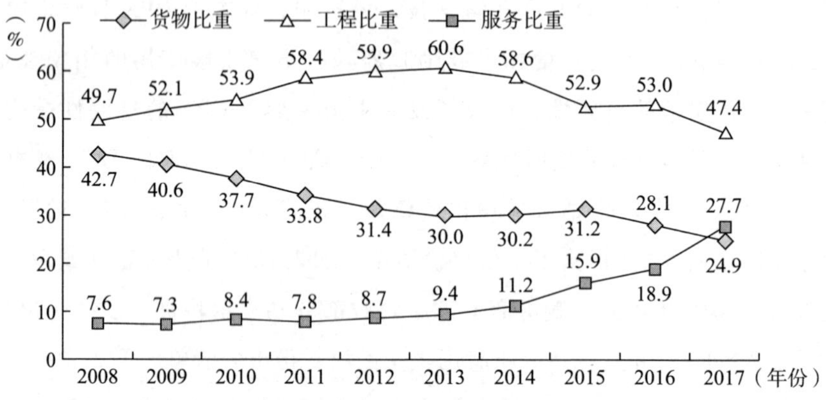

图 1　2008～2017 年我国政府采购货物、工程和服务的占比

资料来源：笔者根据中华人民共和国财政部数据自制。

二　我国“以市场换市场”谈判的机遇与挑战透析

毫无疑问，加入 GPA 一方面有助于在国内形成良好的政府采购市场环境，另一方面有助于增强国内企业的国际竞争力。特别是在特朗普政府采取贸易保护主义之时，加入 GPA 可以有力提升我国的国际话语权。但不可否认的是，我国依然是发展中国家，很多国内供应商在与 GPA 参加方供应商的较量中处于劣势，部分高端产业的自主创新能力仍是短板，加入 GPA 可能会进一步加深我国对发达国家的技术依赖，制约我国自主创新能力的提高，不利于我国政府采购政策发挥出应有的作用。

（一）机遇

众所周知，GPA 始终致力于进一步拓展参加方的政府采购市场。所以，我国加入 GPA 一方面可以在国内形成良好的政府采购市场环境，另一方面可以增强国内企业的国际竞争力，从而为我国国际话语权的提升奠定坚实基础。虽然我国在当前已初步建构起了政府采购法律体系，但不可否认的是，我国现行的政府采购制度与 GPA 规则之间有不相适应之处，私人垄断与行政垄断行为依然时有发生。在加入 GPA 后，我国则必须调整现行的政府采购制度以适应 GPA 规则的要求，有 GPA 参加方的供应商参与无疑会使我国政府采购市场更加透明，保护竞争、遏制垄断的原则将有助于形成良好的政府采购市场氛围。并且，当初为了更好地进行国际市场竞争而造成某些国内企业垄断的部分行业理应向国外企业开放，毕竟这些企业在国际市场上都是不用惧怕竞争对手的。同时，我国很多企业也确实存在经营不规范、管理不健全的问题，在国际市场上的信誉有待提高。GPA 最初由经过多年市场经济发展的发达国家共建，我国政府采购市场如若有参加方供应商与国内企业的同台竞技则必然会带动国内企业在投标操作规范、国际规则运用等方面的进步，进而有助于国内企业突破人口红利消失诱发的上升瓶颈。

而且，我国加入 GPA 还能增多国内企业的对外贸易机会，更有利于实施“走出去”战略。我国现在并非 GPA 的参加方，国内企业很难拿到其他国家的政府采购合同。基于我国是世界上最大出口国以及国内部分产业在国际市场上已具备一定竞争力的事实，徘徊在 GPA“门外”将限制国内企业参与到国际政府采购市场中。换言之，即便国内企业提供的产品在颇具价格优势的基础上明显符合“物有所值”理念，也无疑是徒劳的。同时，自特朗普上台后美国政府所采取的“美国优先”等一系列贸易保护主义政策同样为我国加入 GPA 创造了契机。GPA 的各个参加方实际上都非常明白，我国的加入可以给广大发展中国家起到示范作用，带动更多发展中国家开放国内的政府采购市场，给疲软的全球经济注入新的活力。虽说国际上很多双边贸易协议和区域贸易协议都将政府采购纳入重要议题，可就广泛性和影响力而言，GPA 显然无法替代。因此，我国加入 GPA 不仅可以进一步增强我国的国际话语权，也能够为我国在制定或改变国际规则中赢得主动。GPA 本身是一个由发达国家组成的“富国俱乐部”，但近年来我国不受全球贸易低迷影响的经济发展与国际地位的不断攀升使越来越多发达国家希望我国尽快加入 GPA，以便分享我国甚至整个发展中国家政府采购市场的巨大利润。

（二）挑战

现代经济大体属于剩余经济，而市场经济又是一种非均衡经济，拥有先进科学技术的国家和企业将取得丰厚利润。因政府采购主要涉及工业制成品、IT 产品和服务的交易且发展中国家的竞争力较弱，故发展中国家与发达国家在这些产业的竞争中处于劣势。由此可见，发展中国家虽然能够在政府采购市场的开放中获得物美价廉的产品和服务并节约资金，但政府采购可以促进部分幼稚产业发展的特殊性就无法彰显、发展关键技术的目的就无法实现，无形中可能会进一步加深发展中国家对发达国家的技术依赖，甚至堕入深渊。以我国的自主可控芯片产业为例，虽然我国对芯片的需求量占世界芯片总需求量的50%以上，可调查发现代表我国自主可控芯片产业发展方向的企业所生产的产品几乎没有市场，根本没有机会在实践中得到完善。毋庸讳言，长此下去的话“中兴事件”还会再次发生，“痛定思痛”也就仅仅是一句口号了。[①] 所以，政府需要为高端产业留出一块“自留地”，这是决定国家命运的大战略。而且，微软公司（Microsoft Corporation）在我国政府采购中长期占据了垄断地位，这种缺乏对国产操作系统支持的政府采购显然已丧失了政策功能。

---

① 2018 年 4 月 16 日晚美国商务部发布公告称美国政府将在未来 7 年内禁止中兴通讯股份有限公司（以下简称“中兴通讯”）向美国企业购买敏感产品，而后经过多次谈判，2018 年 6 月 7 日美国商务部部长罗斯在接受采访时表示，美国政府与中兴通讯已达成协议，只要中兴通讯再次缴纳 10 亿美元罚金并改组董事会，即可解除相关禁令。美国商务部在 2018 年 7 月 12 日宣布，禁令将在中兴通讯向美国支付 4 亿保证金后解除，随后中兴通讯在 7 月 14 日发文称禁令解除，并在其总部的广告牌上打出“痛定思痛！再踏征程！”的标语。这一事件也被称为“中兴事件”。

随着微软公司与中国电子科技集团有限公司宣布合资成立神州网信技术有限公司后推出的“Windows10 神州网信政府版”（以下简称“Windows10 政府版”）进入了中央预算单位的政府采购，“Windows10 政府版”对我国的危害就已超出了信息安全范围，因为想要 Windows 系统去支持国产芯片未免有些天方夜谭。是故，“Windows10 政府版”进入中央预算单位的政府采购无疑会彻底磨灭我国企业生产自主可控芯片产品的热情，给我国高端芯片产业的自主创新带来不可估量的损失。无独有偶，目前我国的高端医疗器械市场也仍被外资把控，甚至国外医生对此都大为不解。但即便这样，我国在向 WTO 提交的第 6 份出价清单中依然新列了 3 家专科医院，这种带有风向标性质的行为使我国高端医疗器械产业在加入 GPA 后的发展前景变得扑朔迷离。毕竟在 2018 年 3 月 25 日第八届中国医疗设备行业数据发布大会上获得中国医疗设备行业“金人奖”的 10 家企业均为外资企业，这种情况下将医院列入我国的出价清单是否真的合适明显值得商榷。实证研究结果亦显示，对政府采购依赖程度高的产业更易受到国外供应商的冲击。[①] 所以，我国应警惕外国资本特别是国内买办利益集团滋生出的强大力量，以史为鉴，避免买办利益集团再次成为帝国主义损害我国经济的工具。

事实上，政府采购最直接的作用是为创新产品提供一个规模庞大的“试验场”，进而使创新产品得以改进。[②] 尽管我国如今不再把自主创新与政府采购优惠挂钩，这并不意味着我国政府采购的政策功能已不包含对自主创新的扶持。通过政府采购来支持自主创新也是各国的普遍做法，美国、欧盟以及日本等就依靠一系列保障措施使本国 90% 的政府采购由国内供应商来提供。可问题在于我国尚未形成这种保障措施，贸然加入 GPA 会让国内供应商在与 GPA 参加方供应商的同台竞技中丧失交易机会。值得一提的是，党的十九大报告虽然提出了“促进我国产业迈向全球价值链

---

① 袁红英：《加入 GPA 对产业发展的影响：来自 GPA 参加方的证据》，《东岳论丛》2017 年第 9 期，第 157 页。

② 彭鸿广：《我国政府采购扶持自主创新政策效果评估与对策》，《科技与管理》2011 年第 3 期，第 1～2 页。

中高端”的要求，但我国很多高端产业长期处于外资企业和外国产品的笼罩之下，阻碍了我国企业对高端产品核心技术的突破。在这样的不利局面下，加入 GPA 完全可能会继续加剧我国在全球价值链低端的产品产出。如此一来，我国在政府采购领域对“以市场换市场”谈判的临界点把控就可谓异常关键了。诚然，加入 GPA 后挑战重重，我国政府需要以总体国家安全观、“中国制造 2025”战略等作为谈判基点，用市场和时间去检验所作决定正确与否，绝不能听信国内某些所谓专家的片面之词，任由 GPA 参加方漫天要价。

三　我国“以市场换市场”谈判的重要基点遵循

作为非关税贸易壁垒的政府采购是一种支持国内企业创新的有效手段，而国际政府采购又兼具政治与经济等多重属性，故应用全局眼光深入分析我国加入 GPA 应遵循的重要基点。国家安全、制造业发展对于每一个国家来说都具有根本性影响，世界主要经济体近几年也都在维护国家安全的同时通过技术创新来融入新工业革命。虽然 GPA 允许参加方作出国家安全项下的例外规定，但自主创新能力不强等国家安全的潜在威胁是无法在文本中体现的，各界必须对此有清醒认识。所以，我国在 GPA 谈判中应守住安全底线，努力使我国的政府采购市场真正成为“中国制造 2025”战略落实的有力载体。

（一）总体国家安全观

国家安全是任何一个国家都必须面对的首要问题，党的十九大报告也强调对“总体国家安全观”的坚持。所以，我国在加入 GPA 的谈判中如何遵循“总体国家安全观”、如何确保“以市场换市场”不影响国家安全显然值得深思。规范化与法治化的国家安全工作大体始于改革开放，国家安全部在 1983 年成立，《中华人民共和国国家安全法》（以下简称《国家安全法》）在 1993 年颁布。不过，法治初兴时期仍饱含革命情节与人治色彩，有关国家安全研究的理论逻辑起点是政治斗争下的安全保障、实践逻辑起点是国家的政治军事安全。鉴于当时的特殊环境，《国家安全法》实则是一部“反间谍法”，这也为其后来被废止埋下了伏笔。2014 年 4 月，习近平总书记首次提出了“总体国家安全观”的重要思想理论，成为推进新时代国家安全实践的行动指南，使我国的国家安全研究迈上了新台阶。2015 年 7 月，新的《国家安全法》颁布实施。虽然 GPA 允许参加方作出国家安全项下的例外规定，但国家安全的潜在隐患无法体现在文本之中。开放的政府采购市场必然给国内企业带来冲击，大型基础设施建设的信息可能外泄，甚至政府的很多办公器材都易被当成国外情报部门的信息搜集终端。

由此可见，国际政府采购不应仅仅被看作一种经济行为，更应被视为一种政治与经济行为，且政治性远远大于经济性。从我国向 WTO 提交加入 GPA 的 6 份出价清单皆受到美欧施压便可发现，GPA 谈判中我国的最后出价其实是我国政府采购安全可接受的底线。所以，政府采购安全是指在开放的政府采购领域，政府采购行为的实施过程能够确保政府采购的功能目标不受侵害的状态。[①] 这也意味着，普通购买行为与政府采购行为在安全性的界定上无法相提并论。而且，作为非关税贸易壁垒的政府采购也是一种支持国内企业创新的有效手段，[②]“总体国家安全观”要求我国有强大的科技力量做支撑。基于此，我国在 GPA 谈判中应守住安全底线，“以市场换市场”的前提是不能涉及国家安全方面的让步，要用长远眼光、当代实际、中国特色去大胆探索符合“总体国家安全观”的政府采购机制。具体而言，既要在有利于提升我国自主创新能力的政府采购市场内深入挖掘 GPA 的例外条款和发展中国家的特殊待遇，贯彻“国货优先”原则，进一步提升我国的科技实力以及原创能力；又要在劳动密集型、资源需求型的政府采购市场内适当规定必须包含的本国劳动力和原材料比例，从而间接化解我国因就业压力引发的社会矛盾，维护社会稳定。

---

① 张堂云：《GPA 规制下中国政府采购安全体系构建》，《学术论坛》2016 年第 7 期，第 29 页。

② 贾根良：《“中兴事件”对中国加入 WTO〈政府采购协定〉敲响了警钟》，《学习与探索》2018 年第 8 期，第 114 页。

（二）“中国制造 2025”

经过多年发展，人类已迈入了新工业革命时代，进入 21 世纪后出现的经济危机促使人们反思原先的经济增长方式。美国在 2012 年 2 月就推出了《先进制造业国家战略计划》，并在 2015 年 10 月又推出了新版《美国创新战略》，其正通过先进制造革命、各类创新激励等来加入新工业革命大潮。德国在 2013 年 4 月也正式提出了以提高德国制造业竞争力为目标的“工业 4.0”战略，英国在该年 10 月同样发布了着眼于未来工业发展的《英国制造业的未来：新时代的机遇和挑战》。不难发现，世界上主要的制造业强国都未沉醉于过去的技术领先，反而还在不断加快技术突破步伐，全球制造业的技术驱动特征愈发明显。虽然我国目前的制造业规模稳居全球第一，但整体水平与美欧等的制造业强国相比仍有较大差距，自主研发和创新能力有待提升，各界必须对我国制造业大而不强的总体格局有清醒认识。而且，在 2015 年我国先进制造业技术获取的投入中，内资企业的绝对值近乎外商投资企业的 7 倍，本国中小企业自主创新面临的严峻形势不言而喻（见图 2）。所以，我国政府在 2015 年 5 月印发了《中国制造 2025》，这是我国实施制造强国战略的第一个 10 年发展纲要。为了保证“中国制造 2025”战略的有效落实，我国政府还进一步编制了“1 + X 规划体系”。

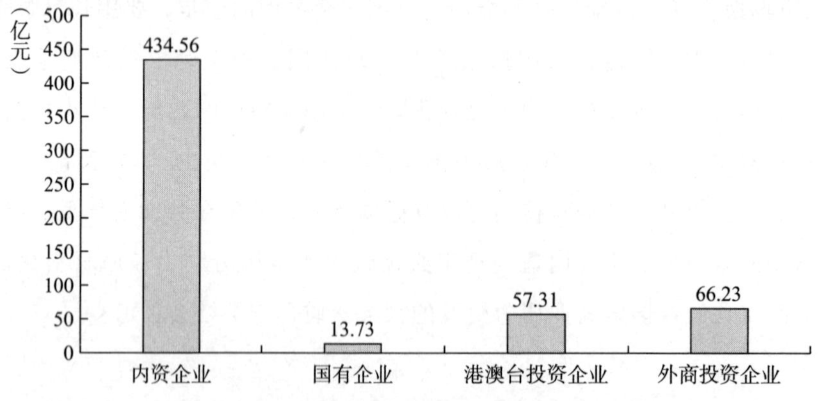

图 2　2015 年我国先进制造业技术获取投入额

数据来源：国家统计局社会科技和文化产业统计司、国家发展和改革委员会高技术产业司编《中国高技术产业统计年鉴 2016》，中国统计出版社，2016。

2018 年 1 月,《〈中国制造 2025〉重点领域技术创新路线图（2017 年版）》就预测，我国通信设备、电力装备、轨道交通装备将在 2025 年整体进入全球领先行列，“中国制造 2025”无疑是我国制造业转型升级的关键。是故，基于政府采购的政策功能，我国政府采购理应成为贯彻“中国制造 2025”的有力载体，让政府采购合同变成国内企业提升自主创新能力的“助推器”。国内企业需要在“中国制造 2025”的战略部署下，开展先进制造业重要技术以及零部件的攻关与储备。[①] 同时，我国政府还应相应地扶持一些核心技术研发类企业，对其有针对性地倾斜资源配置，以保证“中国制造 2025”能够如期实现。因此，我国在加入 GPA 的谈判中要仔细分析“中国制造 2025”优先发展的十大领域，充分利用 GPA 的例外条款和发展中国家的特殊待遇，暂缓开放十大领域中在短期内甚至是经过 10～20 年发展都无法与 GPA 参加方平等竞争的部分领域。否则，这些领域的“以市场换市场”无异于引狼入室，将会给我国的高端制造业带来毁灭性打击。总而言之，我国“以市场换市场”的 GPA 谈判要站在战略全局的高度上，根据发展变化的形势及时制订、调整科学可行的谈判策略，以“中国制造 2025”为重要基点遵循。

四　我国“以市场换市场”谈判的美国经验借鉴

平心而论，美国拥有十分详备的政府采购制度，其虽然是 GPA 的发起者和主要参加方，但 GPA 规则对美国政府采购限制措施的约束作用有限，值得我国借鉴。该国通过将对他国供应商的限制措施融入进出价清单的附录及相应注释中，既实现了 GPA 规则与国内相关法律法规的衔接，也达成了保护国货、支持技术创新、维护稳定的特定目标。所以，我国理应学习美国的这种成功经验，在“以市场换市场”的谈判中合理利用弹性的规则空间、尽快在国内建立健全国家安全法律体系和购买国货程序，在

---

① 李金华:《新工业革命进程中中国先进制造业的格局与调整路径》,《学术论坛》2018 年第 2 期，第 84 页。

渐进式的开放中助力经济发展。

（一）健全国家安全法律体系

在 GPA 文本中，明确规定可以将事关国家安全与国防方面的政府采购作为协议例外，各参加方也大都据此作出了限制对外开放或者不对外开放的要求，以便更好地维护国家安全、促进自主创新。即使美国在政府采购领域拥有较高的开放程度，但依然会为了维护国家安全而将部分领域作为例外，其国防部的采购项目就不在出价清单之内。不仅如此，美国还在开放的建筑服务中不把可能影响到国家安全的疏浚服务列入。在较为敏感的钢铁行业，美国将 12 个州的建筑用钢排除在外。剖析美国经济的发展历程不难发现，该国几乎所有核心技术创新产品的初始市场都源自包括国防采购在内的政府采购，核心技术创新产品依靠国防订单提供的改进空间与调试机会不断完善，进而逐步在军民两用的性能创新中走入“寻常百姓家”。在半导体产业的发展中，美国陆军部就发挥了不可磨灭的作用，多次资助美国企业研发、生产晶体管。[①] 而且，美国商用喷气式飞机的产生也离不开国防采购。波音公司（The Boeing Company）在 20 世纪 40 年代就开始考虑研发商用喷气式飞机，可巨大的风险和成本让这一想法被搁置了起来，直到美国空军为其提供了研制军用喷气式空中加油机的政府采购合同，波音公司对商用喷气式飞机的研发才得以进行，波音 707 诞生。

由此可见，美国政府采购市场开放的领域以不危害国家安全为前提，并尽可能实现军用对民用的扶持，以最大限度地规避 GPA 规则的制约。在这种情况下，我国企业曾多次因“安全”原因被美国政府采购市场百般刁难甚至拒于门外，其中“联想安全门事件”[②] 最为典型，美国政府就基于政府采购信息安全的规定来阻挠联想集团的正常商业行为。而且，时任

① Thomas M. , *Leonardo to the Internet*: *Technology and Culture from the Renaissance to the Present*, Baltimore: Johns Hopkins University Press, 2011, p. 215.

② 2003 年 6 月，联想集团在美国的合作伙伴 CDW Government 公司宣布获得了美国国务院总价值在 1300 万美元以上的订单，将为美国国务院提供 1.6 万台联想台式电脑。随后，这笔交易在美国引发轩然大波。为了平息质疑，美国国务院表态这 1.6 万台联想台式电脑只会用于不涉及美国国家秘密的领域。这一事件也被称为“联想安全门事件”。

美国总统的奥巴马还在 2013 年 3 月签署了一份有关禁止政府部门向我国购买资讯科技产品的法令。透过这一连串事情不难看出，美国所谓的国家安全实则带有深层的政治目的。尤其在全球信息技术跳跃式发展的当下，信息安全已成为最重要的国家安全之一，[①] 美国政府很关注这类国外企业的背景。当然，提及“联想安全门事件”并非要对美国政府展开简单批判，而是希望借此触动我国政府主动去学习美国在应对此种问题时的有效处理方式以及其对国家安全的重视和进行解释时所依据的严密法律体系。因为随着我国加入 GPA 的谈判已进入关键期，美欧等联合施加的压力使我国在“以市场换市场”的谈判上很难称心如意，但我国绝不能坐以待毙、任人宰割，应以新的《国家安全法》为基础来健全国家安全法律体系，以免在未来面对可能威胁到国家安全而又确实开放的政府采购市场时束手无策。

（二）合理利用弹性规则空间

虽然 GPA 要求所有参加方国内与政府采购有关的政策法规都不能和 GPA 文本发生冲突，但各参加方在政府采购的执行过程中仍会进行带有歧视性的操作是一个不争的事实。而且，GPA 文本并没有对政府采购含义作出清晰厘定，也没有进一步阐释何为政府目的，[②] 导致了各参加方采购实体缺乏具体指向。所以，一些参加方在当初加入 GPA 的谈判中就没有将全部的中央采购实体列入出价清单，为国家支持自主创新提供了政策实施空间。[③] 同时，通过双多边谈判来确定开放的次中央实体也给自主创新政策的实施留有余地。对自主创新支持的政策其实是一种产业政策，而产业政策的实施可能又会影响到自由贸易的核心原则，两难之下，国家在运用产业政策时的智慧无疑受到考验。在政府采购领域，产业政策与 GPA 规

① 徐炎、丰诗朵：《美国政府采购信息安全法律制度及其借鉴》，《法商研究》2013 年第 5 期，第 138 页。

② 张幸临：《〈政府采购协定〉适用范围的最新修订及其影响》，《环球法律评论》2015 年第 3 期，第 178 页。

③ 赵云波、武晓媛：《GPA 规则下政府采购扶持自主创新的策略研究》，《科学管理研究》2015 年第 5 期，第 35 页。

则的冲突主要体现在限制他国供应商及其货物、工程和服务进入本国政府采购市场方面。[①] 美国国内企业在 1993 年就获得了该国近 92% 的政府采购，[②] 甚至还有很多掌握了核心技术的龙头企业也依然靠政府采购合同进行更深入的产品研发，这其中当属苹果公司（Apple Inc.）最具代表性。可以说，苹果公司没有任何一项重要的技术创新是离开美国政府投资而单独出资研发的。

美国的政府采购政策不仅使苹果公司在残酷的市场竞争中得以生存，该国的公立学校还是苹果公司重要的“自留地”。[③] 即便是在 GPA 已生效的 1994 年，苹果公司仍占据了 58% 的美国小学与高中教育电脑市场份额。[④] 并且，国际商业机器公司（International Business Machines Corporation，IBM）之所以现在能够成为业界的佼佼者，在很大程度上也得益于当初的美国政府采购合同，IBM 在 20 世纪 50 年代就有超过 50% 的收入来自于此。由此可见，GPA 规则对美国政府采购限制措施的约束有限，各参加方为实现特定目标而借助政府采购运用的公共政策具有很大操作空间。例如，美国《中小企业创新发展法》就要求政府采购优先考虑中小企业的创新产品，其地方政府也在降低门槛、提供服务、信息披露等优惠计划中鼓励中小企业积极参与政府采购。我国也应在加入 GPA “以市场换市场”的谈判中借鉴美国合理利用弹性规则空间的经验，一方面将对他国供应商的限制措施融入附录及相应注释中，另一方面通过修改国内相关法律法规来实现与 GPA 规则合法化的衔接，进而保证我国政府采购市场即便在开放的情况下政府也同样可以掌握主动权。

---

① 肖北庚：《美国政府采购限制措施探析》，《暨南学报》（哲学社会科学版）2014 年第 3 期，第 10 页。

② 屠新泉、王辉：《美国政府采购自由化的过程、现状和启示》，《亚太经济》2009 年第 5 期，第 49 页。

③ Klooster J. W. , *Icons of Invention：The Makers of the Modern world from Gutenberg to Gates*, Greenwood Press, 2013, p. 111.

④ Mazzucato M. , *The Entrepreneurial State：debunking public vs. private sector myths*, Anthem Press, 2013, p. 111.

（三）巧妙设计购买国货程序

GPA 的各个参加方通常利用例外条款排除他国供应商，美国在出价清单的总备注中就明确将预留给中小企业和少数族裔的采购项目排除在外。依据这则例外条款和国内配套法规，美国的小企业可以拿到本国 30% ~ 40% 的政府采购合同。[①] 这也意味着，虽然根据出价清单，美国政府采购市场开放的范围较大，但美国完全可以通过其庞大、严谨的购买国货制度来保障不同群体的利益，以此限制或禁止国外企业参与相关政府采购中。按照《购买美国产品法》规定的国货标准，制成品不仅要在美国加工，还必须得由 50% 以上的国内组件组成。而且，为了不背离 GPA 义务、更好实施限制措施，美国辅以《贸易协定法》和《武器装备采购法》（通称《贝瑞修正案》）进一步规制国货标准的适用例外，丰富国货标准。如果《贸易协定法》规定的例外情形满足《购买美国产品法》规定的国货标准，那仍然要适用《购买美国产品法》，而《武器装备采购法》与《购买美国产品法》和《贸易协定法》最大的不同就在于《武器装备采购法》只适用于具有一定特殊性的国防采购。正是由于这样的原因，《武器装备采购法》采用了更严格的 100% 本国成分的国货标准。

值得一提的是，处理国际法与国内法关系的重要内容之一就是国际条约在国内法中的地位与适用问题，国际法对国内适用方式没有统一规定，《建立 WTO 协定》也未明确具体的适用方式，理论的多样性与实践的复杂性赋予了各国自由裁量权。但观察不难发现，各国适用国际条约的司法实践主要有 3 种，[②] 而 WTO 成员方大多采取转化的方式在国内适用。不过，作为调整国际经贸关系的 WTO 协定仍应遵循国际条约适用的一般规则，依据《维也纳条约法公约》，一旦条约在该国生效就对该国产生法律效力，我国已于 1997 年 10 月正式加入了该公约，所以，GPA 作为一种和

① 张睿君：《中国加入 WTO〈政府采购协议〉谈判的国家利益分析》，《上海对外经贸大学学报》2017 年第 5 期，第 16 页。

② 孟晔：《从 GPA 视角透视我国政府采购法律改革》，《上海对外经贸大学学报》2015 年第 2 期，第 27 页。

WTO 协定性质类似的国际经贸条约也理应遵循国际条约适用的一般规则，我国在加入 GPA“以市场换市场”的谈判中必须谨慎小心、分毫必争，否则在未来兑现承诺时会进退两难。同时，我国应进一步借鉴美国的购买国货制度，建构起符合我国国情的购买国货法律体系，确保中小企业、少数民族和贫困地区企业以及少数民族和贫困人士开办的企业能够获得足够的政府采购合同，以实现自主创新能力的提升与社会稳定的维护。而且，我国在 GPA 谈判中还要利用好发展中国家的身份，充分发挥补偿交易政策的作用，优先购买有利于提升我国自主创新能力的他国货物、工程和服务。

五 余论

总而言之，我国开放政府采购市场有利有弊。从长远来看，好处大于弊端；从目前来看，弊端大于好处。探寻目前弊端大于好处的根源，主要就是当下大部分的国内企业与国外企业尤其是发达国家企业在政府采购市场的竞争中尚处劣势，缺乏核心竞争力，产品附加值不高。如果这种局面长期存在于高端产业，那对我国的国家安全无疑是一种威胁。相较政府直接提供研发资金而言，政府采购为创新产品创造市场，显然能够产生更强的刺激作用，更能推动核心技术创新甚至是颠覆式创新。但鉴于近年来我国政府采购市场的规模不断扩大，美欧国家等在巨大利润的驱动下持续加大对我国的施压力度，我国加入 GPA 已刻不容缓。在这种情况下，坐以待毙不如主动出击。我国应加紧对美国经验的学习，建构起符合我国国情的政府采购法律体系，在 GPA 的谈判中合理把控“以市场换市场”的界限，要求 GPA 参加方开放更多我国企业已具备全球竞争实力的项目。不仅如此，我国作为“一带一路”的倡议国，还应呼吁与我国签订共建“一带一路”合作文件的国家开放本国政府采购市场，比照 GPA 文本制定《“一带一路”政府采购协议》，通过对引领优势的借助来改变政府采购规则，积极构建人类命运共同体，将经济全球化推向新的高度。

On China's Control over the "Market-for-Market" Boundary in the GPA Negotiations

Xu Junwei

Abstract: China's current negotiations to join the GPA are underway, but the opportunities and challenges after joining the GPA are undoubtedly coexisting. Therefore, in order to eliminate the possible adverse effects after joining the GPA, China should take the initiative in the negotiations to join the GPA. It is necessary to maintain the safety bottom line and make the government procurement market for a powerful carrier of the "Made in China 2025" strategy. Given that the United States is a major participant in the GPA and has detailed government procurement restrictions, China should learn its successful experience. Rational use of flexible rules in GPA negotiations, incorporating restrictions on suppliers from other countries into the annex and corresponding notes of offer for accession, establish and improve the national security legal system and purchase domestic products program to achieve legalization with the GPA rules, make government procurement policies more valuable.

Keywords: offer for accession; GPA; independent innovation; national security

图书在版编目(CIP)数据

北外法学. 2019年. 第2期 : 总第2期 / 米良主编
. -- 北京 : 社会科学文献出版社, 2019.12
ISBN 978-7-5201-5708-7

Ⅰ.①北… Ⅱ.①米… Ⅲ.①法学-文集 Ⅳ.
①D90-53

中国版本图书馆CIP数据核字(2019)第216330号

北外法学(2019年第2期 总第2期)

主　　编 / 米　良

出 版 人 / 谢寿光
组稿编辑 / 高明秀
责任编辑 / 许玉燕
文稿编辑 / 卢敏华

出　　版 / 社会科学文献出版社·期刊分社(010)59366556
地址:北京市北三环中路甲29号院华龙大厦　邮编:100029
网址:www.ssap.com.cn
发　　行 / 市场营销中心(010)59367081　59367083
印　　装 / 三河市龙林印务有限公司

规　　格 / 开 本:787mm×1092mm　1/16
印 张:18.5　字 数:280千字
版　　次 / 2019年12月第1版　2019年12月第1次印刷
书　　号 / ISBN 978-7-5201-5708-7
定　　价 / 89.00元